浙江文化研究工程成果文库

浙江近代名商年谱

项兰生年谱

刘俊峰 著

ZHEJIANG UNIVERSITY PRESS
浙江大学出版社
·杭州·

图书在版编目(CIP)数据

项兰生年谱 / 刘俊峰著 . —杭州：浙江大学出版
社，2024.7
ISBN 978-7-308-24463-3

Ⅰ.①项… Ⅱ.①刘… Ⅲ.①项兰生-年谱 Ⅳ.
①K825.34

中国国家版本馆 CIP 数据核字(2023)第 222525 号

项兰生年谱
刘俊峰　著

策　　划	陈　洁　宋旭华
项目统筹	宋旭华　王荣鑫
责任编辑	胡　畔
责任校对	赵　静
封面设计	周　灵
出版发行	浙江大学出版社
	(杭州市天目山路 148 号　邮政编码 310007)
	(网址:http：//www.zjupress.com)
排　　版	浙江大千时代文化传媒有限公司
印　　刷	杭州宏雅印刷有限公司
开　　本	880mm×1230mm　1/32
印　　张	13.25
字　　数	309 千
版 印 次	2024 年 7 月第 1 版　2024 年 7 月第 1 次印刷
书　　号	ISBN 978-7-308-24463-3
定　　价	98.00 元

浙江省文化研究工程指导委员会

浙江近代名商年谱第一辑(杭嘉湖专辑)
编纂委员会

浙江文化研究工程成果文库总序

　　有人将文化比作一条来自老祖宗而又流向未来的河,这是说文化的传统,通过纵向传承和横向传递,生生不息地影响和引领着人们的生存与发展;有人说文化是人类的思想、智慧、信仰、情感和生活的载体、方式和方法,这是将文化作为人们代代相传的生活方式的整体。我们说,文化为群体生活提供规范、方式与环境,文化通过传承为社会进步发挥基础作用,文化会促进或制约经济乃至整个社会的发展。文化的力量,已经深深熔铸在民族的生命力、创造力和凝聚力之中。

　　在人类文化演化的进程中,各种文化都在其内部生成众多的元素、层次与类型,由此决定了文化的多样性与复杂性。

　　中国文化的博大精深,来源于其内部生成的多姿多彩;中国文化的历久弥新,取决于其变迁过程中各种元素、层次、类型在内容和结构上通过碰撞、解构、融合而产生的革故鼎新的强大动力。

　　中国土地广袤、疆域辽阔,不同区域间因自然环境、经济环境、社会环境等诸多方面的差异,建构了不同的区域文化。区域文化如同百川归海,共同汇聚成中国文化的大传统,这种大传统如同春风化雨,渗透于各种区域文化之中。在这个过程中,区域文化如同清溪山泉潺潺不息,在中国文化的共同价值取向下,以自己的独特个性支撑着、引领着本地经济社会的发展。

从区域文化入手，对一地文化的历史与现状展开全面、系统、扎实、有序的研究，一方面可以藉此梳理和弘扬当地的历史传统和文化资源，繁荣和丰富当代的先进文化建设活动，规划和指导未来的文化发展蓝图，增强文化软实力，为全面建设小康社会、加快推进社会主义现代化提供思想保证、精神动力、智力支持和舆论力量；另一方面，这也是深入了解中国文化、研究中国文化、发展中国文化、创新中国文化的重要途径之一。如今，区域文化研究日益受到各地重视，成为我国文化研究走向深入的一个重要标志。我们今天实施浙江文化研究工程，其目的和意义也在于此。

千百年来，浙江人民积淀和传承了一个底蕴深厚的文化传统。这种文化传统的独特性，正在于它令人惊叹的富于创造力的智慧和力量。

浙江文化中富于创造力的基因，早早地出现在其历史的源头。在浙江新石器时代最为著名的跨湖桥、河姆渡、马家浜和良渚的考古文化中，浙江先民们都以不同凡响的作为，在中华民族的文明之源留下了创造和进步的印记。

浙江人民在与时俱进的历史轨迹上一路走来，秉承富于创造力的文化传统，这深深地融汇在一代代浙江人民的血液中，体现在浙江人民的行为上，也在浙江历史上众多杰出人物身上得到充分展示。从大禹的因势利导、敬业治水，到勾践的卧薪尝胆、励精图治；从钱氏的保境安民、纳土归宋，到胡则的为官一任、造福一方；从岳飞、于谦的精忠报国、清白一生，到方孝孺、张苍水的刚正不阿、以身殉国；从沈括的博学多识、精研深究，到竺可桢的科学救国、求是一生；无论是陈亮、叶适的经世致用，还是黄宗羲的工商皆本；无论是王充、王阳明的批判、自觉，还是龚自

2

珍、蔡元培的开明、开放,等等,都展示了浙江深厚的文化底蕴,凝聚了浙江人民求真务实的创造精神。

代代相传的文化创造的作为和精神,从观念、态度、行为方式和价值取向上,孕育、形成和发展了渊源有自的浙江地域文化传统和与时俱进的浙江文化精神,她滋育着浙江的生命力、催生着浙江的凝聚力、激发着浙江的创造力、培植着浙江的竞争力,激励着浙江人民永不自满、永不停息,在各个不同的历史时期不断地超越自我、创业奋进。

悠久深厚、意韵丰富的浙江文化传统,是历史赐予我们的宝贵财富,也是我们开拓未来的丰富资源和不竭动力。党的十六大以来推进浙江新发展的实践,使我们越来越深刻地认识到,与国家实施改革开放大政方针相伴随的浙江经济社会持续快速健康发展的深层原因,就在于浙江深厚的文化底蕴和文化传统与当今时代精神的有机结合,就在于发展先进生产力与发展先进文化的有机结合。今后一个时期浙江能否在全面建设小康社会、加快社会主义现代化建设进程中继续走在前列,很大程度上取决于我们对文化力量的深刻认识、对发展先进文化的高度自觉和对加快建设文化大省的工作力度。我们应该看到,文化的力量最终可以转化为物质的力量,文化的软实力最终可以转化为经济的硬实力。文化要素是综合竞争力的核心要素,文化资源是经济社会发展的重要资源,文化素质是领导者和劳动者的首要素质。因此,研究浙江文化的历史与现状,增强文化软实力,为浙江的现代化建设服务,是浙江人民的共同事业,也是浙江各级党委、政府的重要使命和责任。

2005年7月召开的中共浙江省委十一届八次全会,作出《关于加快建设文化大省的决定》,提出要从增强先进文化凝聚力、解放和发展生产力、增强社会公共服务能力入手,大力实施文明素质工程、文化精品工程、文化研究工程、文化保护工程、文化产业促进工程、文化阵地工程、文化传播工程、文化人才工程等"八项工程",实施科教兴国和人才强国战略,加快建设教育、科技、卫生、体育等"四个强省"。作为文化建设"八项工程"之一的文化研究工程,其任务就是系统研究浙江文化的历史成就和当代发展,深入挖掘浙江文化底蕴、研究浙江现象、总结浙江经验、指导浙江未来的发展。

浙江文化研究工程将重点研究"今、古、人、文"四个方面,即围绕浙江当代发展问题研究、浙江历史文化专题研究、浙江名人研究、浙江历史文献整理四大板块,开展系统研究,出版系列丛书。在研究内容上,深入挖掘浙江文化底蕴,系统梳理和分析浙江历史文化的内部结构、变化规律和地域特色,坚持和发展浙江精神;研究浙江文化与其他地域文化的异同,厘清浙江文化在中国文化中的地位和相互影响的关系;围绕浙江生动的当代实践,深入解读浙江现象,总结浙江经验,指导浙江发展。在研究力量上,通过课题组织、出版资助、重点研究基地建设、加强省内外大院名校合作、整合各地各部门力量等途径,形成上下联动、学界互动的整体合力。在成果运用上,注重研究成果的学术价值和应用价值,充分发挥其认识世界、传承文明、创新理论、咨政育人、服务社会的重要作用。

我们希望通过实施浙江文化研究工程,努力用浙江历史教育浙江人民、用浙江文化熏陶浙江人民、用浙江精神鼓舞浙江人民、用浙江经验引领浙江人民,进一步激发浙江人民的无穷智慧和伟大创造能力,推动浙江实现又快又好发展。

今天,我们踏着来自历史的河流,受着一方百姓的期许,理应负起使命,至诚奉献,让我们的文化绵延不绝,让我们的创造生生不息。

2006 年 5 月 30 日于杭州

浙江文化研究工程成果文库序言

易炼红

　　国风浩荡、文脉不绝,钱江潮涌、奔腾不息。浙江是中国古代文明的发祥地之一、是中国革命红船启航的地方。从万年上山、五千年良渚到千年宋韵、百年红船,历史文化的风骨神韵、革命精神的刚健激越与现代文明的繁荣兴盛,在这里交相辉映、融为一体,浙江成为了揭示中华文明起源的"一把钥匙",展现伟大民族精神的"一方重镇"。

　　习近平总书记在浙江工作期间作出"八八战略"这一省域发展全面规划和顶层设计,把加快建设文化大省作为"八八战略"的重要内容,亲自推动实施文化建设"八项工程",构筑起了浙江文化建设的"四梁八柱",推动浙江从文化大省向文化强省跨越发展,率先找到了一条放大人文优势、推进省域现代化先行的科学路径。习近平总书记还亲自倡导设立"文化研究工程"并担任指导委员会主任,亲自定方向、出题目、提要求、作总序,彰显了深沉的文化情怀和强烈的历史担当。这些年来,浙江始终牢记习近平总书记殷殷嘱托,以守护"文献大邦"、赓续文化根脉的高度自觉,持续推进浙江文化研究工程,接续描绘更加雄浑壮阔、精美绝伦的浙江文化画卷。坚持激发精神动力,围绕"今、古、人、文"四大板块,系统梳理浙江历史的传承脉络,挖掘浙江文化的深厚底蕴,研究浙江现象、总结浙江经验、丰富浙江精神,实施"'八八战略'理论与实践研究"等专题,为浙江干在实处、走在前列、勇立潮头提供源源不断的价值引导力、文化凝聚力、精神推动力。坚持打造精品力作,目前一期、二期工程已经完结,三期工程正在进行中,出版学术著作超过1700部,推出了"中国历代绘画大系"等一大批有重大影响的成果,持续擦亮阳明文化、和合文化、宋韵文化等金名片,丰富了中华文化宝库。坚持砺炼精兵强将,锻造了一支老中青梯次配备、传承有序、学养深厚的哲学社会科学人才队伍,培养了一批高水平学科带头人,为擦亮新时代浙江学术品牌提供了坚实智力人才支撑。

文化是民族的灵魂,是维系国家统一和民族团结的精神纽带,是民族生命力、创造力和凝聚力的集中体现。在以中国式现代化全面推进强国建设、民族复兴伟业的新征程上,习近平文化思想在坚持"两个结合"中,以"体用贯通、明体达用"的鲜明特质,茹古涵今明大道、博大精深言大义、萃菁取华集大成,鲜明提出我们党在新时代新的文化使命,推动中华文脉绵延繁盛、中华文明历久弥新,推动全党全国各族人民文化自信明显增强、精神面貌更加奋发昂扬。特别是今年9月,习近平总书记亲临浙江考察,赋予我们"中国式现代化的先行者"的新定位和"奋力谱写中国式现代化浙江新篇章"的新使命,提出"在建设中华民族现代文明上积极探索"的重要要求,进一步明确了浙江文化建设的时代方位和发展定位。

文明薪火在我们手中传承,自信力量在我们心中升腾。纵深推进文化研究工程,持续打造一批反映时代特征、体现浙江特色的精品佳作和扛鼎力作,是浙江学习贯彻习近平文化思想和习近平总书记考察浙江重要讲话精神的题中之义,也是浙江一张蓝图绘到底、积极探索闯新路、守正创新强担当的具体行动。我们将在加快建设高水平文化强省、奋力打造新时代文化高地中,以文化研究工程为牵引抓手,深耕浙江文化沃土、厚植浙江创新活力,为创造属于我们这个时代的新文化贡献浙江力量。要在循迹溯源中打造铸魂工程,充分发挥习近平新时代中国特色社会主义思想重要萌发地的资源优势,深入研究阐释"八八战略"的理论意义、实践意义和时代价值,助力夯实坚定拥护"两个确立"、坚决做到"两个维护"的思想根基。要在赓续厚积中打造传世工程,深入系统梳理浙江文脉的历史渊源、发展脉络和基本走向,扎实做好保护传承利用工作,持续推动优秀传统文化创造性转化、创新性发展,让悠久深厚的文化传统、源头活水畅流于当代浙江文化建设实践。要在开放融通中打造品牌工程,进一步凝炼提升"浙学"品牌,放大杭州亚运会亚残运会、世界互联网大会乌镇峰会、良渚论坛等溢出效应,以更有影响力感染力传播力的文化标识,展示"诗画江南、活力浙江"的独特韵味和万千气象。要在引领风尚中打造育德工程,秉持浙江文化精神中蕴含的澄怀观道、现实关切的审美情操,加快培育现代文明素养,让阳光的、美好的、高尚的思想和行为在浙江大地化风成俗、蔚然成风。

我们坚信,文化研究工程的纵深推进,必将更好传承悠久深厚、意蕴丰富的浙江文化传统,进一步弘扬特色鲜明、与时俱进的浙江文化精神,不断滋育浙江的生命力、催生浙江的凝聚力、激发浙江的创造力、培植浙江的竞争力,真正让文化成为中国式现代化浙江新篇章中最富魅力、最吸引人、最具辨识度的闪亮标识,在铸就社会主义文化新辉煌中展现浙江担当,为建设中华民族现代文明作出浙江贡献!

2023 年 12 月

凡　例

　　一、本丛书旨在全面、翔实地记述各位谱主的生平、事迹和思想，内容主要采自谱主著述、相关档案、谱主谱牒、讣告、日记、文集、笔记、方志和当时图书报刊等一手资料，缺乏一手文献资料时，酌情参考经考证的当时人回忆。

　　二、每部年谱一般由以下几部分组成。谱首照片，配放最能反映谱主生平、事迹、影响的照片若干张；年谱正文及适量配图，图片配发在正文相应位置，以便图文互证；"谱后"，记叙谱主去世后与谱主直接相关的大事、要事，如谱主的葬事、葬地，赠封官爵或赐谥，因特殊原因补行的追悼会，谱主主要著作的刊行及特别纪念活动等；"附录"，包括特别重要的文献资料、主要参考文献、索引等。

　　三、年谱以公历纪年年月日编列，以年份为一级标题，1949年以前括注年号纪年、民国纪年。

　　四、年谱以月份为二级标题。二级标题下，以日系出谱主纪事。所有日期均为公历，原文献资料所记时间如是农历，换算成公历；如农历换算公历后涉及跨年度，则将所述内容置于相应年份。

五、所述谱主之事，只知月份无确切日期的，以"是月"置于该月末；只知年份不知月、日的，以"是年"置于该年末；只能确定在"春季""夏季"之类时间的，置于该季末；无法考证确切时间、只知大约时间的，加"约"字置于适当位置，如约3月、约春季。

六、谱主年龄以虚龄计算，出生年即注1岁。年龄置于年份空两格之后。

七、年谱使用规范的现代语体文，但直接引用的文献资料和附录文献维持原文体。引用资料、附录文献中的繁体字、异体字，一般改为规范的简化字，但如改简化字后可能引起歧义、误解的，仍用原繁体字、异体字。

八、引用资料、附录文献原无标点的，按国家语言文字工作委员会等修订的《标点符号用法》加以标点；原标点不规范或错误的，予以纠正。

九、引文和附录文献中的通假字、同音混用字、自造字以及已经淘汰的旧字形等，只要文字正确，一般不予更改，以保持历史文献的原始性、真实性。如"振济""惟一"等。

十、引用和附录文献中因年代、印刷等原因看不清或无法辨认的字，用"□"表示；订正的错别字，在原字后加"〔　〕"，并置正确字于内；增补的脱漏字置于"〈　〉"内，原文明显的衍字，用圆括号"（　）"括之标明。

十一、年谱各条纪事原则上都应注明出处，以便于检索和进一步研究。经常引用的文献，首次出现时详细注明，再次出现时采用简略形式。出处括注于每条纪事末。

十二、年谱注释从简。但对一些事件、人物、资料考辩、研究观点说明等确需注释的，采用页下注。相关人物的注释介绍，一般只注明姓名、字、籍贯、当时身份（职务），不介绍其一生。

十三、引文及附录文献内的日期及其他数字,均按原件书写,原件系汉字的,仍用汉字,其他数字则按国家有关部门制定的《出版物上数字用法》执行。

十四、一些于谱主有特殊价值的文献资料,附录于文后。

项兰生像（1917 年）

项兰生像（1932 年）

项兰生晚年像（时间不详）

项兰生晚年像（时间不详）

1

1945年左右与晚辈合影(左至右,长子项仲雍、项仲雍妻王秋明、孙女
项毓婶、四子媳韩树蘋、项兰生、次女项养和、五子项冲、外孙女钱宁一)

自订年谱书影

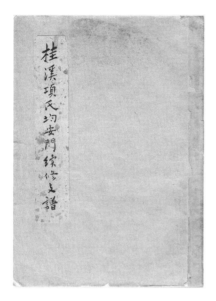

《桂溪项氏均安门续修支谱》书影

项兰生先生印章

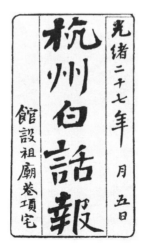

《杭州白话报》书影

项兰生铜像（浙江省杭州第七中学校内）

目　录

1873年(同治十二年)　　1 岁

4 月

11 日　农历三月十五日寅时生于杭州祖庙巷,父亲命名藻馨。先生字兰生,又字子苾,别号椒连,晚岁称苶翁,堂名敦复,自署竹影居①,行一,排行光字。(《苶翁自订年谱(上)》,第 5、8 页)

世系简述

(一)始祖俊公,妣某夫人。

项本姬姓,晋以前世系不可考。公元 327 年(晋成帝咸和二年),俊公由泗州临淮县迁居睦州寿昌县,是为吾宗始祖。

(二)桂溪一世祖绍公,妣朱夫人。

绍公字桂溪,俊公以下第廿七世,桂溪一脉之第一世。生于公元 894 年(唐昭宗乾宁甲寅),卒于公元 959 年(周显德己未),其先于公元 882 年②迁居皖之歙州,绍公定居歙南之桂溪,营室除道,缮梁建垫,以其学淑后。

(三)均安门门祖牧公,妣姚夫人。

---

①　《中国近现代人物名号大词典》载,先生字子苾,号兰生、兰甡,又号岚僧、椒连、苶叟,室名竹影居。(陈玉堂编著:《中国近现代人物名号大辞典》,浙江古籍出版社 2005 年版,第 855 页)

②　即唐僖宗中和二年。

牧公名十七，又名处谦，字均谦，桂溪第九世。生于公元1132年（宋绍兴壬子），卒于公元1199年（宋庆元己未）。公元1184年淳熙甲辰举进士，任荣州文学、丹阳县主簿及彬州推官。撰《清溪渡渎谱序》，研极经史，以文学名于时，著有《彬阳文稿》。始创桂溪项氏族谱，始建堂，颜曰均安，子孙因尊为均安门门祖。

（四）迁杭始祖天瑞公，妣毕夫人。

天瑞公字廷玉，号友清，别号碧峰，桂溪第廿七世。生于公元1688年（清康熙戊辰），卒于公元1764年（清乾隆甲申）。以监生考授州同知，迁淳安，公元1735年①转迁杭州钱唐县忠孝巷。天性孝友，年十四，救父奋不顾身，合邑称孝。中年理盐荚，兴利除弊。

（五）祖万泾公，妣汪夫人。

先祖万泾公，字西川，号梅隐，行三，桂溪第卅世。生于公元1808年（清嘉庆戊辰），卒于1861年（清咸丰辛酉）。太学生，军功五品衔，赠同知，赐祭葬，附祀忠义祠，云骑尉世职，恩骑尉罔替，封奉政大夫。

（六）父梧公，妣诸夫人。

先父梧公，原名耀梧，字卫阊，号渭沧，行四，桂溪第卅一世。生于公元1847年（清道光丁未），卒于1911年（宣统辛亥）。世袭云骑尉，恩骑尉罔替。太平天国军兴，正值就学之年，以避兵废学，播徙萧山、绍兴、宁波等处。承平后返杭，为祖庙巷诸氏翼亭公馆甥，旋就食沪江、邗江。公赋性纯厚，淡于利禄，对人无疾声厉色，遇地方公益事，无间寒暑，躬亲料理。先妣诸夫人通文墨，娴家政，生计不足，借女红以为补助。外家诸氏全眷均死于

---

① 即清雍正十三年。

兵乱,嗣续垂危,遂商得先父同意,以吾次子仲雍承嗣诸姓。诸夫人生于1848年(清道光戊申),卒于1903年(光绪癸卯)。

(七)本身藻馨,元配叶夫人,继配陈夫人。

吾为桂溪第卅二世,生于公元1873年(同治癸酉)。先父命名藻馨,字兰生,又字子蕊,别号椒连,晚岁称茉宧,堂名敦复,自署竹影居,行一,排行光字(迁杭以来各支系,1900年庚子后,仅存吾一脉矣)。

叶夫人名友琴,新州叶榴坡讳希培先生女,品三胞妹。生于1872年(同治壬申),卒于1896年(光绪丙申)。生一子麟阁,幼殇。

陈夫人名蔼真,诸暨陈蓉曙讳遹声先生(1886年光绪丙戌翰林,四川川东兵备道)第三女。生于1872年(同治壬申),卒于1931年(民二十辛未)。夫人廿六岁来归,勤俭持家,躬亲操作,事翁姑以孝,能先意承志。1902年壬寅春,先母病笃,子仲雍犹在襁褓,乳哺而外,侍奉汤药,躬理便溺,不辞劳瘁。1911年辛亥夏,先父患脑溢血症遽不起,吾供职京师,车电均阻,自病革至殡殓,悉由夫人妇代子职,其后全眷迁京迁沪,无不亲自料理。1920年庚申返里,身心稍宽,然连年迭遭双方亲丧,并以子女疾病之烦,体力颇受影响。1926年丙寅避兵沪上,病喘甚剧,从此每岁必发,终至不治。临危神明不衰,处分一切,觊缕无遗。平日遇母族有疑难事,得其一言力解,戚邻尤乐道之。生子五,仲雍、叔翔、通(幼殇)、吉士、冲。女二,浩、养和。

附均安门世系排行:

天日启万耀(31世),光华毓俊英,诗书传世德,名士振家声。

(《茉宧自订年谱(上)》,第4—5页)

1876 年(光绪二年) 4 岁

1 月

26 日 农历新年早餐后,突然昏厥,数分钟即愈。(《茅奁自订年谱(上)》,第 8 页)

是年 开始识字,启蒙老师为叶文轩太姻丈,讳凤翥。(《茅奁自订年谱(上)》,第 8 页)

1877 年(光绪三年) 5 岁

是年 从王静甫师,讳潭,课读。(《茅奁自订年谱(上)》,第 8 页)

是年 患伤寒,愈后又复发。(《茅奁自订年谱(上)》,第 8 页)

是年 父亲患腰疽数日,在家无事。(《茅奁自订年谱(上)》,第 8 页)

1878 年(光绪四年)　　6 岁

5 月

3 日　寅时,胞妹项瑞芝出生。(《茅奁自订年谱(上)》,第 8 页)

是年　仍从王静甫师课读,学《中庸》《论语》。(《茅奁自订年谱(上)》,第 8 页)

1879 年(光绪五年)　　7 岁

是年　从金宛卿师于邻居王宅,读《论语》《孟子》。(《茅奁自订年谱(上)》,第 9 页)

1880 年(光绪六年)　　8 岁

是年　从强小岩师于兴忠巷吴春叔家,学《中庸》《论语》《孟子》毕,始读《诗经》。(《茅奁自订年谱(上)》,第 9 页)

1881 年(光绪七年)　　9 岁

是年　从黄锦章师,讳锦标,于祖庙巷龚善之家,《诗经》读毕,继读《书经》,习对课。(《苶叟自订年谱(上)》,第 9 页)

1882 年(光绪八年)　　10 岁

是年　继从黄锦章师,《书经》诵毕,读《易经》,习五言试帖。(《苶叟自订年谱(上)》,第 9 页)

1883 年(光绪九年)　　11 岁

6 月

9 日　端午节下午,祖庙巷附近土堆有十六岁少年吴耀炳失足跌伤。自订年谱载:"端午节下午,祖庙巷附近土堆俗称狗儿山脚下,有吴耀炳者,为紫封孝廉荣诰之子,年十六岁,偕友人登此土山眺望,失足折臂,不数日遂不起。吴幼聪颖,长于制艺,亦工诗,入泮时年仅十四,乡人咸惜之。著有《紫薇花馆诗草》。"(《苶叟自订年谱(上)》,第 9 页)

7 月

是月 闻有携鸟笼登祖庙巷附近土堆，亦失足跌伤致命。(《茅安自订年谱(上)》，第9—10页)

9 月

是月前 仍从黄锦章师，读《易经》毕，始习八股文。(《茅安自订年谱(上)》，第9页)

是月 改从陆钦和师，讳佐勋，于杭州铁线巷陈杏荪家，读《礼记》。(《茅安自订年谱(上)》，第9页)

10 月

10 日 杭城有火警，登山望火者甚多，某机房之子，在祖庙巷附近土堆处，失足跌伤。先生父亲发现后，为其止血，并雇车送其回家。自订年谱云："其时先父适见此孩跌伤，即以止血药为之包敷，雇舆送其归家并询住址，翌日往探情形，则已弥留矣。探其家属知为独子，与吴耀炳同，其情可悯。遂雇一金钩匠购炭篓数只，嘱匠在转角跌伤处，略事扒疏，以原有之土装入炭篓，筑之坚固，劝行人勿由此处上下，以策安全。不意稍一开掘，即见白骨满地，且有锡器数件。一时人言纷纷，相传此处在太平天国前曾设茶馆，土山当系兵乱后逐渐堆积，其下必尚多尸骨。此事难遽解决，因嘱金钩匠小心看管，发现之锡件不论多少，均充奖赏。一面向丁丈竹舟松生昆季商量，请由善堂供给板材，便可设法清理，丁氏允之。同时珠宝巷信源金号经理萧山人韩姓者，亲来访问，允助工人之费。并邀集各慈善家会同在附近空地及山顶澈底检查。善堂供给之材每具附有棉垫,满装白骨,共搜得六百余箱,中间有全尸者约十具,费时两月告竣。韩君助款数目不小,善堂舍材亦颇可观。最后由韩君在青芝坞购地,仿义冢为之丛葬。诸事既毕,土山亦经整理,忽有灵菩萨之讹,善男信女集资在山上大树旁建屋塑象[像],顶礼朝拜。先父虽以事涉迷信,但不复如前常常有人倾跌受伤,亦遂一笑置之。"(《茅奱自订年谱(上)》,第10页)

1884 年(光绪十年)　　12 岁

5 月

29 日前　端节前,仍从陆钦和师于杭州小粉墙高厚斋孝廉宅,习八股文,试做起讲,读《礼记》。(《茅奱自订年谱(上)》,第10页)

29 日后　端节后,因体弱多病,改往杭州祖庙巷张宅走读,从周云衢师。(《茅奱自订年谱(上)》,第10页)

1885 年(光绪十一年)　　13 岁

秋　秋闱,大伯父薇垣公讳同寿,应顺天乡试,中式举人。题为"实能容之""子华使于齐一章""孔子尝为委吏……"。(《茅奱自订年谱(上)》,第11页)

冬　结识陈光第①,即陈汉第②之兄。(《茅苶自订年谱(上)》,第 11 页)

是年　改从陆懋勋③于杭州兴忠巷,陆懋勋时年仅十八岁,长先生五岁。陆师手订课程单一纸,一直保存。④ 是年,《礼记》诵毕,读《左传》,习八股文。同馆同学有叶景葵⑤,此为先生与叶景葵订交之始。(《茅苶自订年谱(上)》,第 11 页;叶揆初:《我与行关系之发生》,《兴业邮乘》第 13 期,1933 年 9 月 9 日)

是年　陆懋勋应课三书院时,缮录之事,皆由先生承担。(《茅苶自订年谱(上)》,第 11 页)

1886 年(光绪十二年)　　14 岁

6 月

6 日前　改从张绍庭师讳景羲,于杭州方谷园闻宅,读《左传》。(《茅苶自订年谱(上)》,第 11 页)

6 日后　端午节后又改从戴同卿师讳穗孙,于杭州麒麟街戴子谦表叔家中,加作起比。(《茅苶自订年谱(上)》,第 11 页)

----

① 陈光第(1866—1899),字伯弢,号靓庐,浙江杭州人。
② 陈汉第(1874—1949),字仲恕、仲书,号伏庐,浙江杭州人。陈叔通之兄。
③ 陆懋勋(1868—?),字冕侪,号潜庐,曾任求是书院总理、浙江高等学堂监督。
④ 《茅苶自订年谱》中项吉士按:"原课程单已移存上海历史图书馆。"
⑤ 叶景葵(1874—1949),字揆初,号卷盦,别称存晦居士,曾任大清银行正监督、汉冶萍公司经理、浙路股款清算处主任、浙江兴业银行董事长。

1887年(光绪十三年)　　15岁

9月

11日　胞妹瑞芝体弱缠足,以致病逝,年仅十岁。自订年谱云:"妹体弱缠足,以致于殇,年仅十岁,甚为可惜,缠足之害殊深痛恨。①　时母年四十,本多疾,遭此刺激,更增疾患。"(《茅奭自订年谱(上)》,第11页)

秋　病肠红逾两月,且时发晕眩之病,功课久废。(《茅奭自订年谱(上)》,第11页)

冬　扬州本家二房蓉帆伯晋荣之三子硕生(兆骝)、四子华甫(兆騑)回杭,住项家两月余。(《茅奭自订年谱(上)》,第12页)

是年　从徐少梅师讳承敬,初在杭州学官巷吴宅,继移祖庙巷,仍读《左传》,八股文完篇。(《茅奭自订年谱(上)》,第11页)

1888年(光绪十四年)　　16岁

是年　仍从徐承敬师,改早出晚归。(《茅奭自订年谱(上)》,第12页)

---

① 《茅奭自订年谱》中项吉士按:"先父受此刺激,故以后在杭力倡天足会,以期解放妇女缠足之苦。"

是年　报名应考敷文、崇文、紫阳三书院。自订年谱云:"敷文、崇文、紫阳三书院,有每月朔在贡院闭门点名局试,人各一卷之例,吾亦报名应考,以资练习。"(《茉嵾自订年谱(上)》,第12页)

是年　体常不适,病时居多。(《茉嵾自订年谱(上)》,第12页)

1889 年(光绪十五年)　　17 岁

7 月

26 日　应商籍童子试,首场文题"取瑟",复试题为"望望然"。《申报》载:"六月二十六(7 月 23 日)浙江学政潘峄琴大宗师传点升堂,发出杭府属文童提覆案,每学于正额外宽取十余名。至二十九日(26 日)早六下钟,提覆点名给卷,分坐东西堂号,饬亲信家丁严密关防。约半时许,各作一起讲,另纸誊正,呈阅宗师,当堂评列甲乙,以定弃取。"(《茉嵾自订年谱(上)》,第12页;《文童提覆》,《申报》1889 年 8 月 5 日,第 2 版)

是月　入泮,廪保为程芝,住羊市街。学政为潘峄琴师讳衍桐,广东南海人。(《茉嵾自订年谱(上)》,第12页)

秋　久雨将及百日,浙当局筹募赈款救灾,吴山建龙王庙于太岁庙南端,即以赈余之款充之。(《茉嵾自订年谱(上)》,第12页)

是年　举行恩科,因体力不胜,未敢应试。陆懋勋是科中式。(《茉嵾自订年谱(上)》,第12页)

是年 仍从徐承敬师,下半年改为遥从。(《茮叟自订年谱（上）》,第 12 页）

1890 年(光绪十六年)　　18 岁

5 月

是月 参加科试,与叶瀚同报名应试西学,临场茫然,仅以空言勉强应付,极为惶惶。(《茮叟自订年谱（上）》,第 12 页）

秋 应上海格致书院秋季特课试,南洋大臣署理两江总督沈秉成出"丝茶烟布合论""西学储材说"二题。(上海图书馆编:《格致书院课艺(2)》,上海科学技术文献出版社 2016 年版,第331—332 页）

秋 大伯父全眷南归。自订年谱载:"秋大伯薇垣公全眷南旋,初寓下兴忠巷,继移薛衙前。同归者伯父母外,有两弟一妹,食指不轻,谋事不易,颇感竭蹶。"(《茮叟自订年谱（上）》,第 13 页）

是年 在家自修,遥从沈尧甫师。(《茮叟自订年谱（上）》,第 12 页）

是年 潘衍桐学政提倡西学,因此购买《西学大成》一部阅读。(《茮叟自订年谱（上）》,第 12 页）

是年 开始阅读《申报》。(《茮叟自订年谱（上）》,第 12 页）

是年 与同邑叶希培先生之女,叶品三[①]胞妹友琴订婚,介

[①] 叶为铭(1867—1948),字品三,号叶舟,以字行,西泠印社创始人之一。

绍人为汪均德姑丈。叶友琴生于 1872 年,即同治十一年十一月初九日子时,肖猴,长先生一岁。(《茶婪自订年谱(上)》,第 12 页)

1891 年(光绪十七年)　　19 岁

2 月

24 日　见鼓楼被烧毁。自订年谱云:"大雷雨,镇海楼(即鼓楼)全部火烧,该处与祖庙巷成直线,遥望如灯桥一座,甚觉炫目,流离损失者,不知若干人也。"(《茶婪自订年谱(上)》,第 13 页)

4 月

5 日　《申报》载庚寅年格致书院南洋秋季特课出案,先生获一等第十四名。(《格致书院南洋特课出案》,《申报》1891 年 4 月 5 日,第 2—3 版)

春　应上海格致书院春季北洋特课试,特课题由北洋大臣、直隶总督李鸿章出,题目有"周髀经与西法平弧三角相近说""西法测量绘图即晋裴秀制图六体解""俄国西伯利亚造铁路道里经费时日论"三道。(上海图书馆编:《格致书院课艺(3)》,上海科学技术文献出版社 2016 年版,第 9 页)

春　应上海格致书院春季试,苏松太兵备道宪聂缉椝出题两道,分别为:"嵇叔夜《养生论》云:'豆令人重,榆令人瞑,合欢蠲忿,萱草忘忧,熏辛害目,豚鱼不养,虱处头而黑,麝食柏而香,颈处险而瘿,齿居晋而黄。'诸生研究物理,试析言其故,以补注家所未及,将觇素蕴焉。""问各省仿泰西设立银行,试言其利弊所在。"(《格致书院课艺(3)》,第 10 页)

8 月

19 日 《申报》载辛卯年格致书院春季课卷出案,先生获特等第十八名,得奖银一元。(《格致书院辛卯春季课卷出案》,《申报》1891 年 8 月 19 日,第 2 版)

9 月

4 日 大伯母因乳腺癌逝世。自订年谱云:"大伯母赵氏以乳癌不治遽逝。一小时前伯父曾诊脉,上药粉,绝无危象,事毕来吾家,甫坐定,即有人促速去,云已气绝矣,可骇之至。"(《荣孟自订年谱(上)》,第 13 页)

秋 应上海格致书院秋季试,三品衔江海关税务司裴式模出"中国各大宪选派办理洋务人员应以何者为称职论"题。(《格致书院课艺》(3),第 14 页)

冬 应上海格致书院冬季试,由头品顶戴山东登莱青兵备道宪盛宣怀出题,题目为:"问各国至中国通商,按光绪十六年贸易册,英赢银至六千八十余万,而俄、美等国各补入中国银八九百万。核稽历年,大抵英必赢,而俄、美必绌。岂西国经商亦各有工拙欤?抑物产使然欤?今欲振兴商务,其策安在?"(《格致书院课艺(3)》,第 15 页)

是年 遥从查子春师讳光华半年。(《荣孟自订年谱(上)》,第 13 页)

是年　应书院甄别,尚顺利。(《茅莣自订年谱(上)》,第13页)

是年　已准备参加乡试,但临时因病不能入场,随即折回。(《茅莣自订年谱(上)》,第13页)

是年　晕眩症时常发作,6月时最严重。(《茅莣自订年谱(上)》,第13页)

是年　结识学海堂监院高保康,得以常翻阅每期前列课卷,获益良多。(《茅莣自订年谱(上)》,第13页)

1892年(光绪十八年)　　20岁

2月

28日　《申报》载上海格致书院辛卯年秋季课题出案,先生获超等第一名,得奖银十二两。自订年谱载:"奖金优厚,较之杭地竞数倍焉。"裴式模与王韬①对先生的《中国各大宪选派办理洋务人员应以何者为称职论》分别有评语。先生认为:"为今日办理洋务计,亟当更变整顿,将从前旧习,一扫而空。以天下之大,人民之众,栽培之切,岂必无可用之才? 惟在用人者实事求是,不徇乎情,不动于利,不惕于威,举措严,赏罪当,洋务之兴,易于反手。则利国在是,利民亦在是,亦何难与泰西诸国,并驾而齐

---

①　王韬(1828—1897),初名利宾,后改名韬,字紫诠,号仲弢,又号天南遁叟、弢园老民,江苏长洲(今苏州)人。曾化名黄畹上书太平军,被清政府通缉,逃往香港。在香港主编《循环日报》,评论时政,宣传变法。后回上海,主持格致书院。

驱也哉。"裴式模评语为:"统筹全局扼其要领,此办理洋务人员所以称职之本也。显抉诸弊而畅言补救之方,颇中情理,亦复动听。盖惟心中了了,目中了了,故能毫不费力而举重若轻,至笔气之条达,造语之轻圆,犹其余事。"格致书院山长王韬加评:"洋洋洒洒数千言,本本原原,咸能核要,是真能留心于时务者。惟中多习见语,岂英雄所见略同耶? 此篇议论虽佳,核之题义,尚多溢分。"(《格致书院辛卯秋季课题出案》,《申报》1892 年 2 月 28 日,第 3 版;《茉安自订年谱(上)》,第 13 页;《格致书院课艺》(3),第 266 页)

4 月

11 日 生日。自订年谱云:"吾生之日,公历为四月十一日,今年生日,巧逢两历相同。"(《茉安自订年谱(上)》,第 14 页)

16 日 《申报》载上海格致书院辛卯年春季特课出案,先生获春季北洋特课超等第五名,得奖银一两,洋十元。在《周髀经与西法平弧三角相近说》一文中,先生认为:"溯厥渊源,后人测算,精益求精,皆周髀之遗绪。其算法为勾股之祖,其推步即盖天之术,欧罗巴法实从此出。"在《俄国西伯利亚造铁路道里经费时日论》一文中,先生认为:"为国家计久长,而尤为后日所要图者,莫重于自造铁路。"李鸿章与王韬对先生的这两篇文章进行了评价。李鸿章评:"上篇泛论中西天算,下篇条陈中俄边防,握笔直书,滔滔不绝,惜认题不甚真耳。"格致书院院长王韬批有:"上篇于中西算学,颇能言其源流,诚于此道,三折肱矣。下篇直论中俄事势,洞垣一方,才气浩瀚,不可一世。"(《辛卯年格致书院春季特课出案》,《申报》1892 年 4 月 16 日,第 3 版;《格致书院课艺(3)》,第 78 页)

春 应上海格致书院春季特课试,由北洋大臣直隶总督李鸿章出题,共有三题,为"杨子云难盖天八事以通浑天说""《管子·地数篇》解""德奥义合纵俄法连衡论"。(《格致书院课艺(3)》,第323页)

春 应上海格致书院春季课试,苏松太兵备道江海关权宪聂缉椝出课题四道,分别为:"《周礼·考工记》攻木之工七,攻金之工六,攻皮之工五,设色之工五,刮摩之工五,抟埴之工二,各有分职,厥类惟详。古之工作,多以人力;今之工作,间用机器。目今制造钢船钢炮,为防海之利器,亦格致家所宜及也。诸生讨论有素,其一一参校而详说焉。""大洋海、大西洋海、印度海、北冰海、南冰海考。""韩退之《原道》云:'古之教者处其一,今之教者处其三。'以儒教外有二氏也。今考泰西各国有所谓洋教、西教,名目益繁,未可枚举。中国通商口岸皆有各国教堂,果何道而使民教相安,无诈无虞,常敦睦谊欤?诸生留心时务,其各抒所见,箸为论说,以备采择焉。""风性表说。"(《格致书院课艺(3)》,第324—325页)

6月

25日 《申报》载上海格致书院辛卯年冬季课卷出案,先生获特等第二名,得正奖一两加奖五元。(《格致书院课卷出案》,《申报》1892年6月25日,第3版)

夏 应上海格致书院夏季课试,宁绍台兵备道海关权宪吴引孙出课题二道,分别为:"各省兵燹以来,军需善后多赖厘金以应度支,现在承平日久,未能遽停,库款仍绌。其中盈虚损益情形,论时事者所宜参究。应如何筹节饷项,减免抽厘,以裕利源,而纾商力策。""请永停捐输实官议。"(《格致书院课艺(3)》,第

325—326 页)

夏 母亲病,不久即愈。(《茅奏自订年谱(上)》,第 14 页)

10 月

是月 与叶友琴结婚。自订年谱云:"与元配叶友琴结婚,戚友来贺者甚热闹。吾母针指所积,悉数充支婚费约达千元以上,然精神极快,毫无勉强状态。"(《茅奏自订年谱(上)》,第 14 页)

秋 应上海格致书院秋季特课试,南洋大臣两江总督刘坤一出课题三道,分别为:"《隋书》婆登国有月熟之稻。《抱朴子》南海有九熟之稻。昔人又云,天竺稻四熟,交趾稻再熟。今有其种否?能行诸内地否?《齐民要术》《广志》,南方有蝉鸣稻,五月熟;青芋稻,六月熟;白汉稻,七月熟。《演繁露》又有红霞米,早熟且耐旱。其耐水者,宜何种?殷区田,周稻人,诸法久废。水旱之备,宜何施而可?""昔扁鹊为两人互易心,仲景穿胸纳赤饼,华佗刳腹去积聚,在肠胃则湔洗之。今其法华人不传,惟西医颇用其法,而不尽得手,究竟中西医理孰长?""上海海口形势舆图广袤城池道里丈尺考。"(《格致书院课艺(3)》,第 327—328 页)

秋 应上海格致书院秋季课试,直隶津海关道榷宪盛宣怀出课题,为:"问铁利为自强要务,汉阳厂基炉座,规模具举,大冶矿苗厚旺,开采如何合法?钢铁以畅销为先,如何推广销路,利不外夺?若使官督商办,能为经久之计否?纺织相辅而行,今欲推广纱利,兼顾布局,如何妥筹尽善?洋纱不用土花,如何收种洋棉并使华棉有用?盍胪举所知以对。"(《格致书院课艺(3)》,第 328—329 页)

12 月

11 日 《申报》载上海格致书院壬辰年春季课卷出案,先生获特等第十名,得奖银三元。(《格致书院春季课卷出案》,《申报》1892 年 12 月 11 日,第 3 版)

21 日 《申报》载上海格致书院壬辰年夏季课卷出案,先生获一等第三十一名,按例一等者不给奖。(《格致书院夏季课卷出案》,《申报》1892 年 12 月 21 日,第 3 版)

冬 应上海格致书院冬季课试,登莱青兵备道海关榷宪李正荣出课题三道,分别为:"问枪炮取准必用抛物线法,今以二十四生特之炮,平击敌船,当若干里? 若斜向下击或斜向上击,各当若干里? 究竟下击上击有何区别? 果用何法乃能避其上击,仍不碍我下击? 能精思其故得其数而详述之欤? 又以开花弹子下坠平口与平击竖口,当用何术使之不失累黍? 能考其用法欤?""张骞班超优劣论。""黑龙江通肯河一带请开民屯议。"(《格致书院课艺(3)》,第 330—331 页)

冬 天气严寒。自订年谱载:"严寒大雪,西湖全冰,城河可行路,屋上积雪达二尺以上,陈旧之屋坍倒者日有所闻,路上行人寥寥。"(《茉苳自订年谱(上)》,第 14 页)

是年 经陆钦和师介绍,在杭州艮山门锁用臧家充教席,后因工作甚苦且不习惯,满一月后辞去,在家专心应各书院考试。(《茉苳自订年谱(上)》,第 13 页)

1893 年（光绪十九年）　22 岁

3 月

9 日　《申报》载上海格致书院壬辰年秋季特课出案,先生获一等第二十七名。①（《格致书院壬辰秋季特课出案》,《申报》1892 年 3 月 9 日,第 3 版）

4 月

5 日（二月十九日）　《申报》载上海格致书院壬辰年春季特课出案,先生获北洋春季特课超等第四名,得奖银一两五钱加奖洋十元。先生在《德奥义合纵俄法连衡论》一文中,强调任用贤能的重要性,说:"吾所言若足民,若开垦,若兴稻田,若劝蚕桑,若保朝鲜,若创铁路,若练民团,若联与国,若练兵,若屯田,法良矣,意美矣。苟得其人而用之,行之以渐,持之以恒,虽曰纵横为患,数年之后,亦且尽弭于无形。苟不能得其人,则所谓足民也,开垦也,兴稻田也,劝蚕桑也,保朝鲜也,创铁路也,练民团也,联与国也,练兵也,屯田也,皆仅有其名耳。又其甚则害或随之,尚何实效之可收哉? 吾故曰:莫要于任贤。"李鸿章对先生的一文有评语:"旷览中外之情势,上下古今,谭锋迅发。永嘉经制之术,永康策论之雄,异乎七雄策士挟纵横长短之书,以骇流俗。"

---

① 《申报》原文中第二十七、二十八、二十九名,分别为:"项兰生、项藻馨、项兰馨。"疑有误记。本书暂采第二十七名项兰生一说。

王韬又评:"熟于天下形势,而特为中国借箸一筹,以破欧洲五大国合纵连衡之计。侃侃而言,俱臻切实,诚近日未易才也。"(《壬辰年格致书院春季特课出案》,《申报》1892年4月5日,第3版;《格致书院课艺(3)》,第422—423页)

　　春　应上海格致书院北洋春季特课试,北洋大臣直隶总督李鸿章出春季特课题三道,分别为"以月离测经度解""西域帕米尔舆地考""整顿中国教务策"。(上海图书馆编:《格致书院课艺(4)》,上海科学技术文献出版社2016年版,第7页)

　　春　应上海格致书院春季课试,升任浙江臬宪江苏苏松太兵备道宪聂缉椝出春季课题二道,分别为:"仓颉造字,篆隶渊源;杨子《方言》,齐楚音别。近自昆山顾亭林氏辑《音乐五书》,辨五方之音字,考核綦详。泰西人语多诘屈,字皆斜行,而英、法两国之文字语言,尤为各国通行。近译《英字入门》《英语集全》《法字入门》《法语进阶》诸书,为西学之初桄,果能吻合无误否?夫不译西字,曷窥制作之精;不解洋言,难膺行人之选。其于中西及各国文字语言之异同,诸生讨论有素,其各条举以对。""《周官》大司徒保息六以养民,有赈穷恤贫之条。文王发政施仁,必先茕独,嗣是收养贫民,有普济堂、政先堂、体仁堂、广仁堂、养济院、留养局,名目不一,总为收养鳏寡孤独废疾贫民而设。上海善堂林立,而蒙袂乞食之徒时见于道路,盖博施济众,仁圣所难。闻欧洲诸国,亦设养济院,教以工艺,严其部勒,洁居室,别勤惰,厥法若何?其详可得闻乎?"(《格致书院课艺(4)》,第8—9页)

6月

　　17日　《申报》载上海格致书院壬辰年冬季课卷出案,先生获一等第七名,得奖银一元。(《格致书院壬辰年冬季课卷出

案》,《申报》1893 年 6 月 17 日,第 2 版)

7 月

28 日 《申报》载上海格致书院本年春季课卷出案,先生课卷被列为一等①。(《格致书院本年春季课卷出案》,《申报》1893年 7 月 28 日,第 3 版;《格致书院课艺(4)》,第 9 页)

30 日 《申报》载上海格致书院壬辰年秋季课卷出案,先生获特等第十五名,得奖银一元。(《格致书院壬辰年秋季课卷出案》,《申报》1893 年 7 月 30 日,第 2 版)

夏 应上海求志书院癸巳夏季课试。书院课试题分经学题、史学题、掌故题、算学题和词章题,掌故题为"东三省练兵议""新疆练兵议""台湾抚番议""西藏立约通市议"。(《上海求志书院癸巳夏季题目》,《申报》1893 年 7 月 15 日,第 2 版)

夏 应上海格致书院夏季课试,浙江宁绍台兵备道宪吴引孙出夏季课题二道,分别为:"中外各国刑律轻重宽严异同得失考。""泰西医术昉自何时?传自何人?其治病诸法各国有无异同?视中东医理精粗优劣如何?试详证之。"(《格致书院课艺(4)》,第 9—10 页)

8 月

是月 叶夫人小产。自订年谱云:"高堂益增感触。"(《茱奁自订年谱(上)》,第 14 页)

---

① 《申报》与《格致书院课艺(4)》所列一等名单并不完全一致,但均有"项兰生"。《申报》中还列有"项兰馨""项藻生";《格致书院课艺(4)》中还列有"项兰馨""项藻馨"。

秋　应上海格致书院南洋秋季特课试,南洋大臣两江总督刘坤一出秋季特课题二道,分别为:"书院之设,即古党庠术序之遗意。宋时鹅湖、鹿洞讲学著闻,胡安定先生以经学治事,分斋设课,得人为盛。中国一乡一邑皆有书院,大率工文章以求科举,而泰西艺学亦各有书院。自京师有同文馆以肄算学,天津江南有水师学堂以习海军,上海设立格致书院专论时务,踵事日增,中西书院不同,其为育才一也。或谓纲常政教,中国自有常经,惟兵商二途,宜集思而广益。第中西之载籍极繁,一人之才力有限,果何道而使兼综条贯,各尽所长欤?试互证而详论之。""《风俗通》称:皋陶造律,至汉萧何因秦法作律九章,律之名所由始。其曰例者,《王制》之所谓比是也。古者狱辞之成必察大小之比。律有一定,例则随时变通。读律者有八字、十六字之分,剖析毫厘,不得畸轻畸重。无非明慎钦恤,以仁施法之意。《史记》言,匈奴狱久者不过十月,一国之囚,不过数人,何其速而简也。宋邓肃对高宗言,外国文书简,简故速,中国文书繁,繁故迟。其说信否?西国用律师,判断两造,权与官埒,此中国所无也。中西律例异同得失安在?能详悉言之欤?"(《格致书院课艺(4)》,第11—12页)

　　秋　应上海格致书院秋季课试,江南制造局翻译傅兰雅[①]出秋季课题一道,为"中国仿行西法纺纱织布,应如何筹办,以俾国家商民均沾利益论"。(《格致书院课艺(4)》,第13页)

　　秋　应上海格致书院冬季课试,招商局总办候补道郑观应出冬季课题三道,分别为:"考泰西于近百十年间,各国皆设立上

---

　　① 傅兰雅(1839—1928),英国传教士。参与创办格致书院,格致书院西董之一,长期在江南制造局任翻译。

下议院,借以通君民之情,其风几同于皇古。《书》有之曰:'民惟邦本,本固邦宁。'又曰:'众心成城。'设使堂廉高远,则下情或不能上达。故说者谓中国亦宜设议院,以达舆情、采清议,有若古者乡校之遗意。苟或行之,其果有利益欤? 或有谓,行之既久,不无流弊。究未悉其间利害若何,能一一敷陈之欤?""外国之富,在讲求技艺,日新月异。所以制造多、商务盛,借养穷民无算。未悉泰西技艺书院分几门,学几年,艺乃可成? 我中土何以尚未设技艺书院? 各省所设西学馆、制造局多且久矣,未识有精通技艺机器之华人,能独出心裁自造一新奇之物否? 必如何振兴其事,斯不借材异域? 请剖析论之。""泰西善举甚多,除育婴、施医、禁酒、自新、恤孤、劝和、训哑、教聋等会外,又有恤贫院。凡丐食街市及无业游民,收入院中,教以浅近手艺,至期艺成,得以自养。诸院有设自国家者,有捐自官绅者,每岁所集经费,自十万数十万不等。窃思古者发政施仁,凡有鳏寡孤独穷民之无告者,皆在所矜恤,然则恤贫院亦当今急务,不悉当道与富绅能立此功德否? 应若何筹款? 其章程如何始能悉臻美善? 请切实指陈,以备采择。"(《格致书院课艺(4)》,第13—15页)

12 月

9 日 《申报》载上海格致书院本年夏季课卷出案,先生获一等第十五名,按例不给奖。(《格致书院夏季课案》,《申报》1893年12月9日,第3版)

是年 在家应各书院试,因报名过多,以致精力不济,后经调理、静养,逐渐康复。自订年谱云:"在家应各书院甄别,报名过多(敷、崇、紫三院外,诂经精舍及学海堂、沪格致书院等),写作皆一人任之,卜昼卜夜,体力不支。至东城书院课后晕眩旧疾复作,言笑均易触发昏厥,服桂元汤静养,始渐宁定。改服滋补药品,胃纳见阻,遂谢绝医药,抛弃一切功课,悉心静养,秋后始渐复原。"(《茶叟自订年谱(上)》,第14页)

1894年(光绪二十年)　　21岁

3月

25日　《申报》载上海格致书院癸巳年秋季特课出案,先生获超等第三名,得正奖银五两加奖洋八元。王韬对其文有"宏通博雅"的评语,南洋大臣刘坤一亦有"经纬万端,言恢弥广"的评语。(《格致书院癸巳年秋季特课出案》,《申报》1894年3月25日,第3版;《茶叟自订年谱(上)》,第14页)

29日　《申报》载上海格致书院癸巳年春季特课出案,先生获北洋春季特课特等第二十名①,得奖洋六元。(《格致书院癸巳年春季特课出案》,《申报》1894年3月29日,第3版)

春　赴上海拜访老师王韬,是为第十五师,亦最后一师。自订年谱记云:"初次到沪,寓虹口王晴佳先生宅。弢师②住四马路石路,一切均由晴佳先生料理。弢师谈论甚豪,论天下大势,历两时许,滔滔不绝。订翌日餐叙,并赠著述十数种。嗣后往见数次,极承奖许,颇得教益,并嘱常通书问。对于八股文力言不必看得重要,务以多读史书、认识世界大势为立身行己基础,科名

---

① 在一等名单中,又出现"项兰生"。
② 弢师即王韬。

问题可以坚决放弃。对于吾之家况及高堂健康,亦均详晰垂询。有生以来,此为初步遭遇,热肠古道,感不去怀,此后行止,受弢师影响不小。"(《茅盾自订年谱(上)》,第 14—15 页)

7月

25 日 《申报》载上海求志书院癸巳年夏季课出案,先生获掌故特等第一名。(《上海求志书院癸巳夏季课案》,《申报》1894年 7 月 25 日,第 3 版)

8月

19 日 《申报》载上海格致书院癸巳年冬季课卷出案,先生获特等第五名,得奖银六元以及外赠佳墨二方。(《格致书院癸巳冬季课卷出案》,《申报》1894 年 8 月 19 日,第 2 版)

是月 上海广学会在苏州、北京、广州、福州、杭州五地进行征文,先生应征。李提摩太①出题五道,题目如下:"开筑铁路、鼓铸银钱、整顿邮政,为振兴中国之大纲论。注:日本新设邮政局,请参其成法,以资集思广益之助。""维持丝茶议。注:外洋所需丝茶,多仰给于中国,非天气地脉之尽不宜也,人工之贵于中国也。中国亟宜先求各国之良法,以制新机,然后缲丝而经纬愈匀,焙茶而色香具足;其植桑育蚕丝、肥土采叶茶诸事,亦宜加意讲求,悉心参考。庶几大宗之利,不为异域所攘。诸君望重乡间,评精月旦,请抒宏议,以牖愚民。""江海新关考。注:中国广开江海各关,稽征来往外洋货船税钞,垂三十余年矣,有益于国

---

① 李提摩太(1845—1919),字菩岳,英国传教士。威尔士人。1891 年到上海任同文会总干事。该会改名广学会后,继任总干事。

计民生者何在,请详考之。""禁烟檄。注:鸦片烟久为民害,中国欲禁之意,必有见诸行事、确凿可凭者,谓宜畅发隐微,宣示遐迩,并声明印度禁烟入华后,华民尚复私栽罂粟,作何治罪,庶几名正言顺,外人无可置词。诸君本此二端,作为一檄,诛物而不责人,则无害于邦交,而烟窟化为月府矣。""中西敦睦策。注:中西通好以来,间或小有龃龉,今宜操何术以融芥蒂,而使交涉诸事,益敦睦谊,诸君必有良策,愿拭目而观之。"并要求应征者须五题全做,总共字数在四五千之间,收稿站设在上海虹口昆山路中西书院,截止时间为腊月初十日。(李提摩太:《拟广学新题征著作以裨时局启》,《万国公报》第 67 册,1894 年 8 月)

9 月

是月 秋试,王韬来函询问"甚切挚"。自订年谱云:"与师往来信札,均遭丁丑日寇劫失,更为可惜。"(《茮庄自订年谱(上)》,第 15 页)

是月 朝鲜东学党乱,清政府遣兵援之,遂与日本开战,海陆军皆败。自订年谱云:"吴大澂以书生督军,携金石图书随军,一败涂地,不可收拾,报章传播,遐迩诽诽,诚空前之笑话也。"(《茮庄自订年谱(上)》,第 15 页)

秋 应上海格致书院秋季课试,江苏苏松太兵备道宪刘麒祥出秋季课题五道,分别为"圣母万寿颂""目下防务宜如何布置尽善策""拟曹子建求自试表""赵苞弃母破贼论""警备水军直捣东瀛议"。(《格致书院课艺(4)》,第 382—383 页)

12 月

12 日 《申报》载上海格致书院癸巳年秋季课卷出案,先生

获一等第十五名。(《癸巳年格致书院秋季正课出案》,《申报》1894 年 12 月 12 日,第 3 版)

冬 应上海格致书院冬季课试,招商局总办候补道郑观应出冬季课题四道,分别为:"三代以上党庠学校,以教以养,统隶于官,故人才之盛衰,关国家之兴废。自秦始皇焚书坑儒,以愚黔首。汉初崇尚黄老,私家传习各守专经。东汉以迄唐宋,虽设学官,有同旒赘。朝廷以科目取士,士亦竭毕生精力沈溺于诗赋时文帖括之中,书院介乎官私之间,虽亦能作养人才,而其所传习,亦不离乎三者。近是泰西诸国,学校林立,无人不学,无事非学,大学小学,教无蹵等,绰有三古遗风。其经费皆出于官欤?抑多由私家捐办欤?其章程之不同者安在?中国将统古今合中外,使积习丕变,而民听不疑。设学将以何地为先?取法当于何国最善?科考与取士于学校之法孰优?可详悉言之欤?昔年资遣出洋学生,所费颇巨,中途而废。说者谓年岁太小,中学未通,故为人所诟病。不知日本历派出洋肄业诸生,有无成效?应如何变通尽利,使之事半功倍欤?其悉抒谠论毋隐。"

"伊古黄帝分疆画井,禹平水土,主名山川,烝民乃粒。后稷播时百谷,成周遂以穑事开基。今所传区田之法,出于伊尹,行之或效或不甚效。孟子所谓上农夫食九人,其次食七人,最次食五人者。知上古农书,必有专学。洊经兵火,寖至失传。其散见于经史者,能略举之否?今《齐民要术》《农桑辑要》诸书间存什一,或未能通俗,或情形不同,应如何准古宜今,家喻户晓?泰西近日讲求化学,植物之最不可少者何质?试详言之。西人耘田用海岛鸟粪,中国不易致,能以他物代之否?古者沟渠畎浍,树艺有经。今北方水利若何修复?开渠筑塘浚井,何者宜先?英人治北印度,在高地蓄水,售与农民。可参用之否?泰西农部,种树有专官，以为树多致雨，瘠地可变膏腴。规制若何？愿问其略。南北各省寒暖迥殊，五土之宜，应如何肇兴大利，立富强之本。中国农民太愿，弗厌详求，以开风气，宜推广言之。"

"古时劝百工之法，日省月试，既禀称事。《曲台记》著于《九经》，自《周礼·冬官》经乱而逸，以《考工》一记补之。自汉以来，渐亡古制。百工局肆，间有专习，高曾规矩，日敝日窳。聪明才智之人，夷诸贱隶，亦遂无能克自振拔者，皆国家无以劝之故也。今泰西巧思奇器，日异月新。窃思名物象数，授受必有渊源，其由何时何人何法能不使各国仿造，能约略言之否？华人才智，岂皆远逊西人？惟用志不纷，乃凝于神。非童而习之，终身行之，子孙世守之，不能精进不已也。宜如何设艺塾以教之，立艺科以奖之，赐金牌给凭照以维持之。试参酌中西详言规制。美国外部考察船炮，物美价廉，官厂不如商厂，商厂费省而成功速，非出新意不能销售故也。中国尚无商厂，应若何逐渐振兴，劝商民设立，请试言之。"

"中国古者众建诸侯，各有分土，恶民之轻去其乡，故有崇本抑末之说。然官山府海，齐用富强；服贾牵牛，卫隆孝养。日中为市，货殖成书；陶朱计然，古有专术。维时国家赋税取于农民，恶商之操奇计赢以剥之，故抑之耳。自汉以来，土宇益廓，盐茶转运，亦国计所关。迨此次军兴及五口通商而后，厘金洋税，数埒地丁。中国度支，农与商遂各居其半，商务盛衰，隐关国本，安可侈言旧制，坐受困穷。惟中外商情，西巧而华拙，西大而华小，西富而华贫，必如何而后能维持补救欤？说者谓中国官商隔阂，剥商之政太多，以至于此。近日华商创设公司，阴图专利，不公不溥，适以病商。应如何参用西法，尽祛其弊？泰西商部规制若何？商律之保护商民者安在？商学之开益神智者何方？现在之商务若何保全？将来之利源若何开浚？北省出产益少若何振兴？诸生关怀时局，留意有年，望条举所知，以资商榷。"（《格致书院课艺（4）》，第383—386页）

是年 病卧月余，幸经友人范家相医治，得以痊愈。自订年谱云："病卧月余，几濒于危，医不高明，幸经友人范家相随时指示，用药有不妥者，由范主持改易之，得以告痊。范，甬人，业药，颇明方剂，大吾五年，亦不易得之良友也。"（《茉垞自订年谱（上）》，第15页）

1895年（光绪二十一年）　　　23岁

2月

3日 《字林沪报》刊载广学新题录取五省课卷名次，先生位列浙江省第五名，得奖银八两。（《广学新题录取五省课卷名次列后》，《字林沪报》1895年2月3日，第3版；李提摩太：《拟广学新题征著作以裨时局启》，《万国公报》第67册，1890年7月）

是日 《申报》载上海格致书院甲午秋季课卷出案，先生获特等第九名，得奖银二元。（《格致书院甲午秋季课卷出案》，《申报》1895年2月3日，第3版）

5日 广学新题录取五省课卷名次在《申报》上公布，先生名列其中。（《广学新题录取五省课卷名次列后》，《申报》1895年2月5日，第3版）

3 月

24 日　未时,叶夫人生一子,取名稣勋,排行华,行一,字麟阁。(《茉叜自订年谱(上)》,第 15 页)

　　是月　广学会在《万国公报》上公布了去年征文获奖名单,此次征文由王韬、沈毓桂、蔡尔康共同评定,浙江省获奖名单如下:"许渠钎、李昌祺、俞楠、王潭、项藻馨、张玉麟、杨树风、姚铎、王朝杰、黄志、曾华统、周凤祥、王赞臣、潘焯。"先生名列第五,获得奖银 8 两。(《广学题名》,《万国公报》第 74 册,1895 年 3 月)

　　春　应上海格致书院春季课试,春季正课由苏松太道刘麒祥命题,共题二道:其一中国富强之策宜推广西学讲求实际严祛欺蔽论,其二书晁错论守边备塞书后。(《格致书院乙未春季课卷出案》,《申报》1895 年 8 月 11 日,第 3 版)

　　春　应上海格致书院春季特课试,特课所有课题由北洋大臣、直隶总督王文韶所命,共三道:其一,为国之道莫要于因时变通,变通之道莫要于持其原本,学校者人才之本,格致者学问之本,今欲推广学校,精求格致,其大纲细目,能详悉言之欤?其二,古中国炼丹与今西国化学异同说。其三,彗星行道有法无法考。(《格致书院乙未年春季特课出案》,《申报》1896 年 5 月 16 日,第 3 版)

5 月

8 日　《申报》载上海格致书院甲午年冬季课卷出案,先生

获超等第七名，得奖银四元。[①]（《格致书院甲午年冬季课题出案》，《申报》1895 年 5 月 8 日，第 2 版）

是月 《马关条约》签订后，“高白叔[②]世丈聘沪人曹让之课子侄子周、子白攻读英文”，先生往商请附读，许之。即于 5 月为始，每日赴双陈巷高云麟家学习英语，同学有“高子周、高子白、高子韶、戴劼哉等”。因与老师气味不相投，遂向高家托词赴沪，不再继续。（《茶宧自订年谱（上）》，第 15 页）

6 月

是月 与戴劼哉等改延蒋弘伟，课读于官书局，“同学为戴懋哉、劼哉弟兄，金和孙、程祖川等”。蒋为基督徒，根底浅，“不能满学者意”。（《茶宧自订年谱（上）》，第 15 页）

7 月

是月 始识陈汉第于官书局。（《茶宧自订年谱（上）》，第 15 页）

8 月

11 日 《申报》载上海格致书院乙未年春季课卷出案，先生获特等第七名，得奖银四元。[③]（《格致书院乙未春季课卷出案》，《申报》1895 年 8 月 11 日，第 3 版）

秋 应上海格致书院秋季特课试，秋季特课由南洋大臣张

---

① 在一等名单中，又出现“项兰生”。

② 即高云麟（1846—1925），字白叔，举人。

③ 在一等名单中，又出现“项兰生”。

之洞命题,首题为"振兴商务议",次题为"万物皆由微点结成,试引暨而申论之",第三题为"各国铁路轨辙宽窄式样各殊,中国修造铁路以何者为宜? 试详考之"。(《格致书院乙未秋季特课卷出案》,《申报》1896 年 4 月 11 日,第 3 版)

11 月

是月 改由福建人罗宜羡课授英文。自订年谱云:"罗向在电报局任事,讲解明晰,惟发音较差,讲初步文法,能尽其所知,从者颇众。初在余官巷金和孙家中,日二小时,继移豆腐巷钟家,吾与懋哉照旧,继来者有张峄才、钱念慈、金云孙、叶星池(浩吾之弟)、俞普孙等,颇极一时之盛。"(《茮麦自订年谱(上)》,第15 页)

岁末 在应酬中遇到福建人陆康华,"询知在小狮子巷盛大令鸿焘家课其子英文,语言较罗步韩流利,惟闽音极多,不易明了,其历史如何,却不之知"。(《茮麦自订年谱(上)》,第16 页)

1896 年(光绪二十二年) 　　24 岁

2 月

是月 往小狮子巷盛鸿焘宅拜访陆康华,恰巧碰到亦来拜访的卢葆桢。卢系由抚署派往访陆者。自订年谱云:"卢湖州人,向在舆图局服务,不通英文,对笔算亦茫然不知,仅略通筹算。此时见卢与陆谈话,一如考试,不久,吾即离座先行,不知卢

陆二人如何应付,实为不可思议之事。"(《荪妄自订年谱(上)》,第 16 页)

是月 参加各书院甄别。其中诂经精舍时务论,题为"浙省海防"及现在时事,荣获第一。以姚丙熙名参加紫阳书院八股试,八股文题为"弟子入则孝"三章,荣列第三,文章被刊入紫阳书院课艺第九集。并有批语:"以务本作主,意亦犹人,而独能高处立,阔处行,格老气苍,机圆法密。"[①]其余各处,均获得第二名的成绩。(《荪妄自订年谱(上)》,第 16 页;《紫阳书院课艺第九集》,光绪二十一年)

是月 父亲五旬诞辰,长男麟阁周岁,同时举行庆贺,"家中略备酒面,戚好咸集,堂上颇为欣悦"。(《荪妄自订年谱(上)》,第 17 页)

4 月

11 日 《申报》《字林沪报》载上海格致书院乙未年秋季特课出案,先生获超等第四名,得正奖银一两五钱加奖银八元。(《格致书院乙未秋季特课卷出案》,《申报》1896 年 4 月 11 日,第 3 版;《格致书院乙未秋季课卷出案》,《字林沪报》1896 年 4 月 11 日,第 3 版)

5 月

16 日 《申报》《新闻报》《字林沪报》载上海格致书院乙未年春季特课出案,先生获一等第十三名。(《格致书院乙未年春季

---

① 自订年谱云:"文刊入紫阳八集。"有误。

特课出案》,《申报》1896 年 5 月 16 日,第 3 版;《格致书院乙未年春季特课出案》,《新闻报》1896 年 5 月 16 日,第 3 版;《格致书院乙未年春季特课出案》,《字林沪报》1896 年 5 月 16 日,第 3 版)

7月

31 日　是日起,"烈日当空,昼夜酷热。麟阁又感不适"。(《茅奏自订年谱(上)》,第 17 页)

是月　气候甚寒,父亲患疟疾,不数日即愈。(《茅奏自订年谱(上)》,第 17 页)

6、7 月间　杭州知府林启刚上任,在东城讲舍测试八股外,加试地方风俗习惯,"嘱条陈应兴应革,尽言无隐",先生代徐之生作一文,"分列各端,如赌博、私娼、私钱、庵观、尼院、衙役恶习,一一详列,揭晓后列入首选"。事后关于庵观,林启"即分别派员彻查,衙役已将松毛鬓髯拘押,并于上、中、下城三重要市区立石十方,永远禁除,私钱亦在严缉,赌局以绅方有关,已饬县严密取缔",此为先生意料不及。《申报》载:"调补杭州府林太守,于本月某日课试东城讲舍时,正课之外另出策论题各一,令诸生自备课卷,限三日缴齐。论题,才济学论。策题,问政以宜民为本,治以除恶为先,居官者所贵博采周咨,去其太甚而已。杭属九州县有司衙门最为病民者何事? 风俗积弊尤为害民者若何? 见闻所限一邑一隅,各举所知以对。诸生中必有留心经世学为有用才者,务求耳目众著之真,勿为涂巷不根之说,其各尽言毋隐。"①(《茅奏自订年谱(上)》,第 16—17 页;《曲沼观荷》,《申

---

①　据《茅奏自订年谱》载,林启在东城讲舍测试八股外加试地方风俗习惯一事,在 1896 年 5 月,但据《申报》报道,在 1896 农历五月,故采《申报》报道中的时间。

报》1896年7月7日,第2—3版)

夏 应宁波辨志六斋丙申夏季课试。试题分汉学、宋学、史学兼掌故、天文兼算学、舆地与辞章等类,其中史学兼掌故题为"刘晏论""班史《古今人表》不表今人说""重设海军议"。(《宁郡辨志六斋丙申夏季课案》,《申报》1896年11月9日,第2版;《宁郡辨志精舍丙申夏季课题》,《申报》1896年6月18日,第2版)

8月

1日 麟阁"发热,似属中暑,叶夫人日夜抚育,体不甚好"。(《茉寥自订年谱(上)》,第17页)

2、3日 叶夫人亦似感暑。(《茉寥自订年谱(上)》,第17页)

4日 叶夫人病逝。自订年谱载:"早似已发痧,午后吃西瓜解暑,不意四时后即手颤。家中储药仅红灵、辟瘟之类,即往同巷姚家乞药,谓十滴水已送罄,姚钦甫言王夔石家亦有此,即往索之,亦告罄矣。归适儿科董畹香诊麟阁疾来,便请带诊叶氏脉,骇呼痧闭甚急,须速觅急治医药。一时忙乱不堪,仅以红灵丹取纸筒吹于鼻际,亦不能受。一转瞬间,竟于戌时脉停气闭身亡,近年有霍乱之说,迨即此乎?"(《茉寥自订年谱(上)》,第17页)

7日 长男麟阁因无乳维持,夭殇。自订年谱云:"母子均属热症,仓促经此,束手无策,堂上遭此不测,无法劝解,此为有生以来未遇之祸也。①数月中高堂时感郁塞,吾亦万念俱灰,益以

---

① 《茉寥自订年谱》中项吉士按:"先父生平每以炎暑酷热视为畏途,盖即种因于此。"

贫莫能为,终日书空咄咄,无可奈何。"(《苤窭自订年谱(上)》,第17页)

秋 应求志书院丙申秋季课试。试题分经学、史学、掌故、算学、舆地和词章等类,其中掌故题为"八旗营制考""绿营制考""同治后防营制考""师西法创新军议"。(《求志书院丙申秋季课录取等第案》,《申报》1897年4月30日,第2—3版;《求志书院丙申秋季题》,《申报》1896年11月16日,第3版)

11月

9日 宁波辨志六斋丙申夏季课出案,先生获史学超等第十名。(《宁郡辨志六斋丙申夏季课案》,《申报》1896年11月9日,第2版)

15日 梁启超[1]致函汪康年[2],为筹办日报推荐先生为主笔,函云:"有人欲开日报,此事甚善。兄所论甚当。弟为总主笔,孺博、兰生为主笔,事属可行。"(丁文江、赵丰田编:《梁启超年谱长编》,上海人民出版社2009年版,第42页)

12月

是月 杭府知府林启在东城讲舍测试时务策论,嘱咐先生以本名应试,试题以时事为主,先生遂投一卷,成绩名列前茅,受到林启接见。自订年谱载:"十二月杭府林太尊又试东城时务策

---

① 梁启超(1873—1929),字卓如,号任公,又号饮冰室主人,广东新会(今江门)人。1896年在上海主编《时务报》。后参与百日维新,戊戌政变后逃亡至日本。
② 汪康年(1860—1911),字穰卿,浙江钱塘(今杭州)人。1896年与黄遵宪办《时务报》,约梁启超任主编。

论,以前观风卷知为吾作,特嘱吾以本名应试,题仍以时事为主,遂投一卷,前列者为邵伯纲、仲威昆仲,吾亦得列前茅,此外有汪叔明希,及褚某等。前列八人订期在有美堂盛馔延见,由高啸桐先生招待,饭后分先后与林太尊相见,接谈许久而退。"(《茉垞自订年谱(上)》,第 17 页)

冬 应求志书院丙申冬季课试。试题分经学、史学、掌故、算学、舆地和词章等类,其中经学题为"均服振振解""蒲宫有前解""有攸不惟臣解""《论语》可以共学节异义说"。(《求志书院丙申冬季五斋课案》,《申报》1897 年 8 月 9 日,第 2 版;《求志书院丙申冬季题》,《申报》1897 年 2 月 11 日,第 3 版)

冬 周芗圃做媒,议续娶诸暨陈遹声①第三女蔼真并订婚。(《茉垞自订年谱(上)》,第 17 页)

是年下半年至次年初② 汪康年拟邀请先生任《时务报》主笔,与陆懋勋信函往返多次。先生收到陆懋勋询问后,即商之堂上,得允,并通过陆懋勋转询:"惟馆是否新设?是否与《申》《新》各报一式?馆中同事共有几人?每月作论几篇?以及章程、体例若何?务乞详细示知。至月薪若干?亦请斟酌示知。"后,汪康年又向陆懋勋索要先生文稿,陆懋勋回信:"邀兰生主笔,来函(第一信)并未说及取伊文稿寄阅,及弟接第二次手书,乃向其取寄,伊允日内交来,因须录出,前日又为书院课期,故伊约十五、六交来。俟交来后再行奉上。卓如出洋果否?如令兰生接卓如

---

① 陈遹声(1856—1920),字蓉曙,号骏公,又号畸园老人,浙江诸暨枫桥陈家村人。早年师从著名学者俞樾。清光绪十二年(1886)中进士,改翰林院庶吉士,授编修,出为松江知府、重庆兵备道等。

② 原函时间不详,根据《时务报》创办时间以及信中提到主笔梁启超欲出洋、杭学堂事规模初定判断,信函时间应在光绪二十二年下半年至光绪二十三年初。

手,恐极盛难继也。或姑试之。"不久,陆懋勋转递先生近作一篇,建议汪康年"欲观伊文,格致书院课艺中甚多,可一观也"。并询问"究请与否? 尚祈示如,以慰悬悬"。(上海图书馆编:《汪康年师友书札(三)》,上海古籍出版社 1986 年版,第 2142—2145页)

是年 仍习读英文。(《茅奫自订年谱(上)》,第 16 页)

是年 汪康年创办《时务报》社于上海。自订年谱云:"秉笔者为梁启超,文章俊逸,风行一时,气象为之一新。"(《茅奫自订年谱(上)》,第 17 页)

是年 《时务报》杭州经销者为表兄汪溥泉。自订年谱云:"杭州经销者为汪溥泉表兄,与伯唐为连襟,惜溥泉太无常识,不久即分手。"(《茅奫自订年谱(上)》,第 17—18 页)

1897 年(光绪二十三年)　　25 岁

4 月

6 日前 杭州知府林启招考求是书院学生,要求"愿住院习学者,务于三月初五日以前,开具姓名、住址、年貌,邀同公正绅士作保加结,赴院填册。如有稍通化算、图绘、外国语言文字者,均于册上注明,由监院造册呈送,示期先试以经史策论,录取若干,再会同教习覆试,额取三十名,每名按月给饭食洋三元,杂费洋二元。每月朔课考试化算等学,望课考试经史策论,分别优给奖洋,定以五年为限,不准托故辞覆出院。常时除假期外,均须常川住院,不得私自出外,其额外诸人,仍照原取名次,列册以便挨补"。先生遵林启嘱咐,前往报名应考。(《俞楼经说》,《申报》1897 年 4 月 11 日,第 1 版;《茉叟自订年谱(上)》,第 18 页)

13 日 杭州知府林启考试求是书院报名诸生,到者共有 74 人,题目为"讲西学先究心术论""王荆公变法论"。先生前往应试。(《西湖渔唱》,《申报》1897 年 4 月 28 日,第 2 版)

28 日 求是书院考生,照章进行复试,拟录取 30 名。先生为榜首。(《临安琐记》,《申报》1897 年 5 月 9 日,第 2 版;《茉叟自订年谱(上)》,第 18 页)

30 日 《申报》载求志书院丙申秋季课录取等第出案,先生获掌故特等第七名。(《求志书院丙申秋季课录取等第案》,《申报》1897 年 4 月 30 日,第 2—3 版)

5 月

21 日 求是书院开学,到校上课。自订年谱云:"浙江巡抚廖穀士寿丰以发封之普慈寺址创设求是中西书院(以讲求实学为旨,故定名求是),委派杭州府知府林迪臣启兼任总办,陆冕佽师懋勋为监院,下设事务二人,一掌文牍为陈仲恕,一司会计为俞吉斋,并聘美教士王令赓课格致、化学、英文,卢子纯葆桢课算学,陆叔英康华课英文。招收二十岁以上之举贡生监三十名,由杭州府考试察看录取,月给膏伙,优者随时给予奖金。五月廿一日(阴历四月二十日)开学,吾得陆冕师函林太尊指名嘱往应试,录取榜首后即到校上课。同榜十人,有汪叔明、张峄材、钟璞岑等。"(《茉叟自订年谱(上)》,第 18 页)

6 月

是月 王韬在上海病故,先生"以初到学校,未能告假往吊,

衷心歉仄"。(《茶蓼自订年谱(上)》,第18页)

是月　先生的格致书院课艺文《德奥义合纵俄法连衡论》节录,刊入陈忠倚编《皇朝经世文三编》,篇名为《破欧洲五国合纵连横策》。[陈忠倚编:《皇朝经世文三编》,光绪二十三年(1897)五月]

8 月

9 日　《申报》载求志书院丙申冬季五斋课出案,先生获经学超等第四名。(《求志书院丙申冬季五斋课案》,《申报》1897 年 8 月 9 日,第 2 版)

9 月

是月　应乡试,临时病作,未终场。(《茶蓼自订年谱(上)》,第18页)

是月　先生的诂经精舍课艺文《将蒲姑解》刊入俞樾编《诂经精舍课艺第八集》。先生云:"《将蒲姑》者,《书》之篇名也。后人以将字之义难通,纷纷聚讼,或以谓误文,或以谓衍文,而不知皆非也。窃谓经书之文,不可以不求其通。若经书之篇目,则任其不通而已,不必为之强解也。何则《尚书》之例与《毛诗》之例大略相同,《诗》之篇目其可通者固多,而不可通者亦不少。如首篇之诗以《关雎》为篇名,已不得其说矣。何况其余乎!《书》之《将蒲姑》其例亦犹是也。不但此也,《论语》为孔子立言之书,当无不尽善尽美矣。而其篇名有所谓《述而》《学而》者,又将何以解之乎?是故经书之篇目,亦任其不通而已。疑此篇之经文其篇首必有此三字,而因以名篇,如《论语》《毛诗》之例,惜乎无可考耳。至于蒲姑二字,郑氏马氏皆以为齐地名,伏生《大传》则以为奄君之名。据《左传》昭公九年之文曰:'蒲姑商奄吾东土也。'以蒲姑与商奄并称,必是接壤之地。故可为奄地而不可为齐地。大约灭奄之后,而其地始入于齐耳。又据昭公二十年之传文曰:'蒲姑氏。'因之则蒲姑明是奄君之氏,氏则非名也。二说均小误。"[俞樾编:《诂经精舍课艺第八集》第 2 卷,光绪二十三年(1897),第 14—15 页]

11 月

是月 与继配陈蔼真结婚。(《茔奁自订年谱(上)》,第 18 页)

是月 林启创立蚕学馆,选派赴日留学生,由邵章来征求赴日留学意愿,但因母亲老病时作,且乡试后,身体未复原,母亲也不愿先生离国,所以婉言谢绝。后改由湖州人嵇慕陶赴日。(《茔奁自订年谱(上)》,第 18 页)

1898 年(光绪二十四年)　　26 岁

年初 经九江海关宁波人王显理介绍,往上海《格致新报》任编辑。月薪 30 元。(《茔奁自订年谱(上)》,第 18 页)

3 月

13 日 《格致新报》第 1 册登载先生与朱飞翻译的时事新闻。新闻分万国时事纪略、中外交涉事件、中德合同、英人之言和论东方时局四部分,内容翻译自美国的《学问报》和英国的《泰晤士报》《中国新闻报》。(《格致新报》第 1 册,1898 年 3 月 13 日)

5 月

是月前 因《格致新报》馆中都为天主教徒,臭味不合,离沪回杭,先生在《格致新报》工作仅两月。自订年谱云:"待遇虽高,家贫颇思对付,然以馆中皆天主教徒,臭味不合,终不可居,敷衍两月,决然舍去。"(《茉垄自订年谱(上)》,第 19 页)

是月左右 从上海回杭州求是书院攻读。(《茉垄自订年谱(上)》,第 19 页)

是月 求是书院选派留日学生 4 人,初定钱承志、陈榥、何燏时及先生,但因母亲多病坚持不允,书院遂改派陆仲芳(世芬)代替。自订年谱云:"前后两次留日良机,俱因母病失之,亦无可奈何事也。"(蒋绀裳编:《浙江高等学堂年谱》,章开沅等主编:《辛亥革命史资料新编》(4),湖北人民出版社 2006 年版,第 184 页;《茉垄自订年谱(上)》,第 19 页)

8 月

是月 求实书院任陆懋勋为总理,陈汉第为监院,胡可庄为总教习,并扩充学额,设置内外二院。自订年谱云:"陆冕侪师入京会试,中式进士,入词馆,原任求是监院,由文牍陈仲恕代理,陆改任总理。总教习王令赓以基督教中不允兼外职,改聘甬人胡可庄潘康任理化教课,胡为约翰毕业,学问切实,讲解亦佳,远胜王教士。仲恕向林太尊条陈扩充办法,以后面余地建筑旧式平屋若干间,定额增加四十八人,名曰求是书院外院,岁纳修金廿四元,膳费自给,为内院升补之预备生。"(《辛亥革命史资料新编(4)》,第 184 页;《茅奏自订年谱(上)》,第 19 页)

是月 求是书院新屋落成。自订年谱云:"新屋落成,屋为义塾式,光线声浪均不适合,事属创举,不足责也。"(《茅奏自订年谱(上)》,第 19 页)

9 月

6 月 11 日至 9 月 21 日 戊戌变法期间与孙江东、汪叔明、祝震、林白水[1]、袁毓麟等设立文明学社。(袁毓麟:《文薮自撰年谱》,1935 年,第 83 页)

28 日后 戊戌政变后与陈叔通[2]同往张苍水祠公祭戊戌六君子。(《茅奏自订年谱(上)》,第 19 页)

10 月

是月 求实书院新生金翰笙因事被监院除名,其兄与陈汉第发生冲突,先生从中劝解。自订年谱云:"新生金翰笙(云孙之弟)因事被监院除名,某日午后吾往仲恕办公室,适见云孙与仲恕挥拳,仲恕正持长旱烟管欲回击之,急为劝解而止。正排解间,忽闻内院学生不满于算学卢教习子纯之教授法,各班一致罢课。两事并作。时头班生陆震、汪希、张桐孙等十数人均已星

---

[1] 林白水(1874—1926),原名獬,又名万里,字少泉,笔名白水、白话道人等。福建闽侯人。1901 年任《杭州白话报》主笔。后赴日本留学,当年回国,在上海创办《中国白话报》。

[2] 陈叔通(1876—1966),名敬第,以字行,浙江杭州人。陈汉第之弟。曾任浙江兴业银行董事。

散,冕师亦无办法。相持数日,随会商办法,卢暂先告假,请山东人某君代理,此人亦为教徒,算学程度较高,各班均复课。"(《茅奁自订年谱(上)》,第 19 页)

12 月

是月中旬 外祖舅高年逝世,亲往诸暨枫桥吊奠。(《茅奁自订年谱(上)》,第 19 页)

16 日 夜,杭城水星阁火药局忽然爆炸,居民大事惊恐,墙胡壁倒,重伤及毙命者不可数计。先生在枫桥,虽未闻其声,亦感震动。回杭州时,所见城中房屋受震濒危者不少。(《茅奁自订年谱(上)》,第 19 页;《药栈奇灾》,《申报》1898 年 12 月 20 日,第 1 版)

冬 陈夫人产一女,临产甚不易。(《茅奁自订年谱(上)》,第 19 页)

是年 家用仍赖母亲以女红所人补贴,陈夫人亦于处理家务外,从事小手工劳动为助。(《茅奁自订年谱(上)》,第 19 页)

1899 年(光绪二十五年)　27 岁

春 赴上海见陶在宽,住盆汤街①某旅馆。自订年谱云:"始识陶七彪在宽及朱剑芝。"(《茅奁自订年谱(上)》,第 20 页)

春 求是书院选内院生之优秀者担任助教,先生因招生应试时,名列榜首,被选任为助教,月薪 16 元。自订年谱载:"上年

---

① 今上海山西南路。

卢子纯以教课太旧不满同学之望,最后自请辞职。内院头班同学,大致改转他校,或辞去学业,另有高就者,如汪叔明、张逸才、魏伸吾、陆听秋等,均陆续离去,同班之中,仅有戴懋哉、许孟廉及吾等数人,已不成班,不能继续。总理陆冕师乃将原有组织从事变更,以许、戴及吾三人改任助教。其余或转学沪约翰中西书院,或就业他处。吾以母老且病,不可一日离,遂就任助教事。月薪十六元,外加膳食,变学生为助教,暂顾目前再图进退。"(《辛亥革命史资料新编(4)》,第184—185页;《茅奁自订年谱(上)》,第20页)

8 月

是月前　陈夫人携女儿归宁省亲。(《茅奁自订年谱(上)》,第20页)

是月　函促陈夫人由诸暨枫桥返,不意返回杭州后,女儿感风不治,未过数日即夭殇。自订年谱云:"虽当时物价尚低,赤手空拳开支不足,穷愁无聊,极为不堪。"(《茅奁自订年谱(上)》,第20页)

是年　母亲旧疾时作,至夏秋之际,更感衰弱,聘请鲍筱香医治,虽鲍年已老,但精神极好,与先生颇相得,三两日必来视疾。(《茅奁自订年谱(上)》,第20页)

1900 年(光绪二十六年)　　28 岁

春　接二伯父项织云函,得知"从弟锡善中煤毒不治身亡,隔三日其子润官继之夭折,又四日二从弟炳善及其岳母王太夫人(即剑官之外祖母)适来视疾,亦同遭不测。先后一周间弟兄子侄与戚属四人均死于非命,闻讯骇愕,未可言喻,亦大不幸也"。(《茅盾自订年谱(上)》,第20—21页)

5月

是月后 受北方义和团运动影响,谣传纷纷,无日不在惊涛骇浪中。(《茅盾自订年谱(上)》,第20—21页)

6月

29日 亥时,长女浩出生,排行华。(《茅盾自订年谱(上)》,第21页)

9月

是月 京师已陷落。大伯父薇垣公同寿任南城兵马司使,任满,已奉明令截取同知,此时尚未交卸。(《茅盾自订年谱(上)》,第21页)

10月

12日 自订年谱云,"联军大队抵达北京",大伯父殉难任所。二伯父及两弟妇均临时他避。(《茅盾自订年谱(上)》,第21页)

12月

是月 二伯父亦去世。自订年谱云:"其时南北消息不通,至年终始由同乡及同年辗转传来噩耗,双亲以太平天国后,吾家已甚式微,今又迭遭非常之厄,难堪已极。"(《茅盾自订年谱

（上）》，第 21 页）

冬 葬元配叶夫人、胞妹瑞芝及麟阁于二龙山。（《茉荌自订年谱（上）》，第 21 页）

是年 仍在求是书院任助教。首任总办林启病故任所。（《茉荌自订年谱（上）》，第 20 页）

是年 先生与杭州士人樊嘉璋、徐光烈、楼思诰、祝鼎、邵章、袁毓鳞、韩澄、戴克敦、陈汉第等为故太守林启议申私祀，呈杭州当局。云："窃何武行部，先见诸生；伏湛造次，必于文德；子产不毁乡校，郑国歌其谁；嗣文翁兴起学官，益州蒸为文雅，此固型方之矩券，抑亦循吏之前规欤。故杭州太守侯官林公起家词苑，历掌文衡，继奉恩纶，出典名郡，其莅吾杭州也。饮水表洁，运甓习勤，文饶训民，必说农桑孝悌。苏公判事，不妨山水咏游，固已朝羊不饮，春狨无佩矣。至于立法取士，远宗周礼师儒之教，合德行道，艺而兼明，近遵安定教授之规，分经义治事为两学，功归致用，契必参同。如设求是书院以处高才，置养正书塾以迪童蒙。复以旧有东城讲舍中废不举，更分清俸以资弦诵，祁祁多士，负笈而来，莘莘诸生，横经以肆，遂使夫余旧俗群知仰东鲁遗风，欧罗学徒不敢侈西来绝业。今者凫飞一去鹤化千年清水，题诗犹爱使君手迹，黄堂纪绩，未忘太守成规。惟立祠报功者，朝廷异数非民庶所敢陈乞也。而私社奉常者，载籍恒详，又公祖所嘉许也。职等拟于孤山林和靖先生墓侧建除一室奉栗主于中，以申私祝，与林公少严之祠，后先辉映，稽彼旧籍，喜韦睿本是同乡问厥，名宗异何韩强称同姓，为此呈乞迅赐批准存案并给示禁止轹践，庶同高朕石室绵俎豆于千秋，与处士遗阡禁樵薪于十步，戴德上呈。"（《立社公牍》，《林社二十五年纪念册》，1925年，第 47 页）

1901年(光绪二十七年)　29岁

2月

是月　随父亲及翁姨丈至上海,并拜访严芝楣。(《茅盾自订年谱(上)》,第21页)

3月

28 日　与浙江知名士绅邵章、汪叔明等集会,决议以"浙省士民"的名义分别致电两江总督刘坤一、湖广总督张之洞、两广总督陶模以及浙江巡抚,请求备战抗俄。云:"吁恳大人联合各省督抚,奏定备俄民款章程,使各省一律兴办,一面请朝廷宣约备战,一面联英、日、美,公同协助军费,缺者济之。俄国铁路未成,运兵穹远,断不足畏。各国见中国爱君父发祥之地甚于爱其身家,则阴图东南之心亦可稍敛。金瓯永固,自强有机,大人保全东南之泽益长,凡属斯民,世世子孙,敬当铸金而事生佛。"致各总督电文为"为俄谋华急,请联各督抚奏筹民款,约英、美、日公战。浙省士民泣电"。(《记杭城议阻俄约事》,《中外日报》1901年4月1日,汪林茂主编:《浙江辛亥革命史料集》第2卷,浙江古籍出版社2013年版,第10页)

29 日　先生参与署名的《浙省士民公禀》被递禀浙江巡抚余联沅。(《浙江辛亥革命史料集》第2卷,第10页)

4月

是月　徐承敬任求是书院监学,院内紊乱,举措不合时宜,先生恐新旧之争难免,遂离开书院。(《茅嵚自订年谱(上)》,第21页)

5月

24日　访蔡元培。(王世儒编:《蔡元培日记(上)》,北京大学出版社2010年版,第170页)

是日　午后,蔡元培来访。(《蔡元培日记(上)》,第170页)

6月

20日前　发起创办《杭州白话报》,自订年谱云:"创办《杭州白话报》,发起者陈叔通、汪叔明、孙江东①、袁文楷、林琴南、汪秋泉等。时杭州尚无活字印刷机关,决用木刻,暂在吾家举行。款由同人捐集,每月出二册,每年售一元,吾总其事。其宗旨以开通风气,宣扬中外大势,提倡新政学业为主。"(《茅嵚自订年谱(上)》,第21页)

20日　《杭州白话报》第1期出版发行,刊登有林白水所撰的发刊词《论看报的好处》,以及《波兰国的故事》《大家想想歌》等文章,此外还设有《中外新闻》《地学问答》等栏目,报馆设杭州

---

①　孙江东(? —1920),原名孙翼中,字耦耕,笔名独头山人,参加革命后改名江东。初任杭州求是书院教习。1902年留学日本,加入兴中会。1903年,担任《浙江潮》的主编,回国后主持《杭州白话报》。1915年,应叶景葵邀请,担任海丰面粉公司、赣丰饼油公司经理。

祖庙巷先生宅。(《杭州白话报》第1期,1901年6月20日)

18日 蔡元培来访,不晤。后先生与胡鉴生及一旗人文友卿访蔡元培。(《蔡元培日记(上)》,第175页)

8月

3日 蔡元培致函先生。蔡元培日记载,"看《浙江兴办学堂节略》,致项兰生,因姚穆臣前辈在苏州劝任筱园中丞莅任后广兴学堂,函询情形于穆卿,穆卿以问兰生,兰生又以属我也"(《蔡元培日记(上)》,第177页)。

13日 访蔡元培。(《蔡元培日记(上)》,第178页)

10月

是月 胡趾祥自湖北回浙江,欲捐款6万元办学校,其子胡藻青秉命而行,陈叔通、邵章力主交先生总其成,遂订合同,以三年为限,全权由先生负责,学校定名安定学堂。自订年谱云:"胡趾祥乃麟自鄂回浙,欲有所嘉惠于桑梓,捐款六万元拟办学校,其子藻青秉命而行,叔通、伯纲力主交吾总其成,遂订合同,全权由吾主持,一面由杨雪渔文莹向巡抚任筱沅道镕陈述,并请拨葵巷敷文讲庐作校基之用,任抚允之。旋即奏准开办,定名安定中学堂①。冬接收敷文屋,开始计划筹备。同时南浔庞清臣捐办浔臣中学,聘叶浩吾主其事。"学校建筑、布置、设备、厘定章则、延聘教员,悉由先生主持。其时学制尚未颁布,科目可以随意增损。先生附设银行一科,其后学生蜚声银行界及商界者甚多。

---

① 《茶窖自订年谱》此处记载应有误,光绪三十二年(1906)根据《奏定中学堂章程》,学校才由安定学堂改称安定中学堂。

此为安定特异之点。(《茹孧自订年谱(上)》,第 21—22 页;钟毓龙:《说杭州》,浙江人民出版社 1983 年版,第 439 页)

11 月

17 日　蔡元培来访。(《蔡元培日记(上)》,第 187 页)

20 日　访蔡元培。(《蔡元培日记(上)》,第 188 页)

12 月

28 日　在袁毓麟处遇蔡元培。(《蔡元培日记(上)》,第 190 页)

是月　安定学堂接收敷文讲庐房屋,讲庐旧有大厅一所,居仁、由义、颜乐、曾唯四斋,监院室两所,先生将大厅改为事务室,改颜乐、曾唯两斋建洋楼一座,作为教室及寝室,余屋作为食堂、游憩室、储藏室等,学堂规模略具。(《浙江私立安定中学学校十五周纪念录》,1917 年,《大事记》,第 2 页)

是年　因林启善政在民,教泽及士,杭州士人樊嘉璋等吁请将林启留葬孤山以永遗爱,先生列名其中。云:"窃以通简之治实超科防,清绩所诏尤重吏节,故文翁美效毗化齐鲁,崔实智干不遗麻枲。宜乎揾泪而扪岘山之碑,沥酒而拜罗池之庙者也。故太守侯官林公具刚果能断之,性主以冲和,抱精密至察之才,济之仁恕,崔亮逊其峭直,袁昂世其道素,循阶台谏分符于越,孔衍以教诲居官,陈蕃用雅正厉俗,立求是养正两学堂于会城,铨镜流派,用振刷乎孤学,弥纶彝宪益,阐扬其道真,生徒之气调日高,智慧之开明逾远。前太守薛公旧立东城讲舍中废不举,公乃分其清俸振此微学,修业者乃以息版为羞,矫首者果以循雌而得公之心劳矣，公之功伟矣。夫白裘之盖但温洛阳，杜厦之阴第悦寒士。公深究蚕理，大昌丝业，讲蛾蛹孕字之学，蓄衣被苍赤之思。嗟夫，公之惠政在潆沧乎利源，公之威棱尤平亭乎疑法。用类推迹大伸冤穷，决滞分章不切控勒，凡诸治迹，悉镌口碑，回念阴德，实镂心版。昔李及作郡犯雪以访林逋，而我公莅杭补梅已满瀛屿，每当晴湖不波，小山过雪五尺，画艇与鹤同载，万树寒馥，尾蝶欲仙，往往支筇，哦松移榻临水，公之精神恋恋于孤山久矣。夫郇国文宪遗陇近在栖真，太府寺丞幽宫位于沙坞，章庄敏瘗宝石之山，陈忠肃殡智果之寺，数公者均闽人而浙葬也。故太守既有殉位之忠，部民用殷留葬之请，本年四月嘉璋等以故太守忌辰致祀于孤山林社，勘该处地势除社基所占之四分六厘外，其后面尚有林园空地六分七厘，并非民产，堪作佳城。因商诸林氏诸孤，共欲卜窆兹山以妥先魄，且碑涵湖影处土本是宗英，花落殡宫少尉尤其族谊，鹤声梅影名区难得一家，循吏儒林史例亦宜同传。为此禀乞大公祖大人俯赐存案，并给示禁止樵苏，庶几参寥井畔荐廉泉一勺之甘，玛瑙坡前树遗爱千秋之碣，戴德谨上。"①（《留葬公牍》，《林社二十五年纪念册》，第48—49页）

---

① 原文无时间，文中有"本年四月嘉璋等以故太守忌辰致祀于孤山林社"等内容，而林社建成则在1901年初，当年农历四月廿四日林启忌辰，在林社举办了首届公祭仪式，据此判断，《留葬公牍》应在林启逝世后次年。

1902年(光绪二十八年)　30岁

2月

4日　蔡元培来访。(《蔡元培日记(上)》,第192页)

4月

7日　陶在宽邀饮于太和馆,赴宴,在座有蔡元培、周孟渊等。(《蔡元培日记(上)》,第297页)

是日　晚,蔡元培约先生及陶在宽、张仙源饮于江南村。(《蔡元培日记(上)》,第297页)

12日前　《杭州白话报》馆已从先生家移设万安桥西首石库门内。《杭州白话报》第28期《简明章程》载:"本馆移设杭城万安桥西首石库门内。"(《杭州白话报》第28期,1902年4月12日)

春　至上海一行。(《茉芟自订年谱(上)》,第22页)

7月

24日　安定学堂校舍工程全部完工,收取学生70名进堂试读,先生就任监督。自订年谱云:"安定学堂建屋,由李阜通营造厂承包。阜通名阿虎,工程进行中照所包尺寸有偷工减料处,议罚赔偿,阿虎不允,乃请张宁奎耶教牧师(葆庆之父)作公证。张以偷减已成事实,创办学校为当前新政,不应有此不道德行为,力主照合同认偿,李折服(李亦为耶教中人)。夏工程全部完成,延师招生,于七月廿四日正式开学,吾亦就任监督。"(《三十年来之经过》,《浙江省杭州市私立安定中学之三十年》,1932年,第5页;《茅莫自订年谱(上)》,第22页)

8月

27日 安定学堂举行开学典礼。安定学堂在开学呈文中云:"为咨呈事:窃光绪二十七年八月二十四日,呈请独立捐款,创设安定学堂并将敷文讲学庐房屋,全数拨用,业经贵府(杭州府宗)转详,曾奉抚宪暨藩司运司核准在案;现在修改旧屋,添设孔子堂、课堂、温习室、阅报室、卧室、教习房等处,业经竣工,于六月二十日传集考取学生七十名,进堂试读;兹届期满,复将各生学行功课,严加甄别,拟于七月二十四日开学行礼。除将开办工程,另行呈报外,理合将开堂日期,备文呈报,为此合咨贵府,请烦查照,转详施行,须至咨呈者。"(《三十年来之经过》,《浙江省杭州市私立安定中学之三十年》,第5页)

秋 浙江学政张亨嘉来访,并商办藏书楼事。(《茅莫自订年谱(上)》,第22页)

11月

是月下旬 《杭州白话报》第2年第7期登载先生告白:"仆因今年办理安定学堂事务殷烦,报馆各事不遑兼顾,自明年为始,凡馆中款目及调查事宜,已承胡君修庐允为担任,以专责成。自去年开办至今年腊底账目当于明正刊刻征信录附送捐款诸

君,以昭诚信,特此声明。总经理项藻馨白。"①(《杭州白话报》第
2 年第 7 期,1902 年)

12 月

7 日 安定学堂出单招考。凡聪颖子弟年在 14 岁以上 18
岁以下身体充实,已通汉文者,准其邀请的实保人于十一日起至
十二月初一日止,每日午后三点钟后,赴堂报名填册,听候传考。
堂中规例,本籍子弟概不收取修金,每月只收午晚膳洋银二元;
增设客籍十名,每人除膳金外,按年收脩脯三十六元;考列正取
者,即令入堂肄业,备取者俟有缺出,按次序补;如无保人及体气
柔弱素有习染或资质愚鲁者一概不收。②(《武林兴学》,《申报》
1902 年 12 月 21 日,第 2—3 版)

16 日 午时,长子疆生,字仲雍。母亲命名永年。(《茅奘自
订年谱(上)》,第 22 页;《先姊项夫人墓志铭》)

是年 蔡焕文、许炳堃与先生约务本学塾以安定学堂为升
级学堂。(《蔡渭生自编年谱》,1947 年,第 9 页;蔡剑飞:《许炳堃
先生年谱》,《德清文史资料第》第 6 辑,1997 年,第 28 页)

---

① 《杭州白话报》第 2 年出版的各期均未标明出版时间,其刊行时间只能凭各
期刊登的内容进行推断。该刊《北京纪闻》栏目载有太监为慈禧万寿节孝敬礼物的
新闻,据此判断该刊出版不会早于农历十月初十,出版日期最早在公历 11 月下旬。
② 新闻报道中虽未列先生名字,但先生作为安定学堂主持者,必参与其中,特
列备考。

1903 年（光绪二十九年）　　31 岁

1 月

1 日　陪母亲参观安定学堂。（《茉芗自订年谱（上）》，第 22 页）

2 月

是月初　《杭州白话报》第 2 年第 8 期继续登载先生将白话报馆中款目及调查事宜，交胡修庐担任的告白。[①]（《杭州白话报》第 2 年第 8 期，1903 年）

是月后半月　母亲生病。（《茉芗自订年谱（上）》，第 22 页）

是月下旬　《杭州白话报》第 2 年第 9 期继续登载先生将白话报馆中款目及调查事宜交胡修庐担任的告白。[②]（《杭州白话报》第 2 年第 9 期，1903 年）

3 月

16 日　安定学堂添设速成师范，开始接受报名，拟招生 20

[①]　该刊在《论说》一栏登有《恭贺新年》一文，据此推断，该刊应在正月初发行。

[②]　该刊在《中外新闻》栏目中刊载《放足会第一次聚会》一文，文中提到"今年正月……发起知单，于十九日在钱塘门外"召开大会，据此推断，该刊发行日期最早为正月下旬。

名。①（《灵隐钟声》，《申报》1903年3月27日，第2—3版）

是月底 在《杭州白话报》上删演日本人西川政宪的《国民体育学》，并为之作小引，认为对人而言，最要紧的是强健。

先生云："世界上的人，最要紧的是强健。这是什么缘故呢？列位坐着，听我缓缓讲来。列位可见过那有钱的人，赀财狠大，牌子狠足，轿马出入，穿绸吃肉吗？列位可见过那做官的人，红顶花翎，七抬八插，旗锣伞扇，威风凛凛吗？咳！列位呀！那威风凛凛、穿绸吃肉的人，吹一阵儿风，便要吃药；冒一点儿寒，便要吃药。还可恨那混账的医生，坐着轿子，挂着牌子，自称道某某儒医，到了病人的家里，便轻轻的拿去三个手尖，向那脉道上一搭，舌头一瞧，便连声道，阴亏呀！虚损呀！快快的把笔尖儿蘸几点墨，提起手来，便写了十二味十六味的党参熟地，七七八八的名目，外边儿的舆夫争轿金，讨看封，这一会儿都干好了，这个医生，便大踏步的上轿去了。咳！那知道医生到了，性命送了。这一类的事情，我们一年里不知道要见到几多。这虽然是医生的不好，不过我们养生的方法，也太不讲究了。外国人从婴儿的时候起，便讲究体育的道理。我们中国的积习，婴儿初生的时候，听其自然，毫不注意体育的方法，等到知道了人事，还有两种害处：第一是那些溺爱不明的父母，这知道我的儿子，聪明得狠，八字好得狠，将来必定大富大贵，儿子要怎么样，便依他怎么样，姑息养奸，酿成恶习；第二是急求进步的父母，只知道喊他的儿子，终日在书房里咿唔咿唔的念书，博一个有几岁十三经读完的名声，只有几岁已经进学、已经中举的名声，所以不管怎么样，

---

① 新闻报道中虽未列先生名字，但先生作为安定学堂主持者，必参与其中，特列备考。

扑他的头,也不知道要伤脑,喊他跪,也不知道要伤神,蛮七蛮八的乱打,昏天黑地的乱骂,也不知道怎么样叫作教,怎么样叫作育,怎样的保他的廉耻,怎样的使他成才,幸而功名成就了,于世界上的事情道理,全不知道,而且身体文弱,满肚子的然而所以、之乎者也。咳! 有了这两种情形,怎么样能够使他身体强健,成一个完完全全、轰轰烈烈的国民,替国家做一番事业呢! 这一部书,是日本体育会里西川先生名政宪撰成的,其中所讲的话,狠有道理,从婴儿时候起,到青年时候,详详细细,那些于我们中国有用的,我便拿来演成白话,要诸位明白体育的道理,好叫那少年世界的人,都有了国民的体魄。到那时候,果能够免却了外人的凌虐、外人的压制、外人的侵夺。这才算是堂堂的国民呢! 哈哈,国民呀! 国民呀!"①(《杭州白话报》第 2 年第 14 期,1913 年)

4 月

是月初 《杭州白话报》刊载先生删演的《国民体育学》中有关"婴儿体育"的内容。②(《杭州白话报》第 2 年第 15 期,1913 年)

是月中旬 《杭州白话报》继续刊载先生删演的《国民体育

---

① 原文署名岚僧,据陈玉堂编著的《中国近现代人物名号大辞典》载,先生又号岚僧,故将此内容列入。《杭州白话报》第 2 年第 14 期在《北京纪闻》栏目中,登载"闻说二月二十日,皇上召见的时候……""二月间,有一位德国亲王要由上海到北京去游历"等新闻,据此判断该刊不会早于 1903 年农历二月底,其发行时间应在公历 3 月末 4 月初。

② 根据该刊《北京纪闻》栏目中登载的"日本开博览会……中国政府也派专使,启程日期当在三月初十以后"等新闻,以及《中外新闻》栏目中刊登的"二月二十九日上谕"判断,该刊出版时间不早于农历三月初十,即在公历 4 月初。

学》中有关"婴儿体育"的内容。①（《杭州白话报》第 2 年第 16
期，1913 年）

是月下旬　《杭州白话报》继续刊载先生删演的《国民体育
学》中有关"婴儿体育"的内容。②（《杭州白话报》第 2 年第 17
期，1913 年）

5 月

是月初　《杭州白话报》继续刊载先生删演的《国民体育学》
中有关"婴儿体育"的内容。③（《杭州白话报》第 2 年第 18 期，
1913 年）

17 日　子时，母亲病逝。（《茗荟自订年谱（上）》，第 22 页）

6 月

1 日　安定学堂招收的速成师范生，开课。④（《三十年来之
经过》，《浙江省杭州市私立安定中学之三十年》，第 6 页）

是月下旬　《杭州白话报》继续刊载先生删演的《国民体育

---

①　该刊《北京纪闻》载"两宫正在保定阅兵，尚未回銮"，而此事发生在农历三月
上旬。又该刊《中外新闻》栏目中，登载有袁世凯、张之洞"因赔款还银事，拟会同各
省致电外务部"等事，而袁世凯、张之洞联络各督抚的时间为三月十一日，内容可见
1903 年 4 月 14 日《申报》第 2 版《南北洋大臣致各督抚要电》一文。因此判断该刊出
版时间不早于农历三月上旬，公历约在 3 月中旬。

②　该刊《中外新闻》栏目中，登有杭州武备学堂已于三月初一日开学，又此期在
16 期后，故判断该刊出版时间约在农历三月下旬。

③　该刊《北京纪闻》栏目中，登载了荣禄去世的消息，而荣禄去世是在光绪二
十九年三月十四（1903 年 4 月 11 日），由此推断该刊出版时间应在农历三月下旬四
月初之间。

④　原文未言先生名字，但先生作为安定学堂主持者，必参与其中，特列备考。

学》中有关"婴儿体育"的内容。① (《杭州白话报》第 2 年第 24 期,1913 年)

夏 孙江东自日本返回杭州,先生以安定学堂务膺身,无暇兼顾,推荐孙江东接办《杭州白话报》。(项士元:《浙江新闻史》,1930 年,第 38 页)

10 月

10 日 《浙江潮》第 8 期《浙江省会学校一览表》载,先生为安定学堂管理者;驻学堂办事人员有两人,分别为会计和庶务;教习共有 12 人,分别为本国史 1 人、外国史 1 人、国文 1 人、舆地 1 人、算学兼舆地生理学 1 人、算学副 1 人、英文 1 人、东文 1 人、体操兼图画 1 人、速成师范 3 人;学级为寻常中学兼高等小学;学校每年经费 4320 元;本省学生不收费,外省学生每月 3 元;学生膳食费每月 2.4 元;学校第一年定额招收本省 40 人、外省 13 人,实际招生 43 人,第二年本省 50 人、外省 10 人,以后逐年增加;师范生定额 20 人,实际招生 8 人;有杂役 13 人。(《浙江省会学校一览表》,《浙江潮》第 8 期,1903 年 10 月 10 日)

11 月

是月下旬 《杭州白话报》继续刊载先生删演的《国民体育

---

① 该刊《北京纪闻》栏目中,登载了推迟殿试的上谕:"新贡士于五月十五日在保和殿复试。"而该上谕的时间在五月初八日,由此推断该刊出版时间应在农历五月中下旬。

学》中有关"幼时体育"的内容。① (《杭州白话报》第 2 年第 25—27 期,1913 年)

12 月

是月中旬　《杭州白话报》继续刊载先生删演的《国民体育学》中有关"幼时体育""少年体育"的内容。② (《杭州白话报》第 2 年第 28—30 期,1913 年)

是年　仍任安定学堂监督。安定学堂自今年起,遵部令学制改为五年。(《茔弅自订年谱(上)》,第 22、23 页)

是年　聘张相③,任安定学堂教职,主讲文史。(钟毓龙:《张君献之传》,张相:《诗词曲语辞汇释》,中华书局 1953 年版,第 767 页;《职教员任期久暂表》,《浙江私立安定中学校十五周纪念录》,1917 年)

是年　母亲命仲雍继承诸氏,永以诸项氏为姓。(《茔弅自订年谱(上)》,第 23 页)

①　该刊是第 25 至 27 期的合刊,在第 27 期《北京纪闻》栏目中,刊登了两宫听戏的消息,并载明是九月廿五日天津《大公报》的报道,据此判断该刊出版日期不早于农历十月初。

②　该刊是第 28 至 30 期的合刊,在第 30 期《北京纪闻》栏目中,刊登了军机被参的新闻,云:"蒋御史于十月二十二日,又递了一个奏章",据此判断该刊出版日期不早于农历十月中旬。

③　张相(1877—1945),原名廷相,字献之,浙江杭州人。青年时被举为杭县诸生。

1904 年（光绪三十年）　　32 岁

1 月

是月初（十一月中旬）　《杭州白话报》继续刊载先生删演的《国民体育学》中有关"青年体育"的内容，并于第 2 年第 31 期连载完。[①]（《杭州白话报》第 2 年第 31—33 期，1914 年）

3 月

是月　与陈叔通赴北京，拜"谒张锡钧监督谈保送安定学生事，请其协助提倡，以安定毕业生作为预科毕业，直接升入京师大学堂（北京大学前身），即商准"。（《茮垞自订年谱（上）》，第 23 页）

5 月

是月　从北京返回杭州。（《茮垞自订年谱（上）》，第 23 页）

夏秋间　受孙江东托，为将水陆寺拨两浙公学事，呈函杭州知府。（《汪康年师友书札（三）》，第 2236—2237 页）

8 月

约是月　为水陆寺、白衣寺拨两浙公学以及日本僧人干涉

[①]　该刊是第 31 至 33 期的合刊，在第 33 期《中外新闻》栏目中，刊登了十一月初八日（12 月 26 日）《新闻报》上的报道，据此判断该刊出版日期不早于农历十一月中旬。

等事,致函汪康年。先生认为,两浙公学不得寺屋尚是小事,从此日人借教伸权,于大局实有绝大关系。

函云:"(原函上缺)前数日因水陆寺僧远逃,耦庚嘱为拟呈加函,送至仁邑尊萧韫斋年丈,兄以为此等事尚是遵章应办之事,必能照行,一呈即可以卸责,立即应之。不意变成种种烦恼,势不能不与之力争,实出意料之外。兄处递呈后,修甫(孙仁甫亦在内)与白衣寺僧松峰商议(萧韫翁派差往查,故水陆寺有消息),潜恳日僧伊藤荐蜀僧接续住持,并将该寺匾额改为日本释氏学堂。细绎命名,殊为可愤,释氏学堂可开,而断不能使日僧主持,日本释氏学堂可准其设立,此层已属不合,然国弱无如之何。而独不能以中国寺院改建外教传播,中国已成种种棘手之交涉,又添一日本教徒,将来何堪设法?于是兄不得不再拟一呈进之中座暨洋务局,恳其力争,以杜后患。(如中峰允拨充公学,具禀呈学务大臣,请其咨查能行否?此次呈文,藻兄首式列,呈之张燮钧宗师,如何?)幸蛰老力持,兄议切托许观察设法,当能挽此已失之主权(日本佛教本未奉其政府命令,至各处传播不得以耶稣等教相比例,况耶稣各教至内地建设教堂,所需基地亦须由地方官向民间价买,似此较耶稣等教更无礼矣,当路果争,必能帖伏)。此呈进后,至今寤寐不安,吾辈非凉血类,遇此等事不觉发狂。兄意学务大臣处宜递一节略,两浙公学不得寺屋尚是小事,从此日人借教伸权,于大局实有绝大关系。且此寺为外人保护,日后以寺观改为公局,无此事矣。合之大学堂章程,私设学校准将寺观改设,亦不符。□韫翁之疲玩固可恨,丁修甫、孙仁甫依附外人之行为,尤为可杀,特将呈稿附去,弟能作节一递否?节略须将日本人借教伸权为名,两浙公学只须略带一句,盖兄等所争者本不在此。乞速筹之详告为要。函径寄中学堂。杭城学务处至今未设,穰卿能托其设法运动一函致浙中当事,择人扼其要否? 此亦极紧要之事。(原函下缺)"①(《汪康年师友书札(三)》,第 2236—2237 页)

9 月

1 日 晚,邮局递来白衣寺僧人松峰帖,云:"启者:本寺改设释氏学堂,聘请伊藤贤道教习,振兴国家,以维佛教。择于七月廿四日悬牌开堂,蒙各大绅仕光降护法,不胜感佩,特此布闻。白衣、水陆寺主持松峰等同叩。"(《汪康年师友书札(三)》,第 2238 页)

是日 晚,接松峰帖后,即集同人商议应对办法。(《汪康年师友书札(三)》,第 2239 页)

2 日 请胡藻青拜访许鼎霖②,将松峰帖移交,请其彻查究办。许鼎霖答复甚为官面。(《汪康年师友书札(三)》,第 2239 页)

是日 将曾向邹典三之世兄处勉强索来的伊藤信,交送许九香处。(《汪康年师友书札(三)》,第 2239 页)

是日 致信汪康年,剖陈白衣、水陆寺主持松峰帖的利害关系,详告杭州士绅反对将白衣、水陆寺改为释氏学堂的情况,并请汪康年伸以援手。

先生云:"一、改设禅氏学堂。许观察判案时,言释氏学堂当由官绅合办,详拟章程,今地方官处既未立案,绅士中又未知道,

---

① 原函无落款时间,从信函说涉水陆寺、白衣寺拨两浙公学等内容判断,应在白衣寺决定悬牌开堂前,即应在 1904 年 9 月 1 日前。

② 许鼎霖(1857—1915),字九香,1903 年任浙江省洋务局总办。

忽云本寺改设释氏学堂,是明明有意抵抗者。一也。二、聘请伊藤贤道。伊藤当丁修甫及松峰往恳时,伊藤曰,敝国是很应该保护的,将来他处寺院如再有人来,要尔辈只言都是敝国本愿寺保护的便是了。众僧欣然从之,故许九香判案时,伊藤曾言,将置我办什么事?许答之曰,学堂议有办法,教习或许奉请。是许九香之意,主权仍未失也。今该僧乃擅自聘请,试问伊藤果肯为松峰聘请耶?松峰乃日本本愿寺教徒,去年入教。要亦仍是伊藤之主权耳,是明明有意抵抗者。又一也。三、七月廿四日悬牌开堂。许九香于廿四将临海潮寺演说,此间竟于廿四开堂悬牌,且松峰为此案罪魁,许九香曾说不但水陆寺定须发封,即白衣寺亦不准开释氏学堂,以杜流弊。对汤蛰老如此言,对高子衡又如此言,今白衣寺、水陆寺列名悬牌开堂,是明明有意抵抗者。又一也。四、水陆、白衣寺衹松峰等。水陆寺前次明明由伊藤保送,续请为方丈,比事有伊藤信,馨曾向邹典三之世兄处勉强索来者,今亦交送许九香处矣,此亦一凭据。是水陆寺未封之时,是续请住持,非松峰住持也。今帖内两寺并列,是松峰之有意玩弄也。松峰倚伊藤为护符,伊藤以修甫为凭借,朋比为奸,是明明有意抵抗者。又一也。"(《汪康年师友书札(三)》,第2237—2240页)

24日左右 知有丁氏为难高子衡借龙兴寺办浙江工艺传习所。(《汪康年师友书札(三)》,第2240页)

约是月底 往龙兴寺,见碑上署名善堂绅士丁丙①重建修,先生云:"既言善堂绅士,当非丁氏一人之款可知,且丁氏何从而

---

① 丁丙(1832—1899),字松生,号松存,浙江钱塘(今杭州市)人。家世经营布业,富于资财。

66

有此巨款到处建设寺院耶?"(《汪康年师友书札(三)》,第 2241页)

10 月

是月 与安定中学堂合同期满。(《汪康年师友书札(三)》,第 2246 页)

秋 杭州教育会分设体育讲习所落成,先生被选为体育讲习所总干事。(《本国学事》,《体育世界》光绪三十年八月上旬,第 83 号)

11 月

15 日 安定学堂第一届毕业生毕业,吴友藟为案首。自订年谱云:"张学使时任京师大学堂监督。遂于秋后照章办理第一届毕业生事,并保送京师大学堂肄业。本届毕业生共十人,其名单为:(1)吴孔怀友藟;(2)孙虹颀信;(3)钱天任云鹏(原名治汉字雨耕,即安婿之兄,后留学英国,海中游泳遇巨浪被淹毙);(4)方吉甫祖成;(5)杨茂五崇英;(6)王嘘和兆鎣(为王曜夫永炅之叔,永炅平时功课最好,惜中途辍学未毕业,闽侯人);(7)高孟微维魏;(8)喻哲文实干(原名舜濬);(9)俞侃如焿;(10)钱浩如家瀚。吴友藟确为案首,其余先后次序已记不清,原稿校中已毁失,胡家亦不存稿,后经陆缵何代为查明各人名次如上。"(《苶窔自订年谱(上)》,第 23 页)

安定学堂第一届第一名毕业证图

（资料来源：《浙江省杭州市私立安定中学之三十年》，1932年）

19日 戌时，次子谔生，字叔翔。先生遵父命继承二伯父长子锡善。（《茉孧自订年谱（上）》，第23页；《先姊项夫人墓志铭》）

是月 安定学生毕业，甚是热闹。先生云："十月毕业给凭时，自中丞以下均到堂，且为演说，甚是热闹。"（《汪康年师友书札（三）》，第2246页）

冬 浙江高等学堂监督陆懋勋以先生"主持'安定'，颇著声誉，呈请抚院引为臂助"。先生允暂为帮忙半年，而安定事仍兼摄，惟两边均不订合同。自订年谱云："高等学堂监督陶葆廉辞职，浙抚聂仲芳缉檠奏调陆冕师回任监督，冕师来洽，邀吾为臂助，以安定监督兼任高等学堂副理，勉允之，约定明年就任，仍偏重于安定本校。"（《辛亥革命史资料新编（4）》，第186页；《茉孧自订年谱（上）》，第23页；《汪康年师友书札（三）》，第2246页）

68

1905年(光绪三十一年)   33岁

1月

10日   午后,闻伊藤贤道于浙江工艺传习所匾额之上去钉一极大匾额,题曰:"大日本真宗本愿寺总布教场",即向抚署告知,罗叔蕴及陈蓝洲亦相继而来,聂缉椝立刻传许南友往谒领事,嘱其限日除去。(《汪康年师友书札(三)》,第2243页)

14日   午后,至巡抚署,嘱幕中转达,云:"如果再不撤除,弟辈定于十五日午后定将总布教场一匾,及水陆寺一匾一律除去,备文送至抚署发落,彼时若酿外交,请勿后悔。"(《汪康年师友书札(三)》,第2243页)

是日   傍晚,得巡抚署回信,日本领事已允十一日除去龙兴寺"大日本真宗本愿寺总布教场"匾额。(《汪康年师友书札(三)》,第2243页)

约是月   拜访浙省洋务局总办许鼎霖,因意见相左,没有将处理寺产等方法告之。(《汪康年师友书札(三)》,第2243页)

2月

2日   至巡抚署中查询,闻丁氏有件托人交抚台,要求归还龙兴寺石经堂及其余小屋。先生云:"年廿八,弟至署中查询,闻丁氏有件托人交抚台还屋,尚未举发,中丞知丁氏之恶,而不肯得罪丁氏,闻转交者即樊也。"(《汪康年师友书札(三)》,第2243页)

6 日　致函汪康年,详告浙江工艺传习所与日本僧人伊藤贤道冲突,并陈处理该类事件的办法。先生认为:"目下办法,鄙见总以内政为主,须官出告示,并于已入教之各寺院勒石永禁,声明寺院为地方公产,应由地方官绅公同保护。如有刁绅劣生借端强占,即由本地绅士公同呈请地方官惩办,至遇有地方公事,须借用公产之处,亦应由本地绅士认可,请官立案,如此则和尚知之实行的保护法,不致再归外人,惟已入他教之僧人,必须由地方官查明注册,不许再充各庙住持,虽寓杜渐防微之意,仍示和平主意,想僧人当不致铤而走险也。许九香处弟往拜,彼此相左,未将此意晤谈,今年伊将在家乡办玻璃厂,不来浙任事矣。抚幕中,弟却以此意商之,以为可行,惟乡老中不肯闻问此事,一则不能见到将来之大患,二则不肯担任此种种事务,弟之所见,以为舍此别无良法。僧亦四民之一,地方官绅本有管治之责,何得过于推诿,特不可操之过激耳。"同时函告安定中学堂、浙江高等学堂等相关事宜。(《汪康年师友书札(三)》,第2240—2247页)

12 日　复函汪康年,针对其垂询浙江寺院事,先生略陈其始末。函云:"日僧伊藤贤道于庚午冬已上书其法主,言浙江寺院之利益,壬寅夏又回西京面陈,皆未见允,盖伊藤本无信任于其法主,而日本法律于外国居留址不准设专院,见日本法规,泉州案大可援以为证。并不得以外国僧徒为己国僧徒也。往年水陆案有为之伎者,当事不明事理,供徇个人之私,置清议于不顾,于是伊藤以为机不可失。十月间,即挈绍兴华严寺僧衣谷等三僧赴西京,为三十五寺归依之代表,得法主承认,东本愿寺即开法会,盛陈宝藏,授衣谷为法师,二僧为古参职,各得赠品六。及十一月伊藤回杭,遂又有龙兴寺之事。当时若领袖绅耆力言于官,直可令其领事驱遣回国,不得已而思其次,只有勒令撤牌而已。

不料我国之与外人交涉，不论位之宾主，理之曲直，皆若有铁甲快炮在其后者，不知若何商恳，始允撤去，而要挟已随之。此由自取，非关国势。去腊十一撤龙兴寺牌，许某适自沪归，乃以金赂日僧，亦于十三撤水陆寺牌，日僧之志并不在微利，此时尚未得其外务省认可，恐激公愤，致决裂耳。当轴者且自诩为办理神速，抑何可怜之甚！虽然，丁、高之交涉尚未了结也。杭人性质无公共心，弟于两造之争始终未赞一辞者，以与外界无涉也。嗣由万砥庄观察请各绅作证，为工艺传习所立一租约，同人书押者十七人，雪渔、青来、子修乔梓、冕侪，皆在列。不书者樊、丁二人而已。顾忽又中变，径由官与寺僧立约，前约作废。传闻如是，未知确否？大约不诳。此皆丁之密谋，而当轴为之傀儡，惜乎此手段之不用于外人也。内界之鸡虫得失，无足轻重，惟外人蓄谋既久，必有发现之时，自宜亟筹抵制。查西京有东西二本愿寺，西则注意于吾国北方寺院，近有日僧渡边信哲，偕宣武门观音寺觉先、源一两僧至西京，据觉先言，在京时与内田往来颇密，此来川资皆西本愿寺担任。东则注意于吾国南方寺院，渐由宗教移入政界。今东本愿寺法主已与其外务省开谈判，尚未就绪，以上皆留学界确实之调查。如得请其与我政府交涉，当在战事了后。鄙意泉州一案务须力持，一面宜用釜底抽薪之策，得有人奏请明降，通饬保护寺产，以安内地僧人之心，而又严立之防，庶外人无所利益，其谋自戢，当否？请阁下与伯唐、厚荪诸公商之。此次除牌，幸有外部之电，杭绅自撤藩篱，不独见轻于外人，故非在京诸君子为之着力，终恐无可挽回。吾浙当轴曾惠敏日记中已有定评，若所称外交妙手者，实一浮滑之徒，临海教案，节外生枝，从来无此办法，他如沪绍航路，湖州学地，无一事能了，但坐分铜元之利，河上逍遥，吾国外交多败于此辈之手，而谏垣中竟无一言,亦可慨已！矿事一年届满,前立合同原可作废,然据现象断不能行,则此事恐亦无好结果。子衡已辞工艺局赴沪,或云有所避,以欲其垫款故。或云有所图,即矿事。其实情不能悉也。时局如此,人心如此,尚复何言！闻美外部规定界线之说,英、法、德已表同情,恐不久即有风潮,何堪设想,热心所激,旋又生厌世之想矣。雪窗呵冻,拉杂不休,顺颂新祺不赐。"(《汪康年师友书札》,第2248—2250页)

春 应陆懋勋约开始兼任浙江高等学堂副理,协议停课四月,整顿学校。(《苿耋自订年谱(上)》,第23页)

5月

是月 浙江高等学堂重新开学,扩充学额,添设小学。先生与陆懋勋殚力精画,学堂大有发展。《杭州府志》载:"三十一年扩充学额为二百名,分高等预备科百四十名,师范完全科六十名。又于校东设师范传习所,定额一百四十名。其时附设师范者,以教育基于小学,欲广兴小学,必多储教材,而一省尚无师范学校,高等内院生年长薪速化,因时因人,鼓之舞之,变而通之,不得已也。是年又设高等小学堂一所于田家园,额五十名,会城内外分设初等小学十所,额共二百名,累年经费已筹定年额银元三万有奇。是时懋勋与项副理藻馨殚力精画,事求其备,用主乎节,凡为教育大局计,非仅仅为一校计。而岁费则以一校所夙有者,酌剂支给,无滥无匮,盖自此校内外学额已达五百九十名矣。"[《苿耋自订年谱(上)》,第23页;陆懋勋:《浙江高等学堂缘起》,朱有瓛主编:《中国近代学制史料》第2辑(上),华东师范大学出版社1987年版,第586页]

72

11 月

10 日前 与樊恭煦等浙江省绅商士民二百七十三人拟呈电稿,禀请浙江巡抚瑞兴代达清廷,要求清廷废除盛宣怀与英国人签订的苏杭甬铁路草约,并严责盛宣怀,如草约不能收回,必重治盛宣怀违旨之罪。电文云:"苏杭甬铁路,前因商部奏准浙省人自办,万众奋发,势在必成。光绪二十四年,盛宣怀擅立英商草议,浙人初无闻见,今自办,始发此。复奉旨责成盛宣怀收回,无得借词延宕。瞬已数月,闻横生枝节,多方延宕,无怪浙人大愤。夫曰草议,明议之未定也。盛非暗有难处,大可以浙人自办。奉旨责成,径告英商,撤废草议,岂不直截了当?乃在京,则以沪地英商籍[借]口,到沪,则又以在京英使为词,何所爱于英,委蛇若是?英商遇有倘来权利,占一分是一分,我若约令画诺,彼且将奉贿以米,我今约令废议,彼安肯闻命而至,试问盛宣怀何忽易视英商,而谬出此愚者不为之照会?如因上谕磋商二字,必与磋商,然则上谕有收回二字,今已收回乎?何其巧于延宕也。所以有草议者,我知有铁路之利,苦无造路之本,不得已借材于彼,意固盼此路之速成也。议已七八年,英商寂无举动,盛宣怀试为浙人设想,同一不办,必以浙路与英商多一草议,是何用心?尤可怪者,七八年无举动,一闻浙人自办,便催换正约,不知此次催换,出自英商本意,亦有嗾使英商者?不先不后,凡此千人皆见之嫌疑,盛宣怀亦不之顾耶?英商催换正约,尚知草议之不足据也,而盛宣怀视废议如割肉,转若草议足据,惟恨浙人自办之多事,深恐无以谢英商,试问万国有不注年限之草议否?有之,自盛宣怀始。度英商承办之初意,不曰中国无力自办,而为代办乎,七八年不办,英商之无力,亦与我等。我今且力能自办,知英商方为我欣慰观成,断无以草议阻我自办之理。路固浙人之路,自有盛宣怀之擅卖,而不告地主,不立契据,政府不认,浙抚不认,浙人亦无一认,蜂虿有毒,遂能晏然造路行路于浙中乎?盛宣怀不特害浙人,并害英商,如英使洞晓利害,且讲公理,其翻然不复肯为盛宣怀之傀儡,何待言哉。且报登,盛于七八月复吾浙京官公函尚云,草议可废,但须速办。今以英商七八年议而不办之路,浙人自夏及秋,集款已有端绪,测勘便可入手,是办不为不速,盛宣怀口血未干,谅不容遽食前言,欺浙人以欺朝廷也。盛,苏人也,自卖其沪宁之路,其乡之人,且振振有词,无谓吾浙大众,胥俯首以听盛之断送也。向谓浙人多散,今亦幸有盛之草议一激耳,京官全力提倡,杭、嘉、湖、宁、绍,不乏殷富绅商,现已各劝其乡,认集大宗;温、台、处勉力从事,亦有以尽义务;金、衢、严虽较瘠苦,而路所必经,富于木石,工料至便,地亩必须,现亦分投筹议,均愿附作路股,不索现价。提倡于搢绅先生,响应于劳动社会,浙人初料亦个及此,请大部勿为浙路筹款虑,但恳奏请严旨,切责盛宣怀,如草约不能收回,必重治其违旨之罪。盛自能操纵其事,浙人自以浙款办浙路,不计其他,谅朝廷决不惜一盛宣怀,而易两浙十一府多数之人心。人心易奋亦易去,善收拾之,两浙之利,亦朝廷之利,于盛宣怀亦未始不利,粤汉之事已矣,苏杭甬不过草议,桑榆之收,门户之福,盛宣怀犹可及也。万口呼吁,急仗主持。全浙绅商士民。"①(《辛亥革命史资料新编(4)》,第 110 页)

<hr />

① 　原函中署名有杭州府"段藻馨",而光绪三十二年年二月初一日(1906 年 2 月 23 日),前礼部侍郎朱祖谋等为浙路事呈浙江巡抚文中则为"项藻馨"。项吉士在《茉宦自订年谱》的例言中也有言:"就(先生)早年事迹中已知而不能详者……浙路公司内若干事迹暨向英人争回利权事迹。"此处"段"应为"项"之误。

10 日　浙江巡抚瑞兴据浙省绅商士民樊恭煦、先生等二百七十三人呈稿,电恳外、商两部,奏请严责盛宣怀,如草约不能收回,必重治其罪。后,商部复浙江巡抚电:"浙绅情词恳切,本部当咨商外务部,业已电复,自应传知各绅,候张抚莅任,遵旨妥筹商办。"(《辛亥革命史资料新编(4)》,第110—111页)

冬　在陆懋勋辞去浙江高等学堂监督前,辞去学堂副理职务,专力于安定学堂事务。(《茉葖自订年谱(上)》,第23页)

是年　全年任安定学堂监督。(《茉葖自订年谱(上)》,第23页)

1906 年(光绪三十二年)　　34 岁

2 月

23 日　为浙路事,与前礼部侍郎朱祖谋等,具呈浙江巡抚称:"光绪二十九年,浙人已倡议自办全浙铁路,而以江干湖墅为下至苏沪,上至宁绍之中心,拟先从此路入手,盛侍郎始告知,先与英商立过草议,全浙绅民因向未与闻此议,坚不承认。盛侍郎察及舆情不顺,即函告英商,限六个月不办,草议作废。事隔两年,浙人筹议完全自办,光绪三十一年七月,京内外浙江绅商公举总理,呈由商部奏奉谕旨允准自办在案。今则公司已立,股分已集,克日兴工勘办,以全浙人之款,在全浙人之士,办全浙人之路,国家认许浙人自办,此国家之交通行政权也,此权为内政权,凡彼此互遣使臣,认为对等优待之国,丝毫不得干预。此闻驻杭英领事带领银公司代表人,前来订期会商勘路,祖谋等闻之,既骇且愤,浙人万无承认此议之理。"并详细说明五条应废草议的理由："苏杭甬路草议并未具奏，是为私法人之关系，不足为据，此不能承认者一；凡办何省地方之事，必须先告此省地方之人，如由地方绅民公同允详，可议办，此一定之公理，草议立时，全浙三千数百万人，无一预闻，此不能承认者二；且原议第三款载明，当从速测勘，自光绪二十四年九月至二十九年四月，盛侍郎函致英商时，事隔四年零八个月，并未议立正约兴办，是与原议从速之说，该商显自违背，既经违背原议，即以盛侍郎之原议人亦已不承认此议，何况浙人，此不能承认者三；且银公司代表人璧利南，亲受盛侍郎二十九年四月二十八日之函，函内载明自函订之日起，如六个月内，再不勘办，苏杭甬一路均作罢论，以前合同作废，计自璧受函之日起，连二十九年闰五月计算，至二十九年九月二十八日，已满六个月之限期，银公司既不于限内勘办，是已承认盛侍郎所言，苏杭甬一路均作罢论之确证，故自二十九年九月二十九日之后，此苏杭甬线即为浙江人完全自办之路线，已与英商全无关涉，英商既默许作废，此不能承认者四；英商无与浙江当道接议之权，所以重申前说者，借口草议耳，及盛侍郎谓逾限作废，该商便置原议人于不理，此议从何接起，此不能承认者五。既有此不能承认之五种原因，在浙人固万无承认此草议之理，在英商亦万无再要求换正约之理，在英领事更无强迫会商之理。"并强调："查万国公法，凡互遣使臣，彼此优待之国，无施强迫于人及受人强迫之理。英驻京大臣以代表英国家，与我国家敦睦邦交，为其职务，英领事以考察商务，为具职务，岂能挟一私法人之银公司，久已默作废之草议，干预我国家之铁路内政权，强迫我全浙三千数百万人，万不承认之事。惟有仰恳切实照复英领事，拒绝银公司代表人，声明草议撤废缘由，免致再有渎请。浙人久已部署自办，倘英商必欲以强迫浙人为事，仍催换约勘

76

路,时难保无愚民从而生衅,固非浙人之利,恐亦非英商之利也。"(《辛亥革命史资料新编(4)》,第115—116页)

25日 浙江巡抚张曾扬采朱祖谋、杨文莹、陆懋勋及先生等浙绅禀呈各语,照会驻杭领事,略谓"英商必欲迫浙人换约勘路,难保愚民不从而生衅云"。(《辛亥革命史资料新编(4)》,第119页)

3月

27日 浙江巡抚张曾扬咨外务部文,称已准朱祖谋、杨文莹、陆懋勋及先生等浙省绅士呈,并已照会英国驻杭州领事,谨请外务部照会驻京英使。(《辛亥革命史资料新编(4)》,第116页)

4月

5日 与邵章、三六桥、章振之、胡藻青、郑岱生、蒋海筹发起,借两广会馆会商江墅铁路路线,到者皆为杭城著名绅士和商人。会中,先由邵章倡议,经大众磋商,公认填筑下河修建铁路胜于经过东城,杭州商会总董樊介轩声明铁路事须经十三日商会开特别会议后决议,随后众人签字赞成下河之说而散会。(《杭绅商会议江墅路线》,《新闻报》1906年4月9日,第2版)

7月

是月 辞安定学堂监督职务。(《茉斐自订年谱(上)》,第24页)

8 月

27 日 戌时,第三子通(小名庆)生,"遵父命继承同寿公次子炳善"。(《茉奁自订年谱(上)》,第 24 页)

9 月

20 日 《申报》载因仁和县高等小学堂校长"所订课程规则颇启学界激刺""自行乞退","龚程二大令照会"先生出任校长。(《改聘校长》,《申报》1906 年 9 月 20 日,第 9 版)

是月 接受汤寿潜①聘请,任浙路公司工务科长,工作期间"赴各地段解决征地问题,凡涉及坟地而能避免者,尽量避免之"。(《茉奁自订年谱(上)》,第 24 页)

是年 浙路公司召开第一次股东会,先生与濮茁生负责总照料。(《商办全省铁路有限公司股东会第一次记事录》,1906 年)

1907 年(光绪三十三年) 35 岁

1 月

是月 安定中学堂举行第二届毕业典礼,毕业生共 14 人。

---

① 汤寿潜(1856—1917),原名震,字蛰先,浙江山阴天乐乡(今属杭州)人。1905 年任浙江铁路公司总理。

自订年谱云:"冬,上年安定应届毕业生三人改称特级生与本年毕业生十一人共十四人,同时举行第二次毕业典礼,名单为:(1)陆缵何永年;(2)赵君艾济康(后改名治);(3)蔡子良景谟(以上三人上年应届毕业并入本年同举行典礼);(4)江南长远;(5)江少夫振华(后改名华);(6)沈伟生桢;(7)冯强士祖贻;(8)龚为时俊;(9)蔡谅友经贤;(10)罗中密枢;(11)陶运夏延枢;(12)陶钦舜廷俊;(13)钟肖亭瑃;(14)陈伯臧宝经。"(《茇宦自订年谱(上)》,第24页;《三十年来师友姓名览》,《浙江省杭州市私立安定中学之三十年》,第6页)

3月

是月 以汤寿潜"言行少真诚,不可与共事",辞去浙路公司职务,仍回安定学堂任职。(《茇宦自订年谱(上)》,第24页)

7月

19日 浙江省城官绅,仰浙江巡抚张曾扬意,为办理禁烟事宜,组织禁烟局,在杭州法政学堂开特别大会,先生被推举为禁烟局局董,"求是同学汪叔明副之,驻局办公。以按察使颜筱夏钟骥及前苏抚陆春江元鼎为督办,巡警道王省三丰镐为会办。又推举就地士绅陆春江元鼎、樊介轩恭煦、濮芷泉子潼、陈兰洲豪、吴雷川震春、邵伯纲章等为议董,议订章程,限期禁戒并行。并筹办工艺,款由地方绅商筹募,赁保康巷口大厦为办公处。即于七月成立,以四个月为一期,初步期满,成立初级工场。戒烟以中西医生协议之,成绩尚好"。(《官绅组织禁烟局》,《时报》1907年7月23日,第5版;《茇宦自订年谱(上)》,第24—25页)

27 日 午后四时,在杭城禁烟局开会,商订《禁烟局章程》。章程规定,局董一人,副局董一人,驻办本局一切事务。《神州日报》载:"昨二十七日,市立禁烟局局长陆春江中丞、濮芷泉方伯及其他局董、议长、议董,官绅学商共三四十人,于午后四时在局开会,将章程商定。"(《浙垣市立禁烟局章程》,《神州日报》1907年7月31日,第5版)

8 月

11 日 杭州教育会改为仁钱教育会,特开第一次会议,到会90余人,选举先生为干事员。(《教育会选举职员》,《神州日报》1907年8月13日,第7版)

19 日 仁钱教育会公举先生、孙江东为仁钱劝学所总董。(《仁钱教育会开会纪事》,《申报》1907年9月12日,第12版)

9 月

1 日 《申报》载,先生与吴震春、邵章、袁毓麟等共同致函申报馆,为浙江高等小学堂堂长孙江东被仇人诬陷奸污幼生事辩诬。函云:"浙江高等小学堂堂长孙耦耕近日忽被仇人诬陷奸污幼生一事,其中原因复杂,一时不能尽述,就本案据现在确实情形,撮要如左:仇党以五百元贿买学生赵学诗之父,控告主持贿买之人即赵学诗之保证人名宋左林号翰卿,宋与赵父至亲邻居而又同为绉纱业,赵父已赤贫不能有立锥地,故愿为此事也。仇党暗中大首领等,皆大绅士而与孙有夙仇者。仇党既买通赵父,又买通一学生,名黄潇泉,使之作证人,其人住江头,母久寡居,苦志养成者,该生现为仇党软禁,久不归家。十八日报告,是日

80

即在东平巷立一知耻社,聚集百余人,无学界中人,只社长茶业学堂堂长胡凤栖,白话报馆曾诋之,其人实一做运司衙门之无赖子也。次日(即十九日)发传单二万张,约在明伦堂开会,沿家沿户无不有之。东京、北京皆络绎发电,官场中支学台因白话报馆屡诋之孙系主笔人,大有借此罗织景象,学界已如地狱矣。现在口供尚□见到,耦已行,学界大愤,而又因暧昧,一时无从设法,现在收集证据不少,惟尚不完全,故不能不稍待再行对付。总而言之,现因此事一起,前途实有关系,其详情容陆续报告,匆匆不能多言,专此即请撰安。吴震春、邵章、袁毓麐、汪钦、胡焕、项藻馨、郑在常、魏巍、汪希、沈铭清、王嘉榘同启。"(《通信》,《申报》1907 年 9 月 1 日,第 20 版)

8 日　下午 2 时,仁钱教育会开常会,到会者约六十七人,由副会长吴震春主持。会议讨论了先生以事冗辞去仁钱劝学所总董一职的请求,会议选举汪钦、祝凤楼担任。(《仁钱教育会开会纪事》,《申报》1907 年 9 月 12 日,第 12 版)

22 日　杭州市立禁烟局将收集之烟具,在吴山叶公祠门口当众烧毁,余下烟灯及铜盘等件拟铸一铜柱以为禁烟纪念。自订年谱云:"十月将收集之烟具,在吴山当众烧毁。"①(《烟具改造警钟杭州》,《申报》1907 年 9 月 21 日,第 12 版;《茮奁自订年谱(上)》,第 25 页)

29 日　《申报》载,浙江布政使同意先生等禀请,要求杭州府清理杭州善堂款项。报道云:"浙藩为清理善堂款项事札行杭州府云,奉抚宪批,安定学堂监督项藻馨等禀请清理善堂款项由。查前准民政部咨奏准,通饬各省查明善堂岁入岁出官费公费各

---

①　自订年谱记载时间"10 月"疑有误。

若干造册送部查核等□。当经札司遵照办理在案。据禀,杭城善堂各款积数十年未经清厘等语,虽承办各董未必敢于侵蚀,然非公众查算,亦无以释群疑。仰布政司照会樊绅传知各董,将经手款项簿据检齐交出,暂行回避,一面由司照会公正绅耆逐款澈查,禀复核夺等因。奉此,除照会樊绅遵照外,合行札饬该府选举公正绅董数人,克日禀复,以凭照会,按簿逐款澈查,具复核夺。云云。"(《札饬澈查善堂款项》,《申报》1907 年 9 月 29 日,第 11 版)

是月 因为孙江东辩诬,先生与袁毓麟等人被杭州知耻社散布传单痛骂。袁毓麟记云:"友人孙翼中为高等小学堂校长,为旗营满人所忌,以千元买一校内小学生家长宋某,诬翼中鸡奸伊子,事发,全城大哗。满人某更怂恿胡某立知耻社以社名散布传单,讦孙罪状。余与吴雷川、项兰生诸人拟辩白营救。又被知耻社散布传单痛詈,时孙已逃往日本,更无证据。此案起,余亦决辞仁钱小学校长职。"(《文薮自撰年谱》,第 87 页)

10 月

15 日 浙江兴业银行成立,被聘为秘书。自订年谱云:"五月浙路公司股东发起,酌提股款,创办浙江兴业银行,以调剂社会金融,资本总额定一百万元,分四期收集,公司认其半,余招集商股,并定为商办有限公司。十月十五日重阳节,假木场巷江宁会馆开成立大会,选举董事监察人,发行钞票,在城内各处张贴大广告(此项广告曾有留存作纪念,亦遭丁丑日劫),并先期在保佑坊惠民巷口赁屋开业试办。吾就聘为秘书。"(《茱薆自订年谱(上)》,第 25 页)

是月 辞去禁烟局职务,专力办理安定中学堂事。继先生

任者为高同甫。汪叔明亦同时辞职。(《茗荄自订年谱(上)》,第25页)

是月　辞去安定中学堂校长及其他各兼职(共九种职务)。先生担任监督至清光绪三十三年辞职,共经六年,苦心经营,学堂基础益得稳固。(《茗荄自订年谱(上)》,第25页;《校长陈柏园先生报告本校三十年概况辞》,《浙江省杭州市安定中学三十周年纪念汇录》,第3页)

12 月

14—17 日　在《神州日报》上刊登启事:"安定校事鄙人已于暑假时间向校主胡氏辞职,现且不常在杭,远近诸公赐函,请径寄祖庙巷敝寓,庶免遗误。"(《项藻馨敬告投函人》,《神州日报》1907 年 12 月 14 日,第 4 版)

19 日　亥时,四子吉士生,名矗。(《茗荄自订年谱(上)》,第25页;《先姊项夫人墓志铭》)

是年　主持安定中学堂期间,在中学第四年级后加设银行专修科,以便"诸生出而效用,振兴商业"。(《安定中学堂第三次毕业训词》,《浙江教育官报》第 4 期,1908 年 11 月)

1908 年(光绪三十四年)　　36 岁

3 月

是月　浙江兴业银行董事会决议,先生任汉口分行内经理,

专管内部各事及存款,以丁子山为外经理,专管营业及调拨拆放款项。(《茱麦自订年谱(上)》,第25页)

4月

17日 由杭州赴汉口筹备浙江兴业银行汉口分行,同行的有总行内经理孙德全,会计王稻坪,助员朱趾祥、曹钟祥、闻云绍、蒋世英、朱增祥,庶务孙泰钦。赁屋于英租界一码头既济水电公司隔壁。(王稻坪:《话旧》,《兴业邮乘》第49期,1936年9月9日;《茱麦自订年谱(上)》,第25—26页)

5月

20日 浙江兴业银行汉口分行开业,先生任内经理,总经理汤其濂,外经理丁子山。(《茱麦自订年谱(上)》,第26页)

24日 浙江教育总会在白衣寺集议师范学堂坍屋案,到会者约四百人,公决要求陆桂星赔修费十四万两,作为监工的先生赔一万四千两为受伤学生恤款。(《浙省总教育会集议师范坍校事》,《申报》1908年5月28日,第5版)

春 袁毓麟与汪叔明每星期六必过长江,与先生晤谈,时先生在汉口为浙江兴业银行分行内经理,行在歆生路。(《文薮自撰年谱》,第87—88页)

8月

27日 浙江兴业银行汉口分行外经理丁子山突然病逝,清查其经放款项,计私人挪用洋例银二十万五千两,虽有据件,但手续均欠完备,即电总行由胡藻青、蒋抑卮到汉口会同清查。

(《茶宴自订年谱(上)》,第 26 页)

9 月

6 日　浙江兴业银行总行派胡藻青、蒋抑卮到汉口,会同清查丁子山所遗账务。(《茶宴自订年谱(上)》,第 26 页)

10 月

是月　安定中学堂举行第三届毕业典礼,毕业生共十五名。自订年谱云:“安定第三次毕业生十五人,其名单为:(1)朱振之趾祥;(2)严仲桢家幹;(3)汪任三绍元;(4)周伟侯成伟;(5)曹吉如钟祥;(6)吴巩伯敦本(原名大本);(7)闻信之云韶;(8)斯叔宣骏;(9)蒋赓声世英;(10)吴乐耕达;(11)朱益能增祥;(12)仲承民侃;(13)郭荔农相宸;(14)顾仲平鼎;(15)杨子俊槐生。”(《茶宴自订年谱(上)》,第 26 页;《三十年来师友姓名览》,《浙江省杭州市私立安定中学之三十年》,第 6 页)

12 月

是月　为母亲安葬事回杭州。(《茶宴自订年谱(上)》,第 26 页)

是年　自订年谱记,“上海米价平均七元”。(《茶宴自订年谱(上)》,第 26 页)

1909 年(宣统元年)　　37 岁

1 月

15 日　将母亲安葬于二龙山。(《茅嶔自订年谱(上)》,第26 页)

4 月

是月　商务印书馆代印浙江兴业银行汉口一元票,钞票背面开始使用"叶总理、项经理①"签名章。此前各票使用"汤总理、项经理""胡总理、项经理"签名章。(《叶景葵年谱长编(上)》,第139 页)

9 月

是月上旬　叶景葵正式就任浙江兴业银行汉口分行总经理,行事委托先生代理。叶景葵回忆:"三十四年,胡藻青君以杭行总理兼任汉行总理,苦于不能兼顾,屡向董事会请求另派。董事会嘱其自觅替人,胡君商之于我。我颇愿一试,但以川运局事不获辞,乃商得遥领办法,行事一委之项君,遇有要事,每年数次往返而已。于是我又于极不规则中,腼然为汉行总理,前后几及三年。"自订年谱云:"汤梯云辞汉总经理,初由胡藻青兼代,六月

---

①　项经理即项兰生。

86

胡又辞,并荐举叶揆初景葵接任,叶以主川运不克兼顾辞,以吾与揆初为总角交,即以各事交吾代理。"(叶揆初:《我与行关系之发生》,《兴业邮乘》第 13 期,1933 年 9 月 9 日;《茮安自订年谱(上)》,第 26 页)

15 日 为汉行同北京源钱号合同、湖北官钱局地界纠纷等事致函叶景葵。(《汉行信稿》,上海市档案馆编:《上海档案史料研究》第 12 辑,上海三联书店 2012 年版,第 224—226 页)

18 日 叶景葵复函先生,除交代汉行与北京源钱号合同、湖北官钱局地界纠纷等事处理办法外,将汉行总理印章交项兰生行使,汉行事务由其代理。函云:"兰兄惠鉴:顷奉初二日手书,敬悉一切,分答于下:一、晋昌交通所押孙契,照第二债主办法最为妥善,舍此亦别无办法。请与宋、王两公妥商,届时勒令出据。二、同源合同大致妥善,惟第四条意思不甚显豁,弟恐删改有失原议意思,故未更动,请再妥酌,即日寄京订定。一面致总行一信,声明北京代理万不能不设之原因,请先试办一年,由总行知会董事知照可也。三、武昌经理既无人无地,暂缓亦可。四、官钱局私立地界,行中万不承认。(官钱局不要脸,私立地界,须防其别样举动。致我们地脚工程急应早办。此事不必胆怯,必胜无疑也。宋、卢诸公必须联络,官钱局亦不敢违众论耳!)督批如何,请即抄示。万一督批含糊,可续上禀,言'当时出此重价购地,原为两面邻路,故南面准让一丈,东西须与余处作平行线。今于敝行界石之内,已购之地产已填之地,擅行私立界石,在敝行视之与瓦砾无异。不日即须鸠工应期,届时如官钱局不自行迁移,敝行即拔而去之。请先立案'等语。盖此事万不可让,亦无调停之法,如官钱局能讲面子,则或不至决裂,以顾交情,亦未始不可,否则由行中拔去私立之界,虽到商部打官司,行中亦不至输也。此事并望与鸿沧一商，渠最老练，或有妥当办法。总之，已领之地，断不能尺寸让人也。五、各表单收到以后，请按期照寄。六、弟不能常川驻汉，所有应用总理印章之处，请吾兄代表，不必客气。押放各款应盖章者，亦请照行。七、从前丁事之失，全由总理不到，内理无稽核外理之权。现在弟拟力矫此失。袁虽老成，但甚忠厚，吾兄须视之与自己所用之人无异。一切押款放款，吾兄必须干涉。弟以总理印章奉托吾兄，即以此事全权奉托之凭证。另致纪翁一函，请阅后转交。所有同行内部虚实衰旺，鸿沧当商总一年，甚为熟悉，吾兄可秘密与之一商，请其从实示之，较为妥当。至要至要！纪堂之表，阅后即请吾兄核定。八、钞票图章必须洋文，以免疑众，其格式请吾兄代定照行。九、二百元收到，惟七月薪水应归藻兄，当由弟径寄总行转交。十、打样人已促时老，令其速去，明日当再询之。余另布。即颂时安。弟葵顿首。八月初五日第一号。"（《上海档案史料研究》第12辑，第224—226页）

23日 致函叶景葵。（《上海档案史料研究》第12辑，第228页）

24日 致函叶景葵，23、24日函附有汉口浙江兴业银行房屋草图、大江旅馆章程及执事名单等。（《上海档案史料研究》第12辑，第228页）

27日 致函叶景葵。（《上海档案史料研究》第12辑，第228页）

28日 叶景葵复23、24日先生函。函云："兰兄惠鉴：前、昨晚连奉初十、十一日两次手书并房屋草图、大江旅馆章程及执事各大人名单，均已领悉。分答如下：一、房屋草图已转交时翁收讫，惟因各董事各股东意见均嫌太大，现由弟定一图样，行基共用卅一方半,亦可宽绰有余。定于本日下午邀集各董事在申行会议,一俟议定,再行奉复。一、孙雪堂事,如四竿做到固好,倘不可,必得稍减,亦无不可。我以收回现金为主,只有得寸则寸之一法。请酌定可耳。一、旅馆章程阅悉。此事只须有人来租,一切办法汉行可不干预。至每年租价三千四百元,弟意尚可做得,容与各董事商之。至抑之兄来书谓,将请吾兄为经理人,则万不可。旅馆与银行性质大异,一人兼办,诸多窒碍,想高明定以为然。抑兄来函收到,另复。一、官钱局私立界石事,近日交涉如何?盼复。余事另布。即颂时安。弟期○顿首。八月十五日第二号。"(《上海档案史料研究》第 12 辑,第 228 页)

29 日　致函叶景葵。(《上海档案史料研究》第 12 辑,第 228 页)

10 月

2 日　为处理与汉口官钱局纠纷等事致函叶景葵。(《上海档案史料研究》第 12 辑,第 229 页)

3 日　叶景葵复先生 9 月 27、29 日函。函云:"兰兄惠鉴:连奉十四、十六两次手书,敬复如下:一、汉行图样已与董事及时老议定,除行基外,共造三层临街洋式市房十二宅(每宅二丈四尺宽),里面造二层住宅七宅(即准备租建旅馆之地)。如此则行基照来样须缩小,然尚可敷用。为租金计,不得不尔。顷由通和送来细图,云系汉号所绘,大致与此间所议相同,惟地基丈尺较来样稍宽,可多造临街洋式市房一宅,而行基亦较宽展。惟转角处所留每边不到三丈,其临城垣马路一边所留亦不到一丈,与定案不符,却须更改。现定礼拜二与通和商量,令其重制一图,拟即在上海定稿,不必再由汉口通和多一转折,俟告竣后再行奉商。

闻抑兄日内可来,来时图已告成,尽可在沪与时老诸君逐细斟酌
也。一、八月半报告两纸收到。隆泰各铺放款,本皆收回,办法
极妥。一、木栅务须赶筑,官钱局私立界石,情却可愿,而我亦有
胆虚处。弟阅通和来图,此项地基长三十四丈三尺三,宽十三丈
八尺八,二者相乘是多出五十余方矣!此事如起胶[纠]葛,极为
讨厌。但地系官钱局所量,我亦尚有词可藉,故木栅者,即日本
间岛之宪兵队也。我兄慧人,必能意会,务乞秘之为要。一、伪
票事,案已全破,另详沪行公函。复颂台安。弟葵顿首。八月二
十日第三号。"(《上海档案史料研究》第12辑,第228—229页)

4日 为修建汉行房屋等事致函叶景葵。(《上海档案史料
研究》第12辑,第231页)

6日 叶景葵复先生2日函。函云:"兰兄惠鉴:连奉电、信,
并接十九日手书,敬悉一切,分条答复如下:一、复官钱局信稿,
甚为正大。不知近日情形如何?弟所主张,一面据理力争,尺寸
不让,一面仍宜请晋生、鸿沧诸公出头调处,其中有数原因焉。
一则督批甚为明切,官钱局自觉无理,难于禀复。若但与之面折
到底,渠竟无转弯之法,势必恼羞变怒,无理取闹。现在官场凌
躐,商界毫无法律,官钱局势力太大,兴业基础未固,断不犯着大
伤感情。二则通和来图,核计不止三百方(所多不过十余方,第
三号误以英尺为汉尺,应更正)。当时糊涂丈付,现必自知吃亏,
故主张复丈。我不肯丈,未尝无理。但官钱局必又振振有词,不
如请出中人秉公了结,两全体面。三则此事争执太久,彼固不能
强占,我亦未便建筑。香帅未死,小帅疲软。如官钱局从中拨
弄,夜长梦多,或生他变,亦不敢知。好汉不吃眼前亏。究在内
地官场权力之下,与租界情形不同,不可不十分慎重。弟于第一
号信力主强硬,而第三号信忽生过虑者,正以现在情形,上下相

睽,官商相轧,十分危险故也。我兄智珠在握,必能操纵自如,无待谆嘱。一切请斟酌办理,随时赐示为幸。一、汉行图样,弟本主张请抑公与兄在汉定夺。后接到寄来草样,与孟苹、葆生、淡如、冠南诸公共同斟酌。渠等意见皆以市屋为主,而以行屋为宾,故先将市屋面积斟酌定妥,所留余地作为行基(行基约面积三十余方),弟亦附和赞成之。其中有二原因焉。一则建造行屋,董事本不允洽,及与算市屋利息约有一分以外,董事遂无异言。为和众计,不能不趁此定议,以图速成。二则照沪上所定行屋之样,连地基房屋,约须费二万金上下。董事诸君以一分利息计算,谓汉行房租项下应摊二千余金,当时即有以太费为言者。今得抑兄来电,谓行屋已以二万金定议,是加入地价必在三万以外,将来以一分计算,是每年需三千余金矣!董事责汉行节省经费,而此项忽骤增加,将来弟与我兄之为难,不言可喻。故抑兄所定之图、所估之价,弟虽深悉其允当,而未经董事通过,亦不敢遽然赞成。所以弟与诸董事商竟,在上海定样估工,以免周折。又连次电商抑兄,请其携图速归与诸君决定者,皆成是故,否则弟虽到汉,亦是枉然。若竟贸然主张,恐于他事或生阻力。弟亦不愿抑兄独排众议,反召无谓之讥弹也。至于地事吃紧,抑兄所以亟亟定议者,其目的全为公益,弟何尝不默喻焉!但争界之事,若能全胜,则建筑迟早无关得失;若竟不决,或商会从而偏袒之,木栅尚可迁移,建筑即难改变。既不能不张声势,亦不得不留退步。故再四思维,惟有请将地工先行动手,一面仍请抑兄携图速归,决定永久之策。区区函电,实在于此,不知高明以为何如?(地工先动一层,未与诸董事会商,以事急,先擅发电,容明日再行布告。)一、弟之赴汉本不应迟,无如以省前定瑞生洋行枪三千支、弹二百万颗,现已全到,抽成试验,颇有参差,不得不详细查验。此事颇有考成,势不能骤然远去。综以上情形而论,即去亦甚无效,并非推诿,尚乞原谅。此信请呈抑兄一阅。即颂大安。○○○顿首。八月廿三日第四号。"(《上海档案史料研究》第12辑,第229—231页)

8日 叶景葵复先生4日函,认为"细图定后尚有一番争论,一番研究"。函云:"兰兄惠鉴:前发第四号信后,昨晚接廿一手书,并续上小帅禀稿。措辞严紧,彼曲我直,又有卢、史诸公出场,而南皮适殁于京,高佑诸如丧考妣之不暇,决不能于丈尺问题再生别项纠葛,此事必胜无疑矣。一俟图样寄到,即当决定细图,预备动手。惟昨王海帆来,力言地脚不坚,不如再迟两年动工。苏葆笙甚以为是。弟谓,初议亦系如此,现在所以决计先造者,一则多搁一年,吃亏利息太大;二则据工师言,再迟二年亦须打桩,迟打不如早打。葆笙又言,打桩无益,此地浮土在二丈四五尺以上,若打桩太浅,毫无用处;若亦深至二丈四五,用费太大,更不合算。弟又言,总以包工之人能否保固为主。俟细图定后,必尚有一番争论、一番研究,故甚盼抑兄早归,多一人主持,免致举棋不定也。至沪定行基草图,面积亦有卅余方,大约与汉定不甚参差。除第一层布置参以己意外,其第二、三层均请通和照式分间,再行公同决定。一则光线必须合法,二则行屋中间必有四柱,必须分配无迹,非臆想所能定稿故也。沪行假票轩然大波,幸时老手眼灵通,屹立无恙,且破案神速,连系甚多,可谓不幸中之大幸,然吃亏已不浅矣!专复。敬问筹安。弟期葵顿首。廿五日第五号。"(《上海档案史料研究》第12辑,第231—232页)

12日 叶景葵复先生、蒋抑卮函,指出"汉图缺点","至沪图是否合用,有何缺点,乞两公详细斟酌"。(《上海档案史料研究》

第 12 辑,第 232 页)

11 月

16 日　致函叶景葵,附汉行"九月份银洋收数对照各表及收放款清单"。(《上海档案史料研究》第 12 辑,第 233 页)

21 日　叶景葵复先生 16 日函。函云:"兰兄惠鉴:昨奉初四日手书,并九月份银行收数对照各表及收放款清单,均已阅悉,敬答于下:一、伪票事,尊论极是。申行虽有此议,现亦仍旧照付。汉行倘再遇此项伪票,仍照兑可也。一、行图业已定局,惟城沿马路之市屋九幢,有谓宜改三层者。请与抑兄接洽。如预算租价合式,即可改动。想通和亦不费事,请就近商定。抑兄处兹不另函矣。一、弟拟十二赴杭,约有十日勾留。容赴杭再布。此颂台安。弟○顿首。十月初九日第七号。再,汉欠申款照折加三码一事,尚未与时翁谈及,因总行屡以为言,沪行迄未允许。此间上等同业往来欠款,亦系照加三码,则沪行更有词可藉[借]矣。"(《上海档案史料研究》第 12 辑,第 233 页)

12 月

1 日　致函叶景葵。(《上海档案史料研究》第 12 辑,第 234 页)

4 日　致函叶景葵,报告汉口官钱局高佑诸为汉行购地丈量事挑起事端。(《上海档案史料研究》第 12 辑,第 234 页)

8 日　叶揆初复先生 1 日函,通报赴杭州会晤浙江兴业银行杭州总行总理胡藻青,为汉行筹款情况。云:"兰兄惠鉴:前日奉到十九日赐函谨悉。弟到杭晤藻青,未晤毅庭^①。年底报告一层,已与藻青谈过。据藻青言,明年办法当再奉商云云,似乎弟等所商早已接洽默□。毅庭决不赞成,但并未直接反对,亦与通过无异矣。年内缴款七万元,即已答应,不能不筹,但应否先缴,抑俟总行承认后再缴(系指总行承认往来项下用款七万而言),请公酌定。弟在沪可代备两万元,下余之数,汉行能否筹出,是否尚须与时老商酌,候示照行。川路公司倘能允许代理,妙极!容致函探之。添用学生事,请照尊意办理。"(《上海档案史料研究》第 12 辑,第 234 页)

10 日 叶景葵复先生 4 日函,要求"坚持定见",并请先生草拟提交鄂都说帖,说明纠纷情况。函云:"兰兄鉴:顷奉廿二日手书敬悉。高佑诸如此可恶,一时恐未易了结。现在我们惟有坚持定见,请将此事始末情形,缮一说帖,附图一张,即日寄来,当托人递与瑞莘帅^②。恐其初到时不悉情形,为高所朦[蒙]也。名片即交稻坪带回。手颂筹安。弟期○顿首。廿八日第九号。钞票既如此通行,准备万不能过少。可将此情通知总行,预留地步。尊意如何?"(《上海档案史料研究》第 12 辑,第 234 页)

15 日 致函叶景葵,附汉行十月份银洋收数对照各表及收放款清单。(《上海档案史料研究》第 12 辑,第 235 页)

18 日 致叶景葵快信。(《上海档案史料研究》第 12 辑,第 235 页)

21 日 叶景葵复先生 15 日函,告知:"建筑投标事,弟已与时翁接洽,一切请其主持。汉标寄来,暂存弟处,一俟沪标全到,

---

① 毅庭即吴毅庭,又名吴仪庭,时任浙江兴业银行杭州总行外经理。

② 瑞莘帅即瑞澂,时任湖广总督。

再行定期开标。届时当专电奉告。""汉券至申兑现,前来信嘱申行贴水,而申行以未见大宗之数,拟暂缓再议。乃日来渐多,不能不加限制。昨向弟相商,已经函知照办。"并附致上海分行函:"启者:汉行所发钞票,有持赴贵分行兑现者,向皆照付,原为利便客商起见。乃近来上下江洋厘不同,致有纷纷在汉运钞在申兑现之家,意存盘剥,不得不略加限制。嗣后凡持汉行洋券来贵分行兑现者,如果数在壹万元以上,除照龙元市价兑付外,仍照当日汇市照价贴水,庶汉行不致受亏,即请查照办理为荷。手此。即颂台安。汉口兴业银行谨启。十一月五日。"(《上海档案史料研究》第12辑,第235页)

是日 致叶景葵快信。(《上海档案史料研究》第12辑,第235页)

28日 叶景葵复先生18日、21日函,通报汉行行屋投标、呈鄂都督说帖等事。函云:"兰兄鉴:初九上第十号函后,连奉初六、初九两次快信,均悉,兹复于下:一、应鋆孙十二晚到沪,图样十五始送来。因近日封关,渠带到后原图存洋行账房,不能开取,故迟三日。当即转交时勋。时勋拟自荐二家,请苏葆笙荐一家,令其看图估价。俟有投标确期,再行电达(拆标拟在兴业,因弟太外行也)。二、节略已改就,照誊二份。一托时勋呈瑞,一托人寄交张望坦(新派鄂督总文案),不过有备无患而已。三、前误付之钞票三百元如何出账,已与稻坪接洽。四、此间有仁育堂存款洋钱一万五千两,请于十二月初一在汉立一周年七厘存单。其款现在沪行,如何拨用,如何折合规银,均候来信办理,并与稻坪接洽矣。余另布。即颂台安。弟顿首。十一月十六日第十一号。"(《上海档案史料研究》第12辑,第235—236页)

是日 致函叶景葵。(《上海档案史料研究》第12辑,第236

页）

29 日　叶景葵致函,通知汉行行屋开标日期、地点为"腊月朔日二点半钟在上海兴业"。(《上海档案史料研究》第 12 辑,第236 页)

是年　仍在汉口浙江兴业银行任事,一度兼任外经理。自订年谱云:"延王赓堂(绍人)来行任外经理,王本为汉钱庄出生,人尚诚笃,不数月仍辞职去,无已,暂由吾兼任,但声明必须于最短期内觅替,否则并内经理亦将辞去,后延袁纪堂担任营业主任兼外经理。"(《茮奓自订年谱(上)》,第 26 页)

是年　自订年谱记,上海"米价平均五元六角"。(《茮奓自订年谱(上)》,第 27 页)

1910 年(宣统二年)　　38 岁

1 月

2 日　叶景葵复先生 1909 年 12 月 28 日函重申钞票发行的内部准备事项,认为:"行用钞票数目,日见发达,固是好气象,但准备一层,发行愈多,愈须注重四成之数。""银行性质与钱业不同,各友薪俸亦较钱业为异。"函云:"兰兄鉴:十七发十二号函,计已到。昨晚接十六日手书,敬悉,分布于后:一、行用钞票数目,日见发达,固是好气象,但准备一层,发行愈多,愈须注重四成之数。无论钞票增至若干,决不可再行减少,尤以多备现洋为完全办法。至结存银款,每届比期必须酌留二三万金,以备付用存款及购洋之用。外间传闻兴业不时须要借款,钞票一旺,忌者愈众,不可不未雨绸缪。年终一关,尤为吃紧,应留备活存银若干。请与纪翁先行商酌,并望将敝意转告纪翁,随时留意,至要至嘱。一、本皆[届]放款清单收到,惟华胜公司本届转期半月。该公司虽系宋渭翁经手,然外间名誉平常,且有用款过多之说。此次到期必须收转,亦请商之纪翁,届时与华胜婉辞,谢绝为要。一、兑换钞票,此次不幸偶一疏虞,致贻口舌。汉市来钞复杂,在在均需留意。此后收支科兑收钞票时,宜不问人数之多寡,循序掉换,一手交付。设遇拥挤之时,他科职员协同相助,亦应各归各兑,并将来数逐起由代点人归开,注明数目,签字于上。收支科得暇,仍须逐户复点,务使丝毫无误,以专责成而免疏忽。一、银行性质与钱业不同,各友薪俸亦较钱业为异。除庶务处有未经结清之账另纸报告外,其余非经内理认可暂准挂记之账余,均不得随便挂欠,以清眉目。弟因传闻总行颇有此弊,故谆谆及之。一、汉协盛、明锟裕信均已收到,行图不至更改。一、孙雪堂事另函,渭润、海帆切实催询。海帆已回沪,拟即函托之也。余再布。即问台安。弟顿首。廿一日十三号。再,浙路部款陆续颁到,汉行应要求照本分存。拟致浙路公司及兴业董事正式信各一封,说明可以要求之理由及汉行现在之关系。请兄主稿,将稿寄下,由弟核定缮发,仍将原稿寄回存案可也。又及。"(《上海档案史料研究》第 12 辑,第 236—237 页)

11 日 致函叶景葵。(《上海档案史料研究》第 12 辑,第 237 页)

12 日 致函叶景葵。(《上海档案史料研究》第 12 辑,第 237 页)

15 日 叶景葵复函,通报浙路公司、通义银行等事。云:"浙路股东仍举汤为总理,所添两副,如汤不去,万不能任事,任亦不久为。诛心之论者皆曰,汤将藉[借]此再起风潮,庶朝廷可以较大之官界之。言虽近刻,然观于近日请邮部辞退工程师,则端倪已可见。照此情形,不特浙路万无办法,存款亦决不来,明春尚有风潮。此人真可杀也!致公司信及渭润来信,拟暂缓再说,此时投递必无效果。""近日沪上发见一新事业,南浔张静江、俞寰澄在巴黎创设一华商通义银行,其目的在吸外债,回华招股,居然集了三十万两(皆杭嘉湖宁四府人),上海分行已开,举弟为董事。弟不以此举为谬,而嫌静江诸君程度太浅,初意决不入股,经抑之、时勋诸君力劝,弟又妄想外债如来,汉行亦有间接之影响,故附股二千一百两。孰知一附之后,即被举为董事,因法行来一查账员,与弟相稔,再辞不允,只好暂任。现有一事,即将三十万股款各处分存,大约一半做押款,一半做三个对期,利息在按月五厘以上。已公举时勋放款,而令翁沅青(申行外理)为代表。弟拟为汉行领存三万两,即照沪行所领之利率、期限办理(大约三个对月,月息五厘)。际此年关,多此三万两亦有好处(即吃亏,亦有限,市面稍周转而已),兄决不以为谬。如有窒碍之处,请信到与一密电(上海端"叶罢论"),否则弟即照办。大约十二可以定局,办成后即当电告,以便兄处作汇单寄申。此事成否,尚不可知,故先奉闻。沪行拟多领数万,因年底亦有缺乏也。"(《上海档案史料研究》第 12 辑,第 237—238 页)

是月 安定中学堂第四次毕业生十四人。自订年谱载:"冬安定第四次毕业生十四人。名单为:(1)裴翌峤倬其;(2)葛运诚敬中;(3)陈叔庄拜丹;(4)唐仲彪时良;(5)章五成星五;(6)程震旦耿;(7)蒋让伯鸿;(8)汪贞夫堃[坤]苻;(9)徐宗达宏芳;(10)竹垚生颖生;(11)赵载皋观襄;(12)张志中钟巽;(13)孙立峰祺;(14)闻达夫毓璋。"(《茮盝自订年谱(上)》,第 26—27 页;《三十

年来师友姓名览》,《浙江省杭州市私立安定中学之三十年》,第6—7页)

4月

2日　叶景葵致函先生,针对市面危险,指出应对办法。函云:"现在市面危险,人心叵测,本行押款、放款,弟与两兄同担重任,非特定限制,分列等第,酌定数目,不足以昭慎重。兹就现在情形而拟意见八条,请酌察照行。如有应行损益之处,并祈赐教。但既行之后,必须公同遵守,不得逾越范围以外。关系之巨,当不责其视缕也。"(《上海档案史料研究》第12辑,第239页)

22日　叶景葵致函先生,谈及汉行保单、股票等事项。指出:"顷另由邮寄复丁姓保险单据,并详述各节,计日可邀台览。子记龙章股票,已为换来新票。惟老股改一整一零,共元二百七十五两,照原数已打六折。记得前曾登报声明,该公司连年亏耗,恐亦不得已之办法也。取来股息计元廿二两,已交申行,收入汉册。接信后请嘱按期核转可也。股票、息单计四件附上,祈收示复。余再布。"(《上海档案史料研究》第12辑,第239页)

5月

26日　汪康年夫人陈禾青回湖南途中,致函汪康年,详告了先生帮助兑换洋钱的事情,云:"所带北洋现洋,岂知车站虽用,而买卖一切皆不用。禾无法,只可往兴业见兰生,询以湖南近

状。据云近已清静无事。禾即告洋钱之事，渠即代换，始克活动矣。"①（《汪康年师友书札（四）》，第3892页）

春 岳父陈遹声来函嘱"赴京谒徐中堂菊人世昌（为外舅同年），一星期即归"。（《茉麌自订年谱（上）》，第27页）

7月

31日 浙江巡抚增韫以浙江省私立学堂以安定为最，而安定所以成材日众，均由先生倡导有方，恳请清廷将先生以通判不论双单月尽先选用。增韫云："再杭州安定中学堂监督通判衔附贡生项藻馨自光绪二十七年任事先后五年，学生毕业人数五十三人，均经咨部核奖在案。现预计在堂学生本年下学期可毕业者亦有三十余人，均系项藻馨充任监督时所甄录。该堂创设在奏定章程未颁以前，其时尚行科举，学堂甫有萌芽，各校散学风潮层见叠出，该监督留心教育研究，独先建设校舍创定规程，一切管理教授事宜，类能苦心规画，是以英才蔚起，有胡瑗弟子之风，成绩卓然，自未便没其劳勚。据创设该堂籍绅分部郎中胡焕等开具该监督履历，呈由提学使袁嘉谷详请给奖前来。臣查浙省私立学堂以安定未最，而安定所以成材日众，均由项藻馨倡导有方，求诸浙学界中殆罕其匹，合无仰恳天恩俯准将通判职衔附贡生项藻馨以通判不论双单月尽先选用，出自逾格鸿施，除将履历分咨查照外，理合。附片具奏。伏乞圣鉴，谨奏。"获朱批"学部议奏"。[《政治官报》第995号，宣统二年七月初二日（1909年8月17日）]

---

① 原函无年份，根据信函中所提"湖南近况"，疑指1910年4、5月份的抢米风潮，故疑为1910年。

9 月

4 日 浙江兴业银行在杭州安定中学堂召开股东年会,会上先生报告"汉行建筑情形,次报告汉行丁子山押款纠葛情形,计银十九万有零,当有该镇地皮九方作押。临时议长询股东意见,并云据鄙意以为赶紧清理,勿使久搁为要"。(《浙路兴业银行股东年会纪事》,《申报》1910 年 9 月 6 日,第 2 版)

21 日 学部认为安定中学堂学生毕业人数仅止五十三人,与学部历办奖励成案不符,不同意浙江巡抚增韫请奖励先生的主张,认为"将来该堂续有毕业时再行按照定章奏明办理",学部主张得到清廷认可。学部奏议覆浙江巡抚奏杭州安定中学堂监督通判衔项藻馨请奖折云:"奏为遵旨议覆恭折具陈仰祈圣鉴事。本年六月二十五日,内阁钞出浙江巡抚附奏杭州安定中学堂监督通判衔项藻馨办学请奖一片。奉朱批学部议奏,钦此。钦遵钞出并准浙江巡抚钞奏前来,查臣部历届核议京外办学人员奖案,均遵照定章既以任事年月为限,尤以毕业人数为衡。原奏内称附贡生项藻馨充杭州安定中学堂监督,先后任事五年,倡导有方,一切教授管理事宜,类能苦心规画,不无微劳足录。惟核其成就,学生人数仅止五十三人,与臣部历办奖励成案未能符合,应俟将来该堂续有毕业时再行按照定章奏明办理。所有议覆浙江办学人员请奖缘由,谨恭折具陈伏乞皇上圣鉴。谨奏。"[《政治官报》第 1051 号,宣统二年八月二十八日(1909 年 10 月 12 日)]

年末 被聘为浙江谘议局咨议。(《茧斋自订年谱(上)》,第 26 页)

是年 商务印书馆代印浙江兴业银行汉口一元票,钞票背

面继续使用"叶总理、项经理"签名章。(《叶景葵年谱长编
(上)》,第 164 页)

1911 年(宣统三年)　　39 岁

1 月

是月　安定中学堂第五届学生毕业,共三十一人。自订年
谱载:"安定第五次毕业生三十一人,名单为:(1)汪铁生宝珊;
(2)黄筱彤启埙;(3)吴君肇兴基(原名辉,毕业时改今名);(4)潘
用和延贵;(5)李虎臣光垚;(6)蒋绱裳文焕(后以字行);(7)程亚
青万选(原名绍伊,毕业时改今名);(8)缪凯伯苏骏;(9)冯孟久
宝恒;(10)冯剑星宝鉴;(11)陈子绥永泰;(12)裘颖芗;(13)沈榙
庭维楣(后改棉庭,以字行);(14)钱安涛治澜;(15)王寿庆福赓
(后改名赓);(16)徐素卿又伟;(17)唐颂元世善;(18)蒋青美鼎
崎;(19)黄复旦震;(20)蒋仲雄心栽;(21)吴在璿达威;(22)徐建
三延统;(23)朱尧臣鸿钧;(24)陈缵柳其璠;(25)余筱南国辉;
(26)应厓夫业修;(27)张寅季炤[照];(28)周圃成邦直;(29)方
志方祖树;(30)梁君常士恒;(31)吴仲雄道培。"(《苶窔自订年谱
(上)》,第 26 页;《三十年来师友姓名览》,《浙江省杭州市私立安
定中学之三十年》,第 7 页)

2 月

9 日　父亲生日,"午晚小酌,并以魔术娱亲"。(《苶窔自订

年谱（上）》,第 28 页）

3 月

是月　回汉口浙江兴业银行。（《茉宓自订年谱（上）》,第 28
页）

4 月

7 日　浙江兴业银行汉行总经理叶景葵致电第五届股东年
会云,因无法到会,已托沈新三与先生代表。（《浙路兴业银行股
东会纪事》,《申报》1911 年 4 月 12 日,第 11—12 版）

9 日　浙江兴业银行第五届股东年会在杭州安定中学堂召
开,会上先生报告了杭、沪、汉三行总账,"计杭总行盈余二万元、
沪行盈余三万二千元、汉行二万元"。（《浙路兴业银行股东会纪
事》,《申报》1911 年 4 月 12 日,第 11—12 版）

27 日　同盟会在广州起义,七十二烈士殉难,内有先生安定
学堂学生林尹民[①]。（《茉宓自订年谱（上）》,第 30 页）

5 月

29 日　浙江巡抚增韫再次奏请清廷奖励先生办学成绩的奏
折,获批准。奏云:"再前杭州府安定中学堂监督通判职衔附贡
生项藻馨办学由年,经臣附片奏请给奖,钦奉朱批学部议奏钦
此。旋准学部议覆该监督项藻馨先后任事五年,倡导有方,一切

[①]　林尹民（1887—1911）,字靖庵,号无我,福建闽县（今闽侯）人。1904 年入安
定学堂,后留学日本,加入同盟会,参加 1911 年广州起义,不幸中弹牺牲,葬于广州黄
花岗。

教授管理事宜，类能苦心规画，不无微劳足录。惟核其成就，学生人数仅止五十三人，核与成案未能符合，应俟将来该堂续有毕业时再行按照定章奏明办理等因。具奏。奉旨依议。钦此。咨行到浙即经臣转饬钦遵去后，兹据署提学使袁嘉谷详准，杭州府安定中学堂监督呈称，该堂前监督项藻馨任事先后五年，学生已毕业人数五十三人，兹于宣统二年下学期，该学堂办理第五次毕业时又计有学生三十一名，均系该监督项藻馨所甄录并经覆试，分别咨部给奖在案。与该堂前四次毕业学生五十三人并计，成就人数已在八十以上，核与成案相符，呈司仍请奏奖前来。臣查前杭州府安定中学堂先已办过四次毕业共计学生五十三人，续于宣统二年下学期办理第五次毕业，计学生三十一人，先后并计，已成就学生在八十人以上，核与请奖之例相符，合无仰恳天恩俯准将杭州府安定中学堂监督通判职衔附贡生项藻馨仍照原拟以通判不论双单月尽先选用，以示鼓励，出自鸿慈。再该监督履历前已咨送，合并陈明，伏乞圣鉴。谨奏。"自订年谱云："浙抚增子固辒以吾办学成绩年资及毕业人数合计成绩及格，奏请以通判用，经学部核准，不论单双月尽先选用，得旨依议。"[《政治官报》第 1298 号，宣统三年五月十六日（1911 年 6 月 12 日）；《茮娄自订年谱（上）》，第 28 页]

是日　叶景葵接先生函，先生向其推荐王静甫，称其"现在江省官盐当收支。此人勾稽颇精，操守极好"。（《叶景葵年谱长编（上）》，第 176 页）

是月　应叶景葵电邀去郑州商银行事。自订年谱载："当时度支部泽公以张伯讷办理大清银行不善，欲揆初接任监督，揆初乃约吾为助，先以秘书官名义去京，俟大体整理就绪，出任汉行总办。浙兴方面举盛竹书继任汉总理。王稻坪接内经理事。"议定后

叶景葵即北上,先生回汉口。(《茅荟自订年谱(上)》,第 28 页)

6 月

15 日 辰时,次女养和生于杭州。(《茅荟自订年谱(上)》,第 30 页)

是月 辞浙江兴业银行汉口分行职务,回杭州。(《茅荟自订年谱(上)》,第 28 页)

7 月

6 日 早,乘坐招商局新丰轮船从上海出发,同舟有陆费逵、张元济、陈叔通等。(陆费逵:《陆费逵自述》,安徽文艺出版社 2013 年版,第 79—80 页)

8 日 黎明,抵达烟台。9 时,同舟诸人登岸游览。午后 2 时,启程。(《陆费逵自述》,第 79 页)

9 日 午后 5 时,抵达天津。(《陆费逵自述》,第 80 页)

10 日 已抵达北京,与叶景葵会面商量大清银行事。《申报》云:"大清银行监督叶君景葵已于昨日由奉到京,住六国饭店,并约兴业银行总理项兰生君为京行总理,闻亦于昨日到京。"①(《京师近事》,《申报》1911 年 7 月 16 日,第 6 版;《叶景葵年谱长编(上)》,第 186 页)

17 日 大清银行裁撤总办事务处,实行中央银行办法,分庶务、营业、调查、国币、出纳、文书、稽查、计算、国库、证券十科,并设秘书官、顾问官各一人,先生任秘书官,汤睿任顾问官。自订

---

① 据《叶景葵年谱长编》载,叶景葵 7 月 10 日到北京,7 月 15 日已抵达上海。故新闻中"昨日"时间疑为原稿所书时的"昨日"。

年谱载:"同时发表者,顾问官汤觉顿,总务科长吴达诠,营业科长陈公孟。"秘书官的职责是"(一)机密文件之保管,(二)监督印章及行印之保管,(三)关于行员之进退及黜陟一切事务,(四)关于行员奖励金事务"。(《大清银行职员记》,《时事新报》1911年7月24日,第6版;《茹荌自订年谱(上)》,第28页;大清银行总清理处编:《大清银行始末记》,1915年,第95页)

22日 晨,叶景葵令营业科长会同出纳科长,盘查大清银行库存现金,盘查实数归出纳科掌管,库房钥匙由先生及庶务课长分掌。(《大清银行改革种种》,《新闻报》1911年7月24日,第5—6版)

是月中下旬 叶景葵通电大清银行各处分行,以六月十五以前账目作为旧账,并特设清理旧案处,专理其事,以总务科长及先生领之。(《大清银行职员俸给表》,《新闻报》1911年7月29日,第6版)

是月 乘轮船赴北京后,住魏冲叔家。任大清银行秘书官,月薪库银二百两。自订年谱载:"该行原有组织为票号、衙署两种性质,无章程,无统计,一切漫无稽考,以致百弊丛生。视事后,逐步爬梳,厘订章则,并定分科任事办法。另设清理旧帐〔账〕处,制表通饬填报,由吾总其事,邀王静甫师来京任钩稽,以周季纶辅之。"(《茹荌自订年谱(上)》,第28页)

8月

2日 叶景葵致函盛宣怀云:"因兰生办大条时,原拟以借款金镑归还,今大条已来,而金镑不来,首期犹可,若至二三期,非卖去大条不可。虽系笑柄,实是实话。"(上海图书馆历史文献研究所编:《盛宣怀档案名人手札选》,复旦大学出版社1999年版,

第 242 页)

14 日　为币制改革、成立国库等事致中国银行南昌分行孙德全函,云:"弟以揆公之约,仓卒来京,惟以经历颇浅,愧无所补,殊歉歉耳。屡读阁下致总务科函,议论英发,所见者远,钦佩靡既。惟揆意,须俟将币制之准备,兑换之定律,一律议妥,同时实行,方为有条不紊。故屡嘱总务科函告缓办。至于国库一节,亦须俟订有妥善办法,再行举办。目下司库竭蹶者,居其多数,故盼望国库成立者,尤觉孟晋。大清银行现正整理清理之时,非先将本源清解,即未便从事进行。此外别无他意,且于吾兄亦深致佩意也。"①(孙德至编:《慎钦从兄筹办赣吉二省银行币制录要》,1914 年,第 18 页)

16 日　接到 8 月 13 日杭州来家电,得知父亲脑溢血,促归。因沿海电报线中断,电报推迟了三日到达。自订年谱云:"津轮已无余铺,适叔通原拟南下,可缓行,乃请其庖代,并以其船位让余。"(《茅羕自订年谱(上)》,第 28 页)

18 日　父亲逝世。(《茅羕自订年谱(上)》,第 28 页)

20 日　乘轮船从天津抵达上海,但返杭火车已开出。(《茅羕自订年谱(上)》,第 28 页)

21 日　乘火车从上海回杭州家中,得知父亲已于 8 月 18 日去世,因天气炎热,20 日夜大殓。自订年谱云:"游子远行,道途阻隔,竟不及亲视含殓,悲哀罔极。"(《茅羕自订年谱(上)》,第 28 页)

是月　兼任大清银行稽核科科长。(《茅羕自订年谱(上)》,第 6 页)

---

①　原函落款时间为"廿日",根据信函中先生"屡读阁下致总务科函"的内容判断,该函应在农历六月下旬,先生领总务科事后。再根据该函前后函件落款时间判断,该函应为闰六月廿日。

10 月

是月上旬　父亲出殡,并拟于 10 月 11 日北上。(《茉麦自订年谱(上)》,第 28 页)

10 日　晚,得知武昌起义的信息。(《茉麦自订年谱(上)》,第 28 页)

10 至 12 日间　浙江兴业银行上海分行总经理樊时勋派人来杭州,大清银行上海分行经理宋汉章亦来电,催促速赴上海商讨应对之策。(《茉麦自订年谱(上)》,第 28 页)

13 日　到上海,得知武昌已光复。大清银行上海分行发生挤兑风潮。自订年谱云:"行中兑现提存势如潮涌,柜上栏杆均被攀折。库存虽尚丰,深虑应付不及。是日洋厘八分,杭各庄咸在沪抛售现款。"(《茉麦自订年谱(上)》,第 28 页)

是日　晚,密电叶景葵商讨拨款办法,当时叶景葵"去奉天,密本未交出,原电折回",因此以秘书官名义致度支部尚书载泽,"请由宁造币厂拨新币二百万元,迅速运沪,维持沪市"。(《茉麦自订年谱(上)》,第 28—29 页)

14 日　接到度支部回电,准先拨一百万元即运沪。自订年谱云:"是时军事紧急,杭沪兴业亦纷纷提款挤兑,电沪求助,时洋厘每元八钱,当电杭商会王湘泉、浙路汤蛰仙,请水陆机关禁运现洋,违者悉数充公。一面与汉章商定以部拨款内移卅万元拨杭交金润泉,并请浙抚增子固韫及商会通告鹰龙洋一律并用,不得贴水,市面因之渐平(杭州素以龙洋为本位,鹰洋须贴水),从此杭市鹰龙洋并用。"(《茉麦自订年谱(上)》,第 29 页)

17 日　回杭州,请浙江巡抚增韫发布布告,安定人心。(《茉麦自订年谱(上)》,第 29 页)

是日后　与陈汉第奔走，"向两浙盐运使署借到巨款"，帮助浙江兴业银行平息挤兑风潮。(蒋抑卮口述、任铸东笔录:《辛亥革命本行应变之概略》,《兴业邮乘》第 13 期,1933 年 9 月 9 日)

18 日　即见浙江巡抚增韫发布的告示,谓"小丑跳梁,何难即时扑灭"等寥寥数语。自订年谱云:"太不知事态之严重难遏也。"(《茮垞自订年谱(上)》,第 29 页)

20 日　因聂其杰丁父忧未能即时在任,奉总行电嘱就近代理大清银行上海分行总办,勿庸回京。"此后各地反正之电纷至沓来,并闻浙亦布置就绪。"(《茮垞自订年谱(上)》,第 29 页)

21—26 日　回上海,到大清银行上海分行视事。(《茮垞自订年谱(上)》,第 29 页)

27 日　到大清银行上海分行视事。考虑杭州有满营,难免会发生战事,即嘱阿江先归杭州,协同家中紧急整理物件,作迁上海避难计。(《茮垞自订年谱(上)》,第 29 页)

28 日　到大清银行上海分行视事。(《茮垞自订年谱(上)》,第 29 页)

29 日　返回杭州,家中大致整理就绪。(《茮垞自订年谱(上)》,第 29 页)

31 日　全眷赴上海,"同车多现任官员之眷属,车中拥挤不堪",抵达上海后暂时寓居三泰客栈。(《茮垞自订年谱(上)》,第 29 页)

11 月

1 日　到大清银行上海分行视事。是日起"南北消息中断,部库亦不若前此得以随时协助"。(《茮垞自订年谱(上)》,第 29 页)

2 日　到大清银行上海分行视事。(《茅骏自订年谱(上)》,第 29 页)

是日　午间,闻闸北已悬白旗,制造局方面已有举动,并告宋汉章电询制造局,制造局称无此事。自订年谱云:"制造局方面已开始动作,主持者为陈其美①、高子白等人,下午必将解决,告汉章以电话询制造局,据一粤人答称'无此事'。"(《茅骏自订年谱(上)》,第 29 页)

是日　闻闸北一隅,因警局附近有某家办喜事,午刻燃放炮竹,警局误以为时期已到,一律袖加白布,并树白旗,即此底定。(《茅骏自订年谱(上)》,第 29 页)

是日　闻"制造局方面下午四时由高子白、叶少吾、潘月樵、俞寰澄等率领若干人以自制炸弹跃入相投,局中以排枪击倒数十人,并拘留若干人。夜半总办张楚宝乘小轮逃遁"。(《茅骏自订年谱(上)》,第 29 页)

3 日　沈缦云②来大清银行、交通银行两行要求改行名为大汉银行,并要求查账,先生曾与交行代理总办卢鸿昶相约彼此应付,不可各自为政。于是先生对付终日,"谓行系官商合办,官股可以不论,易名事须待股东会解决,交行允每日录账报告而散"。同时"一面与胡稚芗商就股东中密商速组股东联合会,举人驻行主持,拒绝各方乱支款项,一方即可与新政府随时接洽"。(《茅骏自订年谱(上)》,第 29—30 页)

---

① 陈其美(1878—1916),字英士,浙江湖州人。同盟会成员。武昌起义后,参与筹划并领导上海起义,上海光复后被推举为沪军都督。

② 沈缦云(1868—1915),原姓张,因入赘改姓沈,名懋昭,字缦云,以字行,江苏无锡人。1909 年加入同盟会。1911 年,武昌起义后,参与领导上海反清起义。沪军都督府成立后,任财政部部长,筹组中华银行。

是日 租界及南市均于午刻全张白旗。(《苿安自订年谱(上)》,第29页)

是日 闻制造局黎明已白旗飘飘,全局降服。(《苿安自订年谱(上)》,第29页)

4日 到大清银行上海分行视事。(《苿安自订年谱(上)》,第29页)

5日 晨,收到杭州光复电报。自订年谱云:"数日间南北光复之声,甚嚣尘上,清大局已瓦解矣。时浙江临时都督为汤蛰仙寿潜,江苏程雪楼德全,上海陈英士其美。"(《苿安自订年谱(上)》,第30页)

是日 以大清银行秘书长项兰生为主的大清银行股东为保全商本,成立大清银行股东联合会。自订年谱云:"沪股东联合会成立,来行商请拨屋办公,遂允以二楼吾之住室充用。"(卜明主编:《中国银行行史》,中国金融出版社1995年版,第12页;《苿安自订年谱(上)》,第30页)

6日 到大清银行上海分行主持一切,准备转移银行资金。报载:"大清银行办事员因民国军以该行系官营事业,欲派人收管,于前日下午秘密会议,议决以现银五百万存储汇丰银行,以免为民军所有。闻该款均系预备解付庚子赔款者。"(《苿安自订年谱(上)》,第30页;《本埠特别纪事》,《申报》1911年11月8日,第18版)

7日 致电大清银行总行辞上海分行代总办及总行秘书官、稽核科长各职,宋汉章、胡稑芗纷纷商留,均婉却之。(《苿安自订年谱(上)》,第30页)

16 日　寻得卡德路①泰德里屋,二房东为魏宝贤,赁屋四间,厨房二间,月租达廿六元。(《茶荄自订年谱(上)》,第30页)

17 日　迁入卡德路泰德里屋。自订年谱云:"自此已脱然无累无事身轻矣。"(《茶荄自订年谱(上)》,第30页)

10、11 月间　遇两事。自订年谱云:"此二旬中,有两事足以记乱世人心者:(一)武汉起义,杭兴业挤兑提存,十五日沪行随之,蒋某以一函致吾,谓易帜在即,何必拘拘绳墨,为公计,亦宜乘此时机,自为之计云(意欲劝吾趁火打劫,发不义财耳)。(二)孟某为赵尔巽之内戚,某日告吾,谓揆初无积贮,此时公家解款可以注意搁置,为揆初留相当余地,吾笑而答拒之,孟怅然去②。"(《茶荄自订年谱(上)》,第30页)

是年　法国印钞公司代印浙江兴业银行第一、二批汉口一元票20万张,钞票背面继续使用"叶总理、项经理"签名章。(《叶景葵年谱长编(上)》,第202页)

是年　安定中学堂第六次毕业生32人,先生任职安定时所招学生,陆续毕业者,至此次为止。第六次毕业生名单为:(1)石韫珊磐;(2)汤仲持谌;(3)吴定中方安;(4)裘愫耀锡庚;(5)孙笑湄宝清;(6)孙纶湘纶襄;(7)陈雨亭汝霖;(8)孔章民嘉彰;(9)程幽先膺;(10)葛则斋梦奎;(11)叶景若秀春;(12)裘闻乡谷春;(13)张季芳延菜;(14)蒋安甫敬恭;(15)杨公演贻孙;(16)周于德庆时;(17)李冀侯鹓;(18)葛希平敬珍;(19)吴寅生寅;(20)徐子襄鼎清;(21)张岳庭鹏翀;(22)斯凤明荣;(23)陈仲炤[照]庆

---

　　①　今上海石门二路。

　　②　《茶荄自订年谱》此处注云:"时赵尔巽幕中有'金珠玉叶'之称,金珠为金还字仍珠,玉叶即叶景葵字揆初,两人均以干练称于世,并先后为大清及中行监督、总裁。"

熙;(24)傅殿夫延佐;(25)汤规心超;(26)裘卓甫亦馨;(27)韦敬丹和协;(28)张镜蓉汉臣;(29)孙卿生彝康;(30)王复周鼎年;(31)姚文升琨;(32)黄伯旋正履。(《茶垄自订年谱(上)》,第31页)

是年 自订年谱载,上海"米价平均六元九角八分"。(《茶垄自订年谱(上)》,第31页)

是年后 歙县三十三世族侄曾谷老人衡卿讳大铨,以修辑总祠通函筹款,先生遂以搜罗旧谱之事托之。(项兰生:《桂溪项氏均安门续修支谱》,1953年)

1912年(民国元年) 40岁

1月

是月 中国银行临时监督吴鼎昌[①]"以事属初办",约先生及袁毓麟同任秘书,月定夫马费八十元,先生"情不可却,勉允之"。自订年谱云:"元旦(改公历纪元),孙中山就任临时大总统,以陈锦涛为财政部长,改大清银行为临时中国银行,设总管理处于沪行二楼。孙大总统任吴达诠为临时监督,薛某[②]副之。时南北军事尚未统一,故各处均设上海。达诠以事属初办,坚约吾及袁文楸同任秘书,月定夫马费八十元,并以吴延清为书记,月薪五十

---

① 吴鼎昌(1884—1950),字达铨,原籍浙江吴兴(今湖州)。早年加入同盟会。曾任大清银行总务科长。辛亥革命后,任中国银行总裁。

② 薛某即薛颂瀛,字仙舟。

元,情不可却,勉允之。"(《茶盦自订年谱(上)》,第 31 页)

4 月

是月上旬 叶景葵在上海与李维格磋商汉冶萍公司人事,推荐先生担任总收支。(《叶景葵年谱长编(上)》,第 218 页)

11 日 李维格致函盛宣怀推荐先生任职汉冶萍公司。函云:"揆荐项兰生(杭州人),此人向在汉口兴业银行,后至北京大清,现在上海中国银行,有公心,能办事,精于簿计,人亦入情入理。格前本有意用之,日前揆初已嘱其摆脱现有之事矣。"(陈旭麓、顾廷龙、汪熙编:《盛宣怀档案资料》第 4 卷"汉冶萍公司(下)",上海人民出版社 2016 年版,第 242 页)

16 日 汉冶萍公司召开会议讨论办事安排及人事安排,叶景葵推荐先生任收支所长。(《盛宣怀档案资料》第 4 卷"汉冶萍公司(下)",第 247 页)

17 日 李维格致函盛宣怀,推荐先生担任汉冶萍公司收支所长。函云:"收支所长,揆初荐项兰生,此君实在不错。"(《盛宣怀档案资料》第 4 卷"汉冶萍公司(下)",第 247 页)

19 日 午后三时,汉冶萍厂矿公司开新董事会,议决"收支所长请项兰生先生主任",张謇为总经理,李维格、叶景葵为经理,李维格兼任厂务所长,林志熙为矿务所长,王勋为商务所长。(《盛宣怀档案资料》第 4 卷"汉冶萍公司(下)",第 248 页)

23 日 出席汉冶萍公司临时董事会议。(《盛宣怀档案资料》第 4 卷"汉冶萍公司(下)",第 253 页)

25 日 汉冶萍公司董事会致函,聘先生为请收支所长。函云:"兰生先生台鉴:汉冶萍厂矿实业,远在鄂湘赣三省,营业所至,并推及于东西各国,工筑之繁,贸易之巨,无一非发生于财政,迩者组新董事会,分科办事,以上海为立法监督之总枢机。素仰先生综核周详,条理缜密,在会公议:拟屈为收支所长。务望慨然命驾,酌盈剂虚,相与有成,实多倚赖。谨此函订。顺颂筹祺。汉冶萍煤铁厂矿有限公司董事赵盛杨聂王沈何朱袁[1]公启。"自订年谱载:"汉冶萍公司自1908年改组后,向由盛宣怀包办。一切行政财政事务,用人、购地、招股等,悉盛只手秘密主持,外人不得插足。此时决定由赵竹君总理其事,赵聘李一琴、叶揆初为驻沪总公司经理,并聘吾任会计所长(先称收支所,后改称会计所),而以杨介眉静祺副之。"(湖北省档案馆编:《汉冶萍公司档案史料选编(上)》,中国社会科学出版社1992年版,第425页;《茾孨自订年谱(上)》,第32页)

是月 吴鼎昌邀请先生担任中国银行南京分行长,先生却之甚坚,但仍勉强就任,一星期后辞归,继任者商定为金润泉。自订年谱云:"四月宁行发行纸币,兑换甚繁,派谈丹崖荔孙驻宁专办其事,吴不满意,须吾担任宁行行长,却之甚坚,强而后勉去一星期即归,继之者商定金润泉百顺,电约来沪面谈,金欣然乐从,吾乃得脱,谈亦脱卸兑换之责。"(《茾孨自订年谱(上)》,第31页)

5 月

18 日 出席汉冶萍公司董事会常会,"保荐魏仲吾、王子鸿、朱益能三人为帮手"。(《盛宣怀档案资料》第4卷"汉冶萍公司(下)",第262页)

---

① "赵盛杨聂王沈何朱袁"分别为赵凤昌、盛宣怀、杨士琦、聂其杰、王存善、沈敦和、何声灏、朱佩珍、袁思亮。

是日　盛宣怀致函金忠赞，询问"项兰生为人如何，新公司接手之后，各处支应付利，彼等人如何筹款"。(《盛宣怀档案资料》第 4 卷"汉冶萍公司(下)"，第 261 页)

　　31 日　与叶景葵、李维格合署致函东方公司借款①，云："兹借到贵公司现银拾万两，息长年八厘。该款准于西一九一二年十一月卅号归还无误。西一九一二年五月卅一号立。"(《叶景葵文集(下)》，第 1079 页)

　　是月　辞去中国银行职务，就职汉冶萍公司，安定学生同去汉冶萍者，朱增祥、黄启埙、沈棉庭、吴君肇四人。(《茮荄自订年谱(上)》，第 32 页)

　　约是月　盛宣怀交代李维格，处理六合公司代汉冶萍押借首善堂银两相关事宜，须与时任收支长的先生商酌办理。(《盛宣怀致□纪如函》，王尔敏、吴伦霓霞编：《盛宣怀实业函电稿(下)》，香港中文大学中国文化研究所 1993 年版，第 1011 页)

　　约是月　盛宣怀函告纪如，首善堂不押苏州河边洋栈事，可同首善堂经手人向先生接洽。盛宣怀函云："首善堂十三万押款，惟用钱须一千三百两，如更押别处，照目下时势而论，十三万决押不到等语。查此事弟前接纪荄来电，当已电复云：六合只允展期六个月，用费应商叶揆翁等语。昨一琴过此，弟又道及，摘云：须与收支长项兰生商酌，而六合公司顾咏铨不能与项君办。好在六合公司股东签字之件，已寄与金纪荄归入移交案内。李一琴亦已见过。首善堂不押苏州河边洋栈，原名本是徐若重，阁下是原经手，可即同首善堂经手人向项兰生接洽，如能归还最好，如不能还，六合始再展期六个月。首善堂需费若干，亦须汉

---

　　①　东方公司为民国初年日本向汉冶萍公司放贷的组织。

116

冶萍开支。目下筠蕃尚在公司帮助,弟已辞退董事,故未便做主也。"①(《盛宣怀实业函电稿(下)》,第 1011—1012 页)

6 月

4—7 日 《申报》刊登金忠赞、顾咏铨谨白,云,汉冶萍总公司储蓄处事向归总公司收支兼办,金筠蕃所管总公司收支事务已由董事会派先生接手,储蓄处簿据账籍亦已移交先生接收,金筠蕃等即于登报之日卸其责任。(《金筠蕃顾咏铨谨白》,《申报》1912 年 6 月 4 日,第 1 版)

14 日 上海《时事新报》《神州日报》刊载共和党交际员名单,先生名列其中。(《共和党交际员名单》,《时事新报》1912 年 6 月 14 日,第 2 版;又见同日《神州日报》第 2 版)

15 日 与叶景葵、李维格合署致函东方公司借款,云:"兹借到贵公司规元八万两。息每千两按月九厘不定期。西七月一号还过规元叁千两。西一九一二年六月十五号立。"(《叶景葵文集(下)》,第 1080 页)

26 日 与叶景葵、李维格合署致函东方公司借款,云:"兹收到贵公司规元拾叁万元,息长年八厘不定期。西一九一二年六月廿六号立。""兹借到贵公司规元拾万两,息长年八厘不定期。西一九一二年六月廿六号立。"(《叶景葵文集(下)》,第 1080 页)

30 日 与叶景葵、李维格合署致函东方公司借款,云:"兹借到贵公司规元叁拾五万七千两,息长年八厘不定期。西一九一二年六月卅号立。""兹借到贵公司规元八万四千两,息长年八厘

---

① 原函未标明时间,从内容看此信时间为先生接任汉冶萍公司收支所长后到金忠赞离开公司期间,故应在 5 月左右。

不定期。西一九二年六月卅号立。"(《叶景葵文集(下)》,第1080页)

7月

3日 与叶景葵、李维格合署致函东方公司借款,"兹借到贵公司规元贰万五千两,息长年八厘不定期。西一九二年七月三日"。(《叶景葵文集(下)》,第1080页)

6日 与叶景葵、李维格合署致函东方公司借款,云:"兹借到贵公司规元拾叁万两,息长年八厘不定期。西一九二年七月六日。"(《叶景葵文集(下)》,第1080页)

13日 三儿通殇,年仅七岁。自订年谱云:"此儿入春后常病发热,医无确切诊断,忽忽数月,顿现肺疾,竟致夭折。"(《茉荄自订年谱(上)》,第32页)

28日 与叶景葵、李维格合署致函东方公司借款,云:"兹借到贵公司规元五万两,息长年八厘不定期。西一九一二年七月廿八号立。"(《叶景葵文集(下)》,第1081页)

29日 与叶景葵、李维格合署致函东方公司借款,云:"兹借到贵公司佛朗四十四万九千圆,息长年八厘不定期。西九一二年七月廿九号立。"(《叶景葵文集(下)》,第1081页)

是月 中国银行总办事处迁回北京,吴鼎昌邀请先生一同北上,先生征求叶景葵意见后,遂拒绝。(《茉荄自订年谱(上)》,第32页)

8月

1日 中国银行总行在北京大清银行旧址成立,派先生为上

海分行经理,丁道津为上海分行行长,宋汉章为副经理。(《中国银行行史(1912—1949)》,第756页)

27日　安定中学校维持会开第一次大会,选举张相、阮性存、陈纯、钱均夫、朱光焘、王梦曾、张廷霖、陆永年、冯巽占、寿昌田、姚汉章、钟毓龙、孙江东、金保康、吴兴基等十五人为评议部评议员,推举先生为理事部理事。(《浙江私立安定中学校十五周纪念录》,1917年,《大事记》,第3页)

是月　与阮性存、陈汉第等人发起组织安定中学校维持会,拟定章程,并推举王垚为临时校长,呈请浙江省当局备案。呈文云:"安定学校维持会发起人阮性存、陈汉第、汪希、孙江东、项藻馨、姚汉章、冯巽占、金保康、钟毓龙、陈纯、张相、王梦曾,呈为发起维持,拟定章程,并推举临时校长,呈请备案事。窃前由安定学校校长呈请改为公立,奉都督批准,暂改称公立安定学校,先组织一维持会,共议进行,该校未经推举校长以前,所有校中事务,仍归该校长勉力支持,毋任废坠等因。性存等遵即纠合本校前后关系诸同人,商议办法。金以开校日期在即,诸待筹备,而成立正式维持会,略需手续,深恐一时不及,因先拟定章程,发起维持会,并推举前校长王垚为临时校长,其任期以正式维持会成立之日为止,俾得继续进行,维持现状,以不负都督殷殷提奖之苦心。事关继往开来,除备文呈请教育司外,理合缮呈维持会章程,请赐核准备案施行。此呈(呈教育司文同)浙江都督蒋。"都督蒋尊簋批示:"自是正当办法,察阅所拟章程,尚属妥善,具征该发起人等热心毅力,无任佩慰,自应准如所呈备案,仰教育司转行知照。"教育司长批示:"该发起人等,为维持安定校务起见,组织斯会,并举王君垚为临时校长,力谋进行,察阅各节尚称妥洽,应准备案,并迅即召集正式会议,以固基础而图久远。"

（《三十年来之经过》，《浙江省杭州市私立安定中学之三十年》，第11—12页）

9月

11日 叶景葵、李维格合署致函盛宣怀，"内开列收支所长项兰生函告萍矿经理钦钰如宕延欠账单"。（《叶景葵年谱长编（上）》，第237页）

22日 因先生坚辞安定中学校维持会理事，维持会召开第二次大会，选举陈汉第为理事。（《浙江私立安定中学校十五周纪念录》，"大事记"第3页）

26日 在上海《时事新报》上刊登广告，介绍刘铭之医生和罗威药房。广告内容为："余友刘君铭之精于西医内外科、产科、妇科，在杭州大方伯设局诊病垂三十年，邦人士罔不颂之，去年移居沪抛球场。吾亲友中及儿女辈受病就诊者，无不著手成春，沉疴立挽。又罗威药房创制药品甚多，如红血输、保赤丹、安睡丸、喉症保命丹、润肠丸、烂耳药水等，药性和平，效验神速，皆屡试屡验者，谨举亲历各件登报介绍，愿吾旅沪同胞之抱病者其注意焉。杭州项兰生启。"该则广告从9月底刊登到10月底。（《介绍西医刘君铭之西药罗威药房》，《时事新报》1912年9月26日，第1版）

10月

是月 蔡焕文因事至上海，与先生会晤，先生为其妹吉生做媒，对方为杭县王静甫第三子凯成（字旋孙）。凯成日本陆军士官学校毕业，时任保定军官学校教官。蔡焕文征得其妹同意后，

择吉日订婚。(《蔡渭生自编年谱》,第19—20页)

12 月

是月 回杭州,住祖庙巷,葬父于二龙山,并在杭州度岁。(《茶垆自订年谱(上)》,第32页)

是年 安定学校募集基金,以巩固学校基础,先生首先捐助三千三百余元,以之倡导。(《校长陈柏园先生报告本校三十年概况辞》,《浙江省杭州市安定中学三十周年纪念汇录》,1932年,第4页)

是年 自订年谱载,上海"米价平均七元九角四分"。(《茶垆自订年谱(上)》,第32页)

1913年(民国二年) 41 岁

2 月

26 至 3 月 7 日 与周金箴、陈其美等以名誉董事身份,在《神州日报》上刊登上海复康医院附设戒烟局开办的广告。

广告内容为:"今试号于众曰,有医士于此得千金方,经九折臂,洞察五气,精研三药,而手术之长,凡古所称解颅、理脑、穿胸、换心、割臂骨以去腐、断肠胃而傅膏,无愧华陀复生郭玉再世者,人或未之能信,然试一举其名而知之,无不呕焉崇拜以示赞同者,则我刘君铭之是已。君为浙杭广济医科大学乙酉首班毕业,三十年来襄办男女医学堂、男女医局及产科、麻风、戒烟各院,历年诊治全活者不下百余万人,所教授医科高材生效用大江南北军界者,亦数十人,声望赫然江浙各省,几无不知有刘先生。其阅历之深,学术之富,迥非寻常悬壶者可得比拟。去秋移诊沪上抛球场罗威药房,凡内外各科以及毒门产科各剧症,一经疗治,无不应手而愈。登门求诊者,日增月盛,几有应接不暇之势,尤著奇效者,则戒除烟癖,人咸不觉其苦,自然断瘾,了无困急情形,气体转康健。逾平时盖先生研究有素,参考中西医理融洽而贯通之故,能别有心得自成一家,所谓察脉审变,随气用巧,神存乎心手之间,意可得解而口不可言者,非欤如浦东烂泥渡一带,贫病受先生惠者,不可以数计。甚有鼓胀、漏血等症患苦四五年而不治,一经先生诊视,不半月而已霍然,因之远道就诊者日益众,惟恒以不得住局为憾。同人等目击情形,谓先生具夺命之功而不得大展其技,在先生为内负绝学,在同人为漠视公益,在病家为屈丧生命一事而三憾备焉。无论非所以体上苍好生之德,亦大非为斯民造福之志,爰合同人敦请先生组织复康医院兼设戒烟局于麦根路第十号洋房,即由先生主理院务,一以济物活人为宗旨,盖将求先生出秘术于灵枢玉版,不徒夺造化而补阴阳溥神功于金液银丸,且以祛痼疾而强种族,行见春满青囊之药杏林,成黄浦滩头香浮丹灶之烟橘井,现麦根路口此则设局之本旨也。兹定阳历三月一日开诊,其诊治细则另订专章,姑不赘入。我同人是用喜色相告,无非本同胞一体之怀尔。病家尚其接踵而来,庶咸享上寿永康之乐,敢用介绍以待诚求。名誉董事:应季中、陈英士、蒋伯器、周金箴、朱葆三、高子白、虞洽卿、傅筱奄、朱五楼、李馥荪、王省三、袁巽初、施载春、周湘舲、项兰生。”(《上海复康医院附设戒烟局开院广告》,《神州日报》1913 年 2 月 26日,第 4 版)

26 至 3 月 5 日、3 月 8 日 与周金箴、陈其美等以名誉董事身份,在《申报》上刊登上海复康医院附设戒烟局开办的广告。广告内容与《神州日报》上同。(《上海复康医院附设戒烟局开院广告》,《申报》1913 年 2 月 26 日,第 3 版)

26 至 3 月 8 日 与周金箴、陈其美等以名誉董事身份,在《新闻报》上刊登上海复康医院附设戒烟局开办的广告。广告内容与《神州日报》上同。(《上海复康医院附设戒烟局开院广告》,《新闻报》1913 年 2 月 26 日,第 3 版)

是月 陈夫人在杭州小产。(《茉安自订年谱(上)》,第 33 页)

4 月

1 日 李维格向盛宣怀报告,先生"因病"辞去汉冶萍公司收支所长的职务。自订年谱载:"四月辞去汉冶萍会计所长。公司内容腐败不堪,公私不分,接收将及一年,无财产目录,无职员名册、股东名册及股本数目帐[账]目,机关林立,人类不齐,负债累累,到期但见转期,漫无稽考,百弊丛生,商业等于衙署,无所不为,无所不至,一切事宜均由盛氏①掌握,股册亦存盛处,股份由盛任意填发,甚至盛家用煤,亦由公司承付,函查亦不答复,且闻盛与日人有勾结,前途茫茫,可危孰甚。因决定辞去,商之揆初,亦得同意,且揆初与一琴、竹君均同时引退,甚为爽快,交卸各事均由副会计杨介眉接洽,即此分手,遂觉无事一身轻矣。"(《汉冶萍公司(下)》,第 444 页;《茉安自订年谱(上)》,第 32 页)

3 日 汉冶萍公司召开董事会临时会议,批准盛宣怀推荐于

---

① 盛氏即盛宣怀。

焌年接替先生担任收支所长。(《汉冶萍公司(下)》,第 449 页)

是月底 宋教仁上海遇刺身亡,凶犯武士英、应桂馨被获,涉及国务院赵秉钧及内务部秘书洪述祖,舆论均集中于政府,自订年谱云:"国事飘摇,人心惶恐。"(《茉雯自订年谱(上)》,第 33—34 页)

5 月

是月 袁世凯与英、法、德、俄、日五国银行团借善后款 2500 万镑,未经国会通过,以客卿监督盐政,自订年谱云:"国事从兹不堪问矣。"(《茉雯自订年谱(上)》,第 34 页)

7 月

23 日 上海《时事新报》载,财政部已任命先生为上海中国银行行长。自订年谱云:"七月就聘为上海中国银行分行行长(原任丁道津)。"(《专电》,《时事新报》1913 年 7 月 23 日,第 4 版;《茉雯自订年谱(上)》,第 32 页)

25 日 接中国银行总行抄示的财政部库藏司关于在中外各报刊登有关收回军用票广告的公函。[中国银行总行编:《中国银行行史资料汇编》上编(一),档案出版社 1991 年版,第 461 页]

8 月

2 日 为兑换南京临时政府发行军用钞票问题致函财政部库藏司司长,请其指示剩余军用票的处理办法。函云:"敬启者:七月廿五号接准北京总行抄示贵司公函,以'前南京政府发行军用钞票 500 万元,由上海中国银行陆续收回,经本部派员赴沪验销已达 4,998,000 余元,其尚未收回者统限至九月底止一律兑现,过期作废,应即遍登中西各报,俾众周知。并以此项军钞虽各处均由流转,然为数既微,自可不必在通商大埠遍登告白,至西文告白中不叙军钞数目亦属不妥,兹特重拟西文告白一通,希望即照登可也'等因。当即遵照分别送登中西各报,其中文告白系照前稿送登,其西文告白遵照来稿原意略加审易,兹将底稿附呈察阅。查此项军钞原额发行 500 万元,先经敝行代为收回交存四国银行 3,352,000 元,又交张骧逵君带京 1,646,978 元,嗣经续收 335 元,该票于七月卅一号寄京总行国库局转呈大部,昨日又收下 526 元,该票暂为留存沪行。统计以上共经收回 4,999,839 元,其尚未收回者仅 161 元。惟查此项军钞前曾发现重号之票,既有重号发现,即流行票恐有逾放发行原额之弊。此次登报之后,倘收满 161 元之数尚有持票来收者则其数即在 161 元以外。该票是否照付?如不照付,则明系真票,法理上殊欠充足,或在洋人之手,更为困难。如其照付,则又恐数目甚巨,漫无限制,亦属非宜。此一问题亟应先行解决,特此具函奉询,究竟 161 元之外照付与否,伏乞裁示,俾便遵行。"[《中国银行行史资料汇编》上编(一),第 461—462 页]

2、4、6 日 中国银行上海分行在《申报》登载《南京军用钞票限期止兑告白》,云:"今奉财政部令,民国元年南京政府发行军用钞票五百万元,由上海中国银行陆续代为收回,已达四百九十九万九千八百三十九元,其尚未收回之一百六十一元,统限至阳历本年九月底止一律兑现,过期作废等因。谨告执有前项军用钞票诸君,从速驾临本行收兑,幸勿迟误,此布。"(《南京军用钞票限期止兑告白》,《申报》1913 年 8 月 2 日,第 1 版)

5—7 日 中国银行上海分行在《新闻报》登载《南京军用钞票限期止兑告白》,内容与《申报》上同。(《南京军用钞票限期止兑告白》,《新闻报》1913 年 8 月 5 日,第 1 版)

是月 就任中国银行上海分行行长,宋汉章仍为副行长,旧同事如胡稺芗等均照常。(《茟宧自订年谱(上)》,第 32 页)

9 月

是月中旬 熊希龄[①]致张謇、叶景葵电,告知政府中国银行总裁、副总裁人选,拟汤睿升任总裁,先生继任副总裁。(《熊希龄先生遗稿(3)》电稿三,上海书店出版社 1998 年版,第 1566 页)

25 日 被任命为中国银行副总裁。自订年谱载:"九月汤觉顿睿任中国银行总裁,国务总理熊希龄提出以吾为副总裁,报端误载姓名为须藻鳌,一时引为笑谈。[②]汤与吾本大清银行同事(汤为顾问官),来电征同意,为官非素志,辞不往。一再电商,以旧交关系,请专任内部事,不对外交际,视为秘书职务。得汤同意,遂发表,但仍名为副总裁。"(《政府公报》第 501 号,1913 年 9 月 26 日;《茟宧自订年谱(上)》,第 32—33 页)

10 月

2 日 《神州日报》载:"(中国)银行副总裁项藻馨致电政府

---

① 熊希龄(1870—1937),字秉三,湖南凤凰人。时任北洋政府国务总理兼财政总长。1914 年签署解散国会令,旋去职。

② 自订年谱所记"报端误载姓名"一事时间有误,此事发生在先生被任命为中国银行上海分行行长时。1913 年 7 月 23 日上海《时事新报》第 4 版称:"财政部已请任命须藻鳌为上海中国银行行长。"将先生名字误为"须藻鳌"。

辞职。"(《项藻馨辞职》,《神州日报》1913 年 10 月 2 日,第 3 版)

5 日 《时事新报》载,先生电熊希龄总理、中国银行总裁汤睿"力辞中国银行副总裁一席,闻熊、汤均无允意"。(《专电》,《时事新报》1913 年 10 月 5 日,第 3 版)

9 日 《神州日报》载:"中国银行副总裁项藻馨日内有回浙消息,并闻将家事料理后,仍复携眷北上。"(《浙江专电》,《神州日报》1913 年 10 月 9 日,第 3 版)

21 日 抵达北京。(《专电》,《时事新报》1913 年 10 月 23 日,第 3 版)

24 日 到中国银行任事。自订年谱云:"(汤睿)屡电敦促,以沪居一时无法搬回,家事无人料理,迟至十一月①,只身北上接事。"(《政府公报》第 542 号,1913 年 11 月 6 日;《茉窆自订年谱(上)》,第 33 页)

11 月

2 日 袁世凯批先生与中国银行总裁汤睿呈报的汤睿及先生任事日期文,云:"为呈报就任日期事。本年九月二十五日奉大总统任命汤睿为中国银行总裁,项藻馨为中国银行副总裁此令。等因。睿于九月二十六日准署总裁,周自齐将中国银行关防文卷等件移交前来,即于是日就任。藻馨承乏中国银行上海分行行长,奉命后遵即束装来京,于十月二十四日到行任事。所有就任日期理合呈报大总统鉴核。谨呈。批:据呈已悉。此

---

① 据《政府公报》第 542 号所载先生与中国银行总裁汤睿呈报的任事日期文可知,先生已于 10 月 24 日到行任事,因此判断 10 月先生已到北京,故自订年谱记载的"十一月"有误。

批。"(《政府公报》第542号,1913年11月6日)

4日后 袁世凯借口二次革命,下令解散国民党,自订年谱载,此后施家胡同某大厦每晚聚赌抽烟,非常热闹,以军人占最多数,丑声四布,政府乃下令查禁,其锋稍挫。(《荪雯自订年谱(上)》,第34页)

12 月

是月 "全眷由上海迁回杭州,仍住祖庙巷。"(《荪雯自订年谱(上)》,第33页)

年底 妥善处理中国银行山西分行所属运城分号负责人任命问题。自订年谱云:"先是汤[①]接事后,适山西所属之运城分号负责人出缺,照例由晋行行长方燕年开单呈保二三人,申叙履历由总裁选派,方开单列举二人,汤即以第一人圈派发表。方系书生,闻该员名誉平常,自知不妥,深悔开列在前,商陈于汤设法易人。但已发表,本人亦来京准备前往接事,无法撤消[销],迁延匝月,电促吾去解决此案。接事后方与被圈派之人均来接谈,视其人形止态度确不适宜,因商汤釜底抽薪,先将晋行长方氏调京,运城事暂缓再定办法。方续来见,甚为满意,原派之人亦知内因,遂得根本解决。运城事改派徐某接办,徐系教育界中人,原为大清银行监事,以资格论,亦属合宜,行中上下,均称满意。"(《荪雯自订年谱(上)》,第33页)

年底 改组中国银行总部各部门。自订年谱云:"原有(中国银行)总行各部分负责人罗雁峰鸿年、卞白眉寿孙、谢霖甫霖、严鸥客、范季美磊、谈丹崖荔孙、伍少垣等,一律留用。所有组织

---

① 汤即汤睿。

议定改为二处四局,即总务处、稽核处、营业局、计算局、发行局、国库局。"(《茉孁自订年谱(上)》,第33页)

年底 按惯例就任中国银行副总裁应觐见总统,先生不愿觐见,与各机关接洽均由总裁汤睿任之。自订年谱云:"照彼时官制简任官须觐见总统后方能就职,吾本不愿就,更不愿觐见,汤无如之何,凡与各机关接洽,均自任之,熊[①]亦颇知吾意,未加勉强,一切尚无问题。"(《茉孁自订年谱(上)》,第33页)

年底 国库不能自给,中、交两行负有垫付国库之责。自订年谱载:"惟财政奇绌,国库不能供给,中、交两行须负垫款之责,交行大权由梁燕孙暗掌之,其京行经理胡笔江更有所利用,故能一呼即应。中行伍少垣粤人,颇谨慎,不愿与胡笔江同流,垫款事只偶一为之。财部次长张岱杉弧,精明狡诈,时对汤施手段,熊颇左右为难。"(《茉孁自订年谱(上)》,第33页)

是年 约蔡焕文同往汉冶萍公司办事。蔡焕文因家中妇孺无人照料,决定就浙江国税厅筹备处科长。(《蔡渭生自编年谱》,第20页)

1914年(民国三年) 42岁

1月

22日 晚,与汤睿讨论熊希龄借款问题,认为无法拒绝,以电话约定小除夕下午解款。自订年谱载:"旧历除夕将届,府中

---

① 熊即熊希龄,时任总理。

需款甚多,一月廿二日(旧历年廿七)晚熊来电话约汤谈话,去则曰:'部中待款甚亟,务望多少之间援助若干。'相持许久,汤允回行查核再复。熊坚询数目,姑允至多以三百万为度,但不能作为确定而还。归后讨论,无法拒绝,乃以电话约定旧历小除夕下午解款。"(《茉箬自订年谱(上)》,第 34 页)

24 日 年终假期,下午南归。(《茉箬自订年谱(上)》,第 34 页)

25 日 除夕到南京,在旅馆度岁。(《茉箬自订年谱(上)》,第 34 页)

27 日 到上海,与叶景葵、张嘉璈①畅谈后,返杭州。(《茉箬自订年谱(上)》,第 34 页)

是月 财政部次长张弧骗取中国银行数百万元。自订年谱载:"一月财部次长张岱杉约觉顿至部商挪款项,案头置有天津保商银行支单数百万元,须四日后到期,嘱先由中行暂垫现款应用,到期即由天津收到拨还。汤信而允之。电津行嘱林子有收到即拨京,林到期往询保商,该行否认有此一款,电话询张,则谓尚未到部,时已近午,结果竟为张骗去。"(《茉箬自订年谱(上)》,第 34 页)

2 月

3 日 安排好家眷北迁事宜后,独自北上,当时已由陈叔通租得北京西城鲍家街屋,两家合住,暂作半年打算。(《茉箬自订年谱(上)》,第 34 页)

---

① 张嘉璈(1889—1979),字公权,江苏宝山(今属上海)人。时任中国银行上海分行副经理。

27 日　拜访恽毓鼎,同行的有项氏两节妇之兄公。(恽毓鼎:《恽毓鼎澄斋日记》第 2 册,浙江古籍出版社 2004 年版,第680 页)

是月　熊希龄内阁被解散。自订年谱载,袁世凯"正式下令解散各省原有议会及地方自治会,熊希龄辞职,梁启超、汪大燮亦均先后去职(当时称人才内阁),由孙宝琦代理内阁总理,以周自齐任代理财政总长。时中枢主脑,袁已一手包办,梁士诒实为心腹,一时有梁财神之称"。(《茉戋自订年谱(上)》,第 34—35页)

3 月

是月　项兰生、陈叔通两家家眷同乘新铭轮北上,同船的有陈时臬及其女香菊和塾师何叔平,抵达天津后住长发栈,次日乘车到北京。(《茉戋自订年谱(上)》,第 35 页)

是月　项仲雍、项叔翔两子附馆陈叔通家,先生与陈叔通合延塾师。(《茉戋自订年谱(上)》,第 35 页)

4 月

是月　呈请大总统袁世凯辞去中国银行副总裁一职,未获批准。(《财政部直辖后之中国银行》,《申报》1914 年 8 月 6 日,第 6 版)

是月　中央向五国银团提取借款,名曰裁兵款,划汉口由汇丰银行派人到鄂监视。以英镑合银，又以银合洋例银①，再合银元，价由汇丰作定，无讨论余地。自订年谱云："层层剥削，损失不知凡几。财部无兑换账目及折算标准，中外上下，通同一气，实则款到即汇京，供政府挥霍，无一人揭举其弊。"（《茅篸自订年谱（上）》，第35页）

5月

是月 财政部在清理币制时，兑换权被汇丰银行操控，财政部人员利用机会，大肆敛财。自订年谱云："清理币制，以巨款收购旧券，兑换之权，均操诸汇丰，外人不能赞一词。财部指派鄂人王小宋任中国银行粤行行长，王以贪婪著名，利用机会，无所不至。且财部已先期派人在粤收券，上下交征，除部门口石狮外（徐曙岑、邵裴子、张小松、贾果伯等寥寥数人不在内），数月之间，全功告成，财神多如过江之鲫矣。"（《茅篸自订年谱（上）》，第35页）

6月

是月 浙江省国库间收归中国银行，自订年谱云："多年延宕，忽焉解决。浙无正式行长，此时左丞杨士琦提荐金谨斋于财长周自齐，周正以中行遇事不如交行合作为不满，遂创中行改归部辖议（原判由内阁直辖），汤亦甚感不快。"（《茅篸自订年谱（上）》，第35页）

---

① 洋例银是1933年废两改元前汉口通行的记账货币。需要现款时，例以当地银炉所铸的估宝折算使用。每估宝九百八十两作洋例一千两。系汉口开埠后洋商援上海规元九八升算之例所创，故称"洋例"。

是月 袁世凯称帝之象日显,与汤睿商定趁中国银行改归部辖的机会,呈袁氏解职。(《茉安自订年谱(上)》,第 35 页)

7 月

31 日 呈请辞去中国银行副总裁职务,并获袁世凯批准。(《政府公报》第 804 号,1914 年 8 月 1 日)

8 月

3 日 将中国银行相关关房文卷等件移交继任副总裁陈威。(《政府公报》第 812 号,1914 年 8 月 9 日)

5 日 与汤睿呈报交卸日期。云:"为陈报卸任日期仰祈钧鉴事。本年七月三十一日奉大总统策令,中国银行总裁汤睿、副总裁项藻馨呈请辞职,汤睿、项藻馨均著准其辞职。此令。同日奉策令任命萨福楙为中国银行总裁、陈威为中国银行副总裁。此令。各等因。奉此,睿等轾材得释重任,兹遵于八月三日将关防文卷等件移交新任总裁萨福楙、副总裁陈威接收,睿等即于是日交卸行事,理合具陈报,伏乞大总统钧鉴。谨呈。"获袁世凯批:"据呈已悉,此批。"自订年谱云:"八月交卸,还我自由,如释重负,出云雾而见青天,其快幸直不可以言语形容也。任职以来,月入薪金四百元,交际费四百元,家中用费连房租束脩,月不过一百五十元,交际每月多少不定,大约平均不过二百四五十元左右(与汤对出,每次请客,随时由庶务开账付现,此为彼时各机关所无之事,行中上下均认为奇事),因得积贮。"(《政府公报》第 812 号,1914 年 8 月 9 日;《茉安自订年谱(上)》,第 35 页)

6 日 《申报》刊载汤睿与先生辞去中国银行正、副总裁的辞职书。"中国银行总裁汤睿、副总裁项藻馨辞职书云：为呈请辞职事。窃睿等于某月某日奉财政部第四百二号饬开：本部前呈，拟将中国银行改由本部直辖等情。本年六月十二日奉大总统批令：准如所拟办理。此批。等因。奉此，本部遵即拟订直辖该行办法八条，呈奉大总统照准在案。除关于币制各项另订办法外，合行钞黏饬知该行遵照办理等因。睿等本以草茅下士庸妄无能，仰荷大总统过采虚声，逾分拔擢奉职一年，时虞竭蹶，曾于四月间，具呈恳请辞职，未邀俯允，备承知遇，感愧莫名。惟是绠短汲深，终为非计万□有所遗误，睿等一身不足惜，如银行何？如大局何？惟有仰恳大总统俯鉴愚忱，俾睿等得早避贤路，不胜屏营待命之至。"（《财政部直辖后之中国银行》，《申报》1914 年 8 月 6 日，第 6 版）

约是月 叶景葵劝先生南下，协助其改组浙江兴业银行。自订年谱载："揆初北来，劝吾南旋，勿再加入政界。时浙路收归国有，与交通部订立合约，推揆初任浙路清算处主任，兴业银行组织须根本改变，约吾设计改组办法，暂以顾问名义由董事会函聘，其地位与他行总理相等，当即约定秋后南下。"（《茅奓自订年谱（上）》，第 36 页）

是月 时值夏令，每日各处游览，星期日最为热闹，决拟在北京停留两三个月后，再作南归打算。（《茅奓自订年谱（上）》，第 35 页）

9 月

8、9 月间 两月之中游览各处为大成殿、雍和宫、什刹海、三海、三贝子花园、颐和园、故宫博物展览会、各处庙会、琉璃厂等。（《茅奓自订年谱（上）》，第 36 页）

10 月

是月 全家南旋,先托张逸才代觅沪寓房屋,赁定马霍路①德福里二层三楼三底一宅,抵沪后径行迁入。北京房屋由杨介眉接租,器具由杨介眉和张宗祥分购。(《茅奁自订年谱(上)》,第 36 页)

11 月

是月 接受浙江兴业银行的聘请,就任顾问兼秘书。(《茅奁自订年谱(上)》,第 36 页)

12 月

是月 《中国红十字会第三届征信录》载,1912 年 9 月 1 日至 1914 年 6 月 30 日止,先生经募小洋四十六角、洋二元、钱一千四百五十文。(《中国红十字会第三届征信录》,1914 年,第 400 页)

冬 长女项浩在上海订婚。(《茅奁自订年谱(上)》,第 36 页)

---

① 今上海黄陂北路。

1915年(民国四年)　　43岁

3月

是月　得中国银行上年年终花红,即年终奖金,1800元,以此款购得杭州杭县路营地3亩多,准备建筑房屋。(《茅奁自订年谱(上)》,第36页)

年初　陈叔通及家眷南返,与先生居同里,并加入商务印书馆。(《茅奁自订年谱(上)》,第38页)

4月

是月　袁世凯批准张謇辞去农商总长之职。自订年谱云:"张季直辞农商总长,人才内阁惟张脱离最早,盖有不得已之苦衷在焉。"(《茅奁自订年谱(上)》,第38页)

5月

是月　项仲雍、项叔翔两子同往杭州投考清华中等科,住城站旅馆共十余日,塾师赵治亦同去。自订年谱云:"雍以诸疆名应试,翔用本名项谔应试,浙江应考者二百余人,叔通二子一侄(仲恕之子)偕去,五人均入选,主试者为屈文六映光,翔儿卷应入正取,以年仅十二(虚年龄),且甚幼小,故改为备取。正取十名,其名单为:(一)郭立茂;(二)陈植(仲恕之子);(三)闵启杰;(四)陈选善(叔通次子);(五)沈诚(衡山子);(六)诸疆;(七)潘衡;(八)朱品栻;(九)项谔;(十)陈苹(叔通长子),时翔儿为备取第一名,陈苹为备取第三,以原第九不去,以项谔补,第十及备取第二名亦均不去,以第三名陈苹补入。"(《茅窆自订年谱(上)》,第38页)

是月 日本强迫袁世凯签署"二十一条"。自订年谱云:"日本提二十一条,以最后通牒强迫承认,亦利用袁氏称帝乘人之危也,五七、五九国耻纪念由此而起。"(《茅窆自订年谱(上)》,第38页)

上半年 塾师改延安定学生赵治任教读,注重雍、翔两子,备考清华。(《茅窆自订年谱(上)》,第38页)

6月

约是月 浙江兴业银行定七八月间在上海召开股东大会,解决总行迁沪等问题。自订年谱载:"兴业沪行本在大马路虹庙东南面(后为冠生园基址),仅门面二间,客室及营业间外,无回旋余地。夏间于隔壁二楼赁得一间,暂作办公之用。时浙兴总行名义尚在杭州。总理原为胡藻青,于革命时以父老多病辞职,各事由董事沈新三兼顾,事务既简,例会常会亦久不举行。浙路既归国有,银行股份之属于浙者,亦均全部出让,计浙路所认股份四分之一,已交两期,共为二十五万元,由旧股东分别承购。此后完全为商办之股份有限公司,与浙路关系亦均脱离。组织变更,非先恢复董会立定大计、编定制度分期进行不可,遂决将总行移沪,重选董事,拟订大纲,议定于七八月间(阴历六七月)在沪召开股东大会,解决一切。"(《茅窆自订年谱(上)》,第36—37页)

8 月

是月中上旬 与叶景葵、蒋抑卮、沈新三等,商改革之策。订定新章,以上海为浙江兴业银行总行,成立总办事处。蒋抑卮之子蒋世承,记:"1915 年抑卮先生闭门于杭州灵隐韬光,尽 7 日之功与叶揆初、沈新三、项兰生诸君草拟章程,8 月经股东常会逐条讨论修改通过。同人们戏称之为'韬光宪法',其要如下:改上海分行为本行,杭州、汉口、天津、北京各行为支行。股东大会选 7 人组成董事会,三年一任,连选连任。董事会行总办事处制,举 3 人为办事董事;3 人中再举一人为董事长,负责对外,并掌全行重大事务的裁决权。总办事处内设书记长一人,下设各部。"〔(叶揆初:《我与行关系之发生》,《兴业邮乘》第 13 期,1933 年 9 月 9 日;蒋世承:《蒋抑卮先生与浙江兴业银行》,杭州市政协文史委编:《杭州文史丛编》经济卷(下),杭州出版社 2002 年版,第 231 页〕

26 日 浙江兴业银行董事会致函先生,聘请其为书记长。函云:"兰生先生执事:径启者,本行章程业经股会修改,总办事处自应照章成立,葵等谬承众举,董理无方。幸借长才,用资贞画。兹敬屈为书记长,月薪月奉贰百元。伏祈俯就,欣荷曷胜,谨专函奉订。祗颂。大绥。叶景葵、胡焕、王锡荣、樊棻、周庆云、蒋汝藻、蒋鸿林、张鉴、郑在常同启。"自订年谱云:"秋间股东会议决总行移上海。董事会设办事董事若干人,互推董事长一人代表董事会主持全行。并设立总办事处,管理各行事务业务,由董事会聘请书记长一人主持之。揆初被推任董事长,会后遂以书记长名义敦聘。吾就任即着手一切制度之厘订、章则之建立,并规定全行最高薪水额不得超过二百元,揆初与吾均按此薪支给,此后虽屡议增薪,均为吾根据此项规定拒绝,终吾之任未变。而吾家则因陈夫人持家节俭,每月尚能有所积贮,吾亦搭乘三等电车进出,始终未尝乘坐包车,汽车更无论矣。"[《浙江兴业银行董事会致项兰生函稿》(1915年8月26日),上海市档案馆藏:Q268—1—70;《茉孧自订年谱(上)》,第37页]

是月　自订年谱载,杨度、孙毓筠、严复、刘师培、李燮和、胡瑛发起筹安会鼓吹帝制,袁世凯意兴浓厚,梁士诒、杨度迎合袁恉,袁子克定以皇太子身份从中鼓动,布置已久,此时正式露面。自订年谱又云:"奸雄误国,可耻可痛。"(《茉孧自订年谱(上)》,第37页)

9 月

10 日左右　与叶景葵离上海赴北京。在京期间,同蒋抑卮,与中国银行会商领用兑换券事宜。[《致孙江东函》(1915年9月13日),上海市档案馆藏:Q268—1—70;《叶景葵年谱长编(上)》,第311页]

13 日　为代购五金物料事致孙江东函,云:"到京未承来问,顷接厂信两缄,恐有要事,竹书、时勋诸君商拟代为拆阅,以免延搁。及发缄之后,内有购办五金物料账单。此类物件……非仓猝可办。"并将该单交由樊时勋"饬沪账房预购"。[《致孙江东函》(1915年9月13日),上海市档案馆藏:Q268—1—70]

约 22 日　与叶景葵、蒋抑卮由北京返回上海。(《叶景葵年谱长编(上)》,第311页)

26 日　王嘉榘为延期还款事致先生函。[《致王维忱君函》(1915年10月6日),上海市档案馆藏:Q268—1—70]

27 日　代表浙江兴业银行总办事处致函北京中国银行范

磊,接洽领用兑换券二百万元事宜。函云:"季美先生阁下:久未得问,驰溯为劳,比想履綦定多康胜,颂甚幸甚。敝行领用贵行兑换券,已由敝董事长叶揆初君在京订立合同,并开各行分配数目清单,函致贵总裁。计达洽照。兹复开具一元、五元、十元分配细数清单寄请察阅。所有单开二百万元之券,承希即为预备,于阳历十月二十日前合申、杭、汉、津应用全数统寄至贵沪行拨交,实所感恩。缘该券到沪后,尚须加印暗记,需时甚久,故切盼早日寄交,俾得从容分布,幸仗清裁,诸多利赖,敝行感何如之。贵行分设恐多,钞票运输向多困难,不知现已得利便方法否?风便尚希示以近闻为幸。专此奉布,祗颂。大绥。弟项藻馨顿首。"清单为:"上海用:一元券十五万张十五万元,五元券九万张四十五万元,十元券一万张十万元,共七十万元,二十五万张。杭州用:一元券二十万张二十万元,五元券五万张二十五万元,十元券五万张五万元,共五十万元,二十五万张。汉口用:一元券十万张十万元,五元券六万张三十万元,十元券一万张十万元,共五十万元,十七万张。天津用:一元券十万张十万元,五元券三万张十五万元,十元券五千张五万元,共三十万元,十三万五千张。总共八十一万张,二百万元。"[《致范季美君函》(1915年9月27日),上海市档案馆藏:Q268—1—70]

28 日 致函中国银行总司券范磊,确定浙江兴业银行领用券的签章。(《浙江兴业银行》,第170页)

29 日 为浙江兴业银行领用中国银行兑换券事致函中国银行范磊,并附浙江兴业银行致中国银行公函。函云:"季美先生执事:昨上一笺,计定签掌。领券寄沪事,顷已由敝行正式致函贵行,兹特钞稿奉览,敬请接洽,并希如函照发是荷。专此,祗颂。公绥。弟项藻馨顿首。计抄稿一件(即同日致中国银行公函)。"公函云:"敝行领用券第一批二百万元,业承如数预备。此项领用券拟分拨杭、沪、津、汉各行应用,业经函达在案。惟查合同第四条,此项领券应各加暗记以便区别,自宜由上海敝行汇总加印暗记,再行转发各行,以昭郑重。请将此项首批领券二百万统寄贵沪行,与敝行接洽办理,是所至荷。附上一元、五元、十元分配细单一纸,敬祈察阅照单发领,具纫公谊。此致中国银行。浙江兴业银行董事长叶景葵印。"计清单一件(略)。(《浙江兴业银行》,第169—171页)

30 日 范磊复函先生,指出:"承示预定各券数目清单,当已照数备办。上海壹元券向以不甚适用,未曾发行,现代改印五元券五十万元、十元券二十万元。如贵行必需此券,拟于下届定券时再行加印。再,前定十月十日印齐运沪,系按敝处分配数目预算,今奉贵行清单,张数增多几半,印刷不免费时,恐非十月十五日不能印齐运沪也。"(《浙江兴业银行》,第171页)

是月 清华学校开学,先生子项仲雍、项叔翔二人乘车同往北京。自订年谱载:"时翔儿年幼且弱小,乏人照顾,适摅初夫人北上,遂托代照料,抵京即假三内弟叔辛寓为出入栖止之所。"(《茮庼自订年谱(上)》,第38页)

10 月

4 日 致电中国银行总司券范磊,指出"一圆票敝处准可推广用途,仍乞于本届印发"。同日,范磊回电,表示同意。(《浙江兴业银行》,第171—172页)

6 日 为追收欠款事致王嘉榘函,云:"维忱我兄大鉴:奉九月廿六日惠书并沈衡山①君致执事及仲恕兄函,祗诵一是,当交新翁②转呈董事会察阅,在董会意此事极愿帮忙。现值清理时期,一律定期追收,势难遇事延缓。惟现在拟请以三个月为期,尽期陆续归楚,或以公债票如数一期付偿,当亦可以通融",并请"转致沈君曲谅照办"。[《致王维忱君函》(1915 年 10 月 6 日),上海市档案馆藏:Q268—1—70]

14 日　致陈光甫函,请其北上过天津时,将浙江兴业银行天津分行的"汇票、本票簿各一本"交与天津分行。[《致陈光甫君函》(1915 年 10 月 14 日),上海市档案馆藏:Q268—1—70]

12 月

是月　袁世凯称帝,自订年谱云:"十二月十一日决定推戴大总统为皇帝,十三日即位,改元洪宪,并拟次年登极,一般官迷称臣者如醉如痴。册封黎元洪为武义亲王,以徐世昌、赵尔巽、李经羲、张謇为嵩山四友,丑态毕露。袁为民国奸雄之首,为人阴险,国内满布间谍网,暗杀盛行,开特务之端,为日后蒋氏效尤。一时志士咸化装逃避,或一日三迁,风声鹤唳,人心惶惶。"(《茉奁自订年谱(上)》,第 37 页)

是月　袁世凯称帝后,每日处在危栗中。自订年谱云:"叔通、溯初(黄群,为梁启超弟子,亦国会议员)及吾辈日在危栗中。"(《茉奁自订年谱(上)》,第 37 页)

是月　汤睿过上海经香港转道赴西南策动起义,与先生一晤。自订年谱云:"梁启超、汤觉顿等过沪去西南策动起义,均化

---

① 即沈钧儒(1875—1963),字秉甫,号衡山,浙江嘉兴人。
② 新翁即沈新三。

装经香港转道。过沪仅一晤,不幸汤经此一别,便成永诀。"(《茅奁自订年谱(上)》,第 37 页)

冬 夫人陈蔼真在上海小产。(《茅奁自订年谱(上)》,第 38 页)

下半年 项仲雍、项叔翔进清华后,由赵治之弟赵君为任塾师,教授项吉士等。(《茅奁自订年谱(上)》,第 38 页)

是年 浙江兴业银行与中国银行、交通银行均订立领券合同。自订年谱云:"浙兴与中、交两行订立领券合同,原有部准发行特权,自愿放弃。后以中交领券不敷支配,又具呈币制局恢复发行权。时樊时勋仍任沪行经理。"(《茅奁自订年谱(上)》,第 37 页)

1916 年(民国五年)　　　44 岁

1 月

27 日 致俞丹屏①函,云:"丹屏先生大鉴:奉函敬悉。所商一节,新翁即日来行,与公当面接洽办法。专此奉复。颂祗台绥。"[《致俞丹屏君函》(1916 年 1 月 27 日),上海市档案馆藏:Q268—1—70]

---

① 俞丹屏(1872—1942),名炜,号载熙,浙江嵊县人。辛亥革命前后开始创办实业,1910 年在杭州创办大有利电灯公司,后接办杭州钱江商轮公司,开办武林造纸厂等。

2 月

1 日 中国银行总司券范磊为浙江兴业银行领兑换券事致函先生,云:"顷承杨介眉君顾谭,备悉种切。贵行续领兑换券事,叶揆初君来函已收到,惟敝行适有印券未竣,又值阴历年关,印局亦须停工,只能俟过春节再行付印,何时可以运沪,须付印后方可约计。至另易暗记一层,是否因多此兴字,敝行兑现时有何阻碍,抑钱商有扣水情事,务希示及,俾可斟酌也。"(《浙江兴业银行》,第 175 页)

9 日 复函范磊,希望更换兑换券的暗记,将兴字暗记盖于正中"中华民国元年印"国字之下。函云:"续领兑换券,前叶揆翁函请另易暗记者,因前兴字暗记盖于省份两旁,钱商虽无扣水等情事发见,惟行用时颇有迟疑,故此次续印,拟请正面另易一种记号,盖于正中'中华民国元年印'国字之下,背面西文可仍其旧,应无显著痕迹,流通较易,双方识别亦甚了然。然至一元票,敝行在上海各工场颇见推行之效,仍乞尽数照印,俾易支配,至所感荷。前闻东游,未知何日返旌,想周咨所暨,有稗措施不鲜也。"(《浙江兴业银行》,第 175 页)

是月上旬 叶景葵复函先生,"所谓'兴'字已印好之二十万元,并非一元票,乃伸吾笔误,另换暗记,可以照行。全数约阳历三月中旬可以由京寄沪。孟兄函已悉,弟约阴历廿一、二出京"。(《叶景葵年谱长编(上)》,第 328 页)

15 日 范磊复函先生,指出,将暗记盖于正中,恐检票时不宜识别,仍拟盖于省份字样旁。至于一元券,当即照印。并告知先生,其在日本都留两月,至阴历年底回国。(《浙江兴业银行》,第 176 页)

3 月

22 日　袁世凯撤销帝制,废除洪宪年号,焚毁帝制文件八百数十件,自订年谱云:"晚矣。"(《茅丞自订年谱(上)》,第 39 页)

是月中旬　汤睿在广东遇害,先生闻之,为之惨然。自订年谱载:"广东宣布独立,四月中旬开善后会议于海珠。龙济光为袁爪牙,踞粤佞袁,借会议为名,阴谋一网打尽广西要人作乱。汤觉顿时为陆荣廷、梁启超代表,及谭学夔(海军总司令)之弟谭学衡(亦龙济光之顾问)当场殒命。警厅长王广龄、商会会长吕仲明因受重伤不治亦去世。闻民军方面之徐勤及龙党警卫军统领颜启汉同入房内谈话,警卫军拥入向徐乱打,徐衣衫破烂,兵畏弹扑地,徐亦扑地乘乱逃出,避登楼上,匿一小时,脱去长衫,觅汽船逃逸。颜为龙系首领,事后始知均龙之阴谋。于是下令讨伐,龙督率残余部队向琼州逃去。汤终于间接死于袁手,消息传来,为之惨然。"[①](《茅丞自订年谱(上)》,第 39 页)

4 月

3、4 月间　中国银行、交通银行出现挤兑,上海中国银行宋汉章、张嘉璈、胡筠芗等每晚来先生家密商应付,每夜宾客不断,先生与叶景葵、蒋抑卮全力支持兑现,决定上海分行不奉总行命,继续兑现。自订年谱云:"中、交挤兑,亦梁士诒一手主办。

---

①　《茅丞自订年谱》中项吉士按:"汤觉顿被害一节,经与陆丹林氏 1946 年所作《袁世凯盗国璨谭》一文——1946 年 10 月 18 日写载《茶话杂志》第 6 期 1946 年 11 月 5 日出版——核对相符。据陆自述,事变发生时,本人正在海珠北岸,耳闻目见者云,当属可靠。惟日期为 4 月 14 日。另据陶菊隐著《北洋军阀统治时期史话》第 2 册 195 页载,开会日期为 4 月 12 日。故日期有上落,暂按中旬记入,余均大致相符。"

沪中行宋汉章、张公权、胡秂芗等每晚来吾家密商应付,每夜宾客不断,吾与撰初、抑卮全力支持,决定沪行不奉命,继续兑现。并由浙兴借款中行为后盾。时袁间谍密布,溯初由吾弄迁法租界避危,宋亦栗栗危惧。是役也沪中行钞誉得以保持,人民损失减少,宋之声誉鹊起。"①(《茅奁自订年谱(上)》,第 37 页)

5 月

3 日　袁毓麟南归,在上海住先生家数日。(《文薮自撰年谱》,第 94 页)

18 日　访黄群。(《茅奁自订年谱(上)》,第 38 页)

是日　听闻陈其美遇刺,前往察看。自订年谱云:"陈其美被袁②密刺于沪法租界贝勒路,时吾适在溯初家中,黄后门对面即陈寓所,闻讯往视,已脑浆鲜血满流地上。陈固非人,袁之阴险亦足见矣。"(《茅奁自订年谱(上)》,第 38 页)

6 月

6 日　袁世凯逝世,自订年谱云:"年初兴高采烈时,曾铸有当五元及当十元洪宪金币及银铜各币。政事堂名称又改为国务院,如此容易,恬不知耻,终于六月六日身亡名裂。"(《茅奁自订年谱(上)》,第 39 页)

是月　黎元洪继任,恢复旧国会,冯国璋当选为副总统,自订年谱云:"仍不脱军阀范围。"(《茅奁自订年谱(上)》,第 39 页)

---

　　① 中、交挤兑风潮发生在 1916 年 3、4 月间,《茅奁自订年谱》将此条误记于 1915 年。

　　② 袁即袁世凯。

7 月

28 日　上海遭受台风,德福里屋二楼墙倒,幸家中无人受伤。自订年谱云:"上海台风,德福里屋二楼墙倒,前后厢同,前厢吉儿适在床上穿衣,忽闻巨声急跃出,墙已坍下,砖擦及背,幸未受伤,一刹那间,回顾床帐已裂,满堆砖石,亦云险矣。后厢因均起身,未有人在屋中,故无伤者。"(《茉孧自订年谱(上)》,第 39 页)

12 月

6 日　陆懋勋为担保事致先生函,云:"承吾弟转商盛君,允照去年之数(以三个月为期),甚感。兹由叶君光久趋前接洽,现货已陆续上公栈,分作五批,每十箱一批。""一批十箱合银一千二百五十两,保险系如其数计。保险栈单齐全,每十箱押八百两,五批共押四千两,均由叶光久君交接。兄担任中保,其签字即由叶君代签。"[《盛竹书致总办事处函》(1916 年 12 月 21 日),上海市档案馆藏:Q268—1—98]

8 日　浙江兴业银行申行经理盛竹书致总办函,报告各分行调上海紧急备款事,叶景葵批示:"此函与兰兄商量后再复。"(叶景葵文集》上,第 184 页)

21 日　浙江兴业银行申行经理盛竹书致总办事处函,抄送陆懋勋致先生函。函云:"兹遵 126 号惠函,抄上陆冕侪君致兰翁函一份,希台阅。"[《盛竹书致总办事处函》(1916 年 12 月 21 日),上海市档案馆藏:Q268—1—98]

是年　协助浙江兴业银行"建立集权董事会及总办事处

制"。(《茅奓自订年谱(上)》,第 38 页)

是年 家中塾师"改延何叔平从弟何伯群课读吉、养等",陈叔通幼子循善附读。(《茅奓自订年谱(上)》,第 39 页)

是年 住上海德福里。(《茅奓自订年谱(上)》,第 38 页)

是年 自订年谱记,上海"米价平均七元一角二分"。(《茅奓自订年谱(上)》,第 39 页)

1917 年(民国六年) 45 岁

3 月

31 日 闰二月初九日申时,子项冲(字怡如)生于上海寓所。(《茅奓自订年谱(上)》,第 40 页;《先姊项夫人墓志铭》)

6 月

是月 为杭州电灯公司曾借欠兴业银行用款事,亲往杭商办法,寓浙路清算处,结果商定由行方派员监理财务,按照预算督视用途,电灯公司代表为俞丹屏。(《茅奓自订年谱(上)》,第 40 页)

7 月

20 日 张元济与李宣龚约先生、吴寄尘、沈涛园、周采臣、徐乃昌、李道衡、盛竹书、叶景葵、徐寄庼等在一枝香晚餐,但先生未到。(张元济:《张元济全集》第 6 卷,商务印书馆 2008 年版,

第233—234页)

31日 叶景葵在北京为协领交通银行钞票事致函先生、蒋抑卮,云:"与交行订立领钞合同,须先与董事会商明是否可行,如可行请与弟全权代表,弟则要求于抑卮、澹如二人中选一人来京做参谋(能偕来更好,说定后候弟电即来),因弟于营业计画不甚精明也。"(《浙江兴业银行》,第192页)

是月 张勋复辟,不数日失败。自订年谱载:"张勋与各省代表在徐州开会,副总统冯国璋辞职。七月张勋拥溥仪在京宣告复辟,大总统黎元洪临时避地日本使馆,电令各省出师讨伐,并请副总统代行大总统职权。各省反对复辟,冯国璋、段祺瑞马厂起义率师讨逆,不数日张败,遁荷兰使馆。黎由日使馆回邸,通电去职,冯继任,黎出京还津私宅,一场傀儡戏于焉告终。"(《茉苳自订年谱(上)》,第40页)

夏 项仲雍、项叔翔两子暑假回上海,仲雍贪阅福尔摩斯侦探小说,忽患昏厥症,后经诊疗,痊愈。自订年谱云:"雍、翔两儿暑假回南,雍儿贪阅福尔摩斯侦探小说,十二册两日阅完,忽患昏厥症,延叶蓬伯来诊,并觅推拿医生王松生一推即愈。"(《茉苳自订年谱(上)》,第40页)

8月

是月上旬 叶景葵在北京致浙江兴业银行总办事处密函,云:"交行合同已开议数次。大约五成现金,年息三厘五,二成半债券,二成半空额。其余关于防害之点,均已订明,较中国(银行)合同尤妥当。附上我处所订之初稿一本。现在争点在第十条,我处已让至照中国(银行)原文矣。"并请代告先生。(《叶景葵年谱长编(上)》,第358—359页)

9 月

10 日　晚,与叶景葵、徐寄顾合约张元济等在一品香聚餐。
(《张元济全集》第 6 卷,第 255 页)

10 月

10 日　熊希龄为请代为转运在沪各处赈灾物资致上海红十字会暨叶揆初、先生电:"上海二马路红十字会、大马路浙江兴业银行叶揆初、项兰生两先生鉴:京畿灾赈,凡南省官商各处捐助棉衣等件,均有电询交地点,惟敝处甫经开办,尚未在沪筹设转运机关,拟恳尊处代为经理,转运至京石驸马大街本处,及津造币总厂分处,以便散给。如荷允准,即乞电复。再,轮路运输免费,及海关免税事,现正商交通部、招商局、税务处等处,俟决定后,另奉布。督办水灾河工善后事宜熊希龄。蒸。叩。"(周秋光编:《熊希龄集(6)》,湖南人民出版社 2008 年版,第 116 页)

12 日　回熊希龄 10 日电,云:"揆公赴哈,委代经理赈务,敝处运储,一切人地均属不敷,请专托红十字会办理,藉资熟手。"①(《熊希龄先生遗稿(3)》电稿三,第 2237 页)

是月　赠安定中学校运动优胜杯一只。(《三十年来之经过》,《浙江省杭州市私立安定中学之三十年》,1932 年,第 16 页)

11 月

6 日　交通银行总管理处钞券课主任谢霖致叶景葵函,并问

---

① 　时间为熊希龄收信日期。

候先生及蒋抑卮。(《浙江兴业银行》,第 197 页)

14 日 谢霖为浙江兴业银行领用兑换券事致函先生、叶景
葵。云:"揆初、兰生先生阁下:径启者,顷接十一月十日贵行公
函,敬悉。此次尊处领用敝行兑换券,原拟改发国币新券以利推
行,嗣因此项新券尚有别种问题,一时未能发行,故十一月六日
弟曾以私人名义致函揆公,请将敝行正式复函及兑换券样本五
种退回,想荷台洽有复在途。兹将尊处公函一件计四纸附还,即
祈察入。所有领用兑换券应行商榷各事,容俟前函及票样收到
后,另具公函接洽。"(《浙江兴业银行》,第 198 页)

19 日 谢霖为浙江兴业银行领用兑换券事复函先生、叶景
葵,云:"揆初、兰生先生阁下:径复者,本月十四号曾布寸缄,附
缴尊处公函一件,计四纸,谅邀台洽。兹奉十二号揆公手示,祗
聆一切,寄还原函及券样一并照收。另有公函寄上,即希察及。
所有贵行应领各券,现正赶速加印,一俟印就,即当运沪。再,上
次揆公及抑之先生在京述及,贵行自备之二成半现金准备,亦拟
以营业存款性质存在各地敝行一层,闻之实深感荷。当时敝协
理曾以对于此事彼此交换公函以凭彼此转告各行相恳,业邀概
诺,此事似由贵行先行寄函来京再由敝行答复较为合宜。如何
之处,尚乞示知为盼。"(《浙江兴业银行》,第 198 页)

23 日 叶景葵复谢霖函,并转达先生对谢霖的问候。(《浙
江兴业银行》,第 199 页)

是月 安定中学学生赠先生"佑启后学"银杯一只,以志景
仰。(《三十年来之经过》,《浙江省杭州市私立安定中学之三十
年》,1932 年,第 16 页)

12 月

6 日　谢霖复叶景葵函,并问候先生、蒋抑卮。(《浙江兴业银行》,第 199 页)

是年　王钦嫡母甘太恭人逝世,先生赠送登仪。(《王母甘太恭人哀挽录》,1917 年,第 121 页)

是年　为安定中学十五周年纪念撰祝辞:"吴山崒崔,渐税淳澄,乃启黉序,育天下英,孰尸其功,缔造经营,安定有后,高义峥嵘,愧我多故,熹彼善赓,既绝复续,才擅论衡,恢之弥廓,维太邱生,云合风会,目注心綮,大义自动,先民是程,骎骎者马,斯迈斯征,如彼明月,三五而盈,我自歇浦,遂听风声,式摛无词,用志光荣。"(《祝辞》,《浙江私立安定中学校十五周纪念录》,1917 年,祝辞第 2 页)

是年　住上海德福里,在浙江兴业银行任职。(《茮麓自订年谱(上)》,第 40 页)

是年　开始蓄须。(《茮麓自订年谱(上)》,第 40 页)

1918 年(民国七年)　　46 岁

2 月

24 日　下午三时,参加浙江兴业银行重员会议,与会者还有董事长叶景葵、办事董事蒋抑卮、申行总经理盛竹书、杭行总经理张善裕、汉行副经理王稻坪、津行总经理潘履园、京行总经理汪卜桑、申行副经理徐寄庼、申行副经理杨介眉、京行副经理朱趾祥,共 11 人。(上海市档案馆藏:Q268—1—174,李国胜:《浙江兴业银行研究》,上海财经大学出版社 2009 年版,第 214 页)

26 日 谢霖为浙江兴业银行领用兑换券事致函叶景葵,并问候先生。(《浙江兴业银行》,第 201 页)

是月 制定浙江兴业银行行员保险规程,共 16 条,"以奖励储蓄兼寓酬恤为宗旨"。规定:"此项保险金除董事、监察人外,凡总办事处及本行支行,分庄各行员均须于每月薪水及本年所得之酬劳金内,按月提取之。""保险以十年为一期。满期凭收条及保险证全份取款。其在限内身故者,一俟接到身故之确据,即可照赔。"保险金提取标准为:"(1)在每月薪水内提取者,甲等职每月提 10%,乙等职每月提 8%,丙等职每月提 6.5%,丁等职每月提 5%;(2)在本年酬劳金内提取者,酬劳金在 1,000 元以上者提 20%,酬劳金在 500 元以上至 1,000 元者提 15%,酬劳金在 100 元以上至 500 元者提 10%,酬劳金在 100 元以下者提 5%。""照上列标准外,如愿增加若干者,听其增加,至多之数以每月所得薪水及每年所得酬劳金为限,但必须确定数目,按期照缴,逾期者应偿还银行常年八厘利息。"[《茮棻自订年谱(上)》,第 40 页;《浙江兴业银行行员保险规程》(戊午正月定),上海市档案馆藏:Q268—1—30]

是月 采仿海关章则,创年资薪水制,借以作浙江兴业银行职工婚丧老病之保障,兼以鼓励持久心理(每工作满六年,多给六个月薪,十二年为一年,依此类推,每隔六年一发),订立各种

待遇新章。① (《茅叒自订年谱（上）》，第 40 页)

4 月

30 日　致电叶景葵、蒋抑卮，指出"沪中行发国币券，兑付龙洋，已发表"，中国银行要求将浙江兴业银行向其所订 30 万江苏券改为上海国币券，以便推广，浙江兴业银行上海本行副经理徐寄顾表示同意。(《浙江兴业银行》，第 182 页)

5 月

1 日　叶景葵、蒋抑卮联名复沈新三、先生函，通报与中国银行交涉领用兑换券事项。云："昨奉电报，以中国沪行发行国币券，欲将江苏三十万改为上海地点。此事万难办到。因前次商领兑换券百万元时，公权执持不肯，推在分行。后因丹崖登台，向我借款，遂乘隙要求领取兑换券，以为交换条件。公权无奈，答应先领一百万元，仍推之总裁，须弟等与马二先生面洽。不料马二先生爽爽快快一口答应，江苏三十万、上海七十万。弟等遂正式去函订领。不料公权又以专领上海七十万，恐上海又有口舌，欲我行各处分领。弟等与之交涉再四，谓津、汉两处已领之券，尚未用罄，我行订此合同，系为利益，不能兼顾感情，领他行不急待用之券，置利益于不顾。后调停至江苏领四十万、上海六十万。公权坚持上海止能五十万，卒以杭州十万、上海五十万、江苏四十万定局。不料正式来信，江苏三十万，上海五十万，津、汉各十万。弟等又与公权面商，渠谓津、汉不领，沪中国必多口

---

①　此条在《茅叒自订年谱》中无月份，根据《浙江兴业银行行员保险规程》等制度颁布的时间判断，应在 2 月。亦可参见《叶景葵年谱长编》1918 年 2 月的条目。

舌,以后再领百万元,上海地点,势必为难。言之似亦有理。遂决定上海五十万,江苏三十万,杭州十万,津、汉各五万,昨日已正式去函订定矣。往来函件附奉台阅。七年公债四、五、六三个月利息,闻得虽在六月卅日去买公债,亦能得此三个月之息,兹待从缓购买,多取一个月星期存息也。公债票每千元一张,已与京行接洽矣。弟等俟中国正式覆函到后,即拟赴汉。此复。"(《浙江兴业银行》,第182—183页)

夏 暑假项仲雍、项叔翔南返,仲雍又病。(《茅奓自订年谱(上)》,第40页)

10 月

23 日 晚,绍兴诸暨人陆某捏造诸暨贻康典陈时杲致先生函,函内附票根计洋五百元,又附上杭州某庄汇票一纸,计洋五百元。其一面请先生凭票根付洋,一面请先生将杭州庄票取回抵偿。不料贻康典陈时杲正因事来沪,先生即将原函持往询问,得知捏造。(《冒名图骗银行》,《时事新报》1918年10月26日,第10版)

25 日 绍兴人骆子铨私造假支单冒签陈时杲之名,串令镇江人鲍仲明向浙江兴业银行图骗洋五百元一案,在公共公廨审理。鲍仲明向银行取款时,先生识破并报告捕房,捕房将骆、鲍两人拿获,连同伪支单带入捕房。先生要求严究私造支单冒名骗洋的行为,公共公廨裁定,骆子铨冒骗罪已成立,判押西牢二年,鲍仲明无干开释。(《承认假造支单》,《申报》1918年10月26日,第11版)

11 月

7 日　赴上海徐家汇松社,参加蔡松坡逝世二周年公祭活动,与祭者还有宋汉章、叶景葵、钱新之、李宣龚、张元济、沈蕴石等。(《蔡邵阳二周年纪念》,《申报》1918 年 11 月 8 日,第 10 版)

20 日　浙江兴业银行申行徐寄顾、杨介眉致总办事处函,云,泰亨源金号以金条订做活期押款"叁万两,息按九两计算",请总行核示。总办事处批示[①]:"请即许做。"[《浙江兴业银行申行致总办事处函(处字第 130 号)》(1918 年 11 月 20 日),上海市档案馆藏:Q268—1—101]

22 日　浙江兴业银行申行徐寄顾、杨介眉致总办事处函,报告沈扬显户要求押款转期事。函云:"押款沈扬显户以四年公债票玖百零伍元,押洋二百伍拾元,系戊午四月十四日订做,十月十四日到期。兹又自十月十六日起,商转期六个月,并要求照原押品加押洋壹百元。查照通函一四七号函,时期已逾一年以上,应候董会通过,特此奉达,敬候示后。"总办事处批示:"即由敝处并报董会可也。"[《浙江兴业银行申行致总办事处函(处字第 132 号)》(1918 年 11 月 22 日),上海市档案馆藏:Q268—1—101]

26 日　浙江兴业银行申行徐寄顾、杨介眉致总办事处函,提议存户取款添备一种取款条,以免流弊。函云:"我行往来随时储蓄,嘱托四种存款。顾客有凭折取款而兼用印章者,向来加盖印章于存折之上。惟恐有遗失、冒取等弊,殊不足以昭慎重。兹拟添备一种取款条,凡顾客凭折取款而兼用印章者,嘱其另盖印

---

①　叶景葵 11 月 20 日抵达北京,12 月 4 日从北京返回,离沪期间,总办事处批文皆由秘书长项兰生办理。

章于印鉴条上,交行存查。俟取款时填具取款条加盖印章方可取款,不得于折子上盖章,以免流弊端。"总办事处批示:"敝处此次所印存折,已将存户图章删去。尊拟取款条甚合宜,当即一并策订可也。"[《浙江兴业银行申行致总办事处函(处字第133号)》(1918年11月26日),上海市档案馆藏:Q268—1—101]

是日 浙江兴业银行京行汪卜桑致总办事处函,代转叶景葵指示。函云:"阳历本月29号中行押款到期,共为二拾万元。内拾万系在上海交付。已于今日向该行取到汇票寄交申行,届期往取。其京津合做之拾万元,顷与该行相商,即以押品之京钞扣算。共计敝处向该行购入京钞二十五万元,按四七八五合现洋拾壹万玖千陆百二十五元(今日市价四八,此系格外情商之价)。彼此钞洋不足之数,互相找算。所有购入之京钞二拾伍万元,揆公面嘱代尊处购进,备抵五十二万七年公债之用。以上钞洋俟二十九号成交之后,再行收付尊册。至此项垫款敝处近日用途较大,难以久垫。尊处拟如何筹还,是否由敝处在京收做汇票,抑由申行划还?查申洋与京洋,近日相差甚钜,照市核算每百元约差壹元五角之谱,合计相差洋二千元左右。如果以申洋划还,应如何弥补之处。亦乞酌示,以便遵行。"总办事处批复:"总处无规元账。此项尊垫之款最好设法改做洋元汇票,在申行支付抵冲,免致吃亏。请台洽,并望转告津行。"(《叶景葵年谱长编(上)》,第390页)

27日 浙江兴业银行申行徐寄顾致总办事处函,提议制定各分行间行员及顾客支款规则。函云:"本行分行既多,行员实繁,兼以往来多年之顾客亦各行均有。往往有甲地之行员或顾客,在乙地支用款项,而乙地贸然照付,即付甲地之账。究竟该行员或顾客于甲地是否有存款作抵,未惶计及,殊觉未便。且账目纠葛尤为困难,亟须规定办法,以便遵行。如有甲地之顾客、行员,赴乙地用款,非先得甲地之凭函,关照乙地不得照付。乙地对于该顾客或行员有可以支款之信用,即行付款。委托甲地代收者是乙地直负其责,甲地对于此种款项,并无负何等责任。如是则甲乙两地或不至发生困难。至如甲地行员、顾客向甲地支款,嘱付乙地行员、顾客之账者,是否已得乙地行员、顾客之允许,尚未可知。此种办法亦应先由乙地行关照者为妥。应请迅赐分别规定,通函各行,俾有遵循为幸。"总办事处批云:"尊论极是。当由敝处拟订办法,通函各处可也。"[《浙江兴业银行申行致总办事处函(处字第 135 号)》(1918 年 11 月 27 日),上海市档案馆藏:Q268—1—101]

是日 浙江兴业银行徐寄庼致总办事处函,报告银行团合做押款事。函云:"顺昌轮船公司营业发达,信用素佳,现该公司拟以轮船向中国银行团订做押款规元二拾五万两。所议大略办法:(一)息按月九厘二五计算;(二)此项押款自八年一月起,每月归还押款本银二万五千两,以十个月为限;(三)该轮系租与香港同兴公司,每月租金约有港洋五六万元可收,每月除应付银行团息金及归本二万五千两外,余由顺昌公司收入;(四)此项租金由顺昌与同兴订立归银行团每月收取,银行团方面亦延律师向同兴订明,银团中公推交通银行香港分行为收取此项租金机关;(五)此二五万分配之数为:四明陆万,交通五万,浙江、上海、中华及我家四家各叁万,中孚二万;(六)总合同由上海银行出面,请哈华托律师与顺昌订立,再由受押各银行延哈华托律师自行订立合同分执;(七)所有押件、契据因四明押数最多,议归四明保管。查此项押款本不在本行收做之例,惟念押品所收之租金,既甚可靠,且为银行团所合做,一切手续复经律师订定,更询明该公司订做此项押款,为年终归还各银行透支款项及押款之用,我行亦有押款透支关系,亦为一举两得。合行奉达,是否可行,即乞察核见示,俾便遵行。"总办事处批云:"银行团合做押款办法甚妥,请即订做。大合同及分合同订定后,均请录底存查。至押款透支,应如何设法使之缩小,悉请卓才酌办。"[《浙江兴业银行申行致总办事处函(处字第 136 号)》(1918 年 11 月 27 日),上海市档案馆藏:Q268—1—101]

28 日 浙江兴业银行申行徐寄庼、杨介眉为浙江银行拆款事致总办事处函,函云:"本日拟拆与浙江银行活期元叁万两,息按八两五钱计算。查照营业规程第四条戊项第二节,应候核示遵行。"总办事处批云:"请即照做。"[《浙江兴业银行申行致总办事处函(处字第 137 号)》(1918 年 11 月 28 日),上海市档案馆藏:Q268—1—101]

是 日 浙江兴业银行津行潘履园致总办事处函,云:"奉董事长函知,尊处向敝行借京钞三十万元,为购买七年公债之用等因。兹按十月二十二期代交京行京中钞二十万元,京交钞拾万元,均付入前京中交户,祈台洽照记为荷。"总办事处批云:"所借京钞卅元已收……此款容稍后即陆续购还。"[《浙江兴业银行津行致总办事处函(处字第 61 号)》(1918 年 11 月 28 日),上海市档案馆藏:Q268—1—755]

29 日 叶景葵在北京致电浙江兴业银行总办事处,要求"将申九万合元收京册"。[《叶景葵致浙江兴业银行总办事处电》(1918 年 11 月 29 日),上海市档案馆藏:Q268—1—749]

是 日 浙江兴业银行申行徐寄庼、杨介眉为三菱银行拆款事致总办事处函,函云:"本日拟代津行拆与三菱银行活期元叁万两,西[息]利一分计算。查照营业规程第四条甲项第九、十节,仍候核示遵行。"总办事处批云:"请申行做。"[《浙江兴业银行申行致总办事处函(处字第 138 号)》(1918 年 11 月 29 日),上海市档案馆藏:Q268—1—101]

30 日 先生复叶景葵 29 日电。云:"此款已告申行,暂收尊元册。惟照此办理,洋厘相差必钜。尊处如能设法觅做洋元汇票,仍希照冲账办法行之申行,一面亦可随时改转也。"(《叶景葵年谱长编(上)》,第 392 页)

12 月

2 日 浙江兴业银行津行潘履园为调用申款事致总办事处函,云:"尊处为对外对内统筹之计至深钦佩。查敝行现存申行规元柒万余两,此款拟暂不调用,即由申行代做短期拆款,以厚势力。敝行目前如无大宗用场,尚可不调申款。惟日前蒋抑翁过津时所谈押款事,利息甚优,如果实行,敝处亦拟加入承做,此时恐须酌调申款备用。又万一将来因户市影响所及津市亦见紧急,敝处需用款项时,再行电商办理也可。请即转告申行接洽为荷。"总办事处批:"日来申行正以解款过多且往来存户等亦纷纷支用",现银"供不应求",来函云以现存之"七万余两暂不调用",津行顾全大局极佩公谊。倘津市需用"可随时电商办理押款","通盘筹画目前恐我行难以照办,大宗汇款仍盼随时留意"。[《浙江兴业银行津行致总办事处函(处字第 63 号)》(1918 年 12 月 2 日),上海市档案馆藏:Q268—1—755]

3 日 叶景葵在北京致电总办事处,云:"兰电悉。尚短卌。暂停购。葵。"(《叶景葵年谱长编(上)》,第 393 页)

是日 浙江兴业银行申行徐寄顾、杨介眉致总办事处函,报告分行准备金调申等事。函云:"分行准备金调申事,荷开示杭行来函,允以代拆之壹万两抵作协济,谨洽。""信用放款汪叔明户,旧欠洋二百拾二元九角七分,前由本人商允蒋抑卮先生以京中交钞如数归还,作为偿清。其京中交钞折亏为捌拾五元壹角七分,拟即付入杂损益户。是否,乞核示为盼。"总办事处批:"汪叔明户以京钞归还,其折亏之数,请即付杂损益户可也。"[《浙江兴业银行申行致总办事处函(处字第 141 号)》(1918 年 12 月 3 日),上海市档案馆藏:Q268—1—101]

是年 家中塾师由施静波代理。(《茅奓自订年谱(上)》,第 40 页)

是年 住上海德福里,在浙江兴业银行任职。(《茅奓自订年谱(上)》,第 40 页)

1919 年(民国八年) 　 47 岁

2 月

2 日 将冯耿光、张嘉璈复叶景葵函转告浙江兴业银行天津分行经理潘履园。一月底,冯耿光、张嘉璈复叶景葵函云:"接奉二十三日惠函并清单一纸,均经诵悉。查敝行天津新券现定二月六日发行,所有贵行需换之券,前经函饬敝津行照数预备,陆续送交贵津行。惟为期已近,同时发行,深恐不及。好在敝行旧券仍照常通用,尊处如须加印,尚不致十分局促也。"先生批注:"已于初二日快函告潘经理[①]矣。"(《叶景葵年谱长编(上)》,第

---

① 潘经理为时任浙江兴业银行天津分行经理的潘履园。

397—398 页)

是月初 长女项浩嫁钱天鹤(字安涛),全家返回杭州,住祖庙巷,在清华旅馆宴请宾客,嫁费连川资等共 3000 元。钱天鹤为安定中学堂第五届毕业生。(《茾宅自订年谱(上)》,第 41 页)

是月底 项浩婚礼三星期后,返回上海。(《茾宅自订年谱(上)》,第 41 页)

3 月

是月 蔡焕文接家眷至上海,租马霍路德福里房屋,与先生同里。(《蔡渭生自编年谱》,第 24 页)

4 月

28 日 叶景葵请先生向马寅初转达浙江兴业银行聘其为总办事处特聘员的诚意。(《叶景葵年谱长编(上)》,第 401 页)

5 月

4 日 北京学生火烧赵家楼曹汝霖宅,闻毁曹宅者有蔡海观。(《茾宅自订年谱(上)》,第 41 页)

6 月

4 日 安定同门会公推先生及胡藻清、胡彬、陈纯、阮性存、钟毓龙、张相、王梦曾等为该会名誉赞助员。(《安定同门录》,时间不详,第 41、53 页)

7月

4日　捐银 20 元,赞助安定同门会。(《安定同门录》,时间不详,第 45 页)

春夏间　致函蔡焕文邀请其到浙江兴业银行工作。(《蔡渭生自编年谱》,第 23 页)

8月

是月　岳父病,陈夫人自上海回诸暨枫桥省视,月余返沪。(《茮峇自订年谱(上)》,第 41 页)

9月

1日　浙江兴业银行与货栈业主陈理卿签订租用货栈合同,先生为货栈业主方见证人之一。合同规定:"本合同订于中华民国八年九月一日(己未年闰七月初八日),一造为货栈业主陈理卿及其继续人(后简称业主),一造为上海浙江兴业银行及其继续人(后简称承租人)。兹因业主将自置货栈一所及其附属之苏州河码头,坐落成都路一百七十二号,英册一千三百五十号及三千一百六十四号(后简称货栈),完全租与承租人,承租人亦愿完全领租。"合同十年为期,至 1928 年 8 月 31 日止。每月租费元 300 两,每月初一日预先交付。两年之内业主不得加减租费,两年之后每二年可按照市面情形商议增减,惟增减数目不得在每月 50 两以上。如合同期满,如承租人愿意继续租用,业主亦可照办,惟承租人须于三个月以前通知业主,另订合同。(《申行致总办事处函》(1919 年 9 月 18 日),上海市档案馆藏:Q268—1—103)

10 月

21 日 下午五时,王一之、李昭实结婚典礼在一品香举行,先生与李宣龙二人主婚。(《王一之李昭实结婚》,《申报》1919 年10 月 22 日,第 11 版)

冬 项仲雍、项叔翔在清华学校读高等科半年后,决定辍学从商,返回上海。(《茅奆自订年谱(上)》,第 41 页)

是年 在杭州杭县路宅基地建房。自订年谱云:"青年路基地自绘图样,建杉木五开间楼屋暨东西平厢各三间,订约由徐有生承包开建,包价九千八百余元(后来添建小洋房,嗣又陆续增建花厅等均不在内)。"(《茅奆自订年谱(上)》,第 41 页)

是年 家中塾师改延安定学生周成伟课读。(《茅奆自订年谱(上)》,第 41 页)

是年 住上海德福里,在浙江兴业银行任职。(《茅奆自订年谱(上)》,第 41 页)

1920 年(民国九年) 48 岁

年初 杭州青年路新屋落成。(《茅奆自订年谱(上)》,第 42 页)

3 月

是月 家眷迁回杭州新屋。(《茅奆自订年谱(上)》,第 42 页)

是月　寄居上海浙江兴业银行五福里宿舍,后移至浙江兴业银行三楼。(《茅枟自订年谱(上)》,第42页)

4 月

2—7 日　孙江东逝世后,先生与叶景葵、蒋抑卮、陈汉第等在上海《时事新报》上登载启事,号召孙江东好友致送奠金。启事内容为:"孙江东先生好友诸公钧鉴,江东先生患胆石症于阴历二月十二日病殁沪寓,孙君家景萧条,子女二人方在幼龄,身后所需极为困难,除由孙氏登报讣告不另分讣外,凡与江东先生友好诸公,如有赙赠,敬乞致送奠金(由北京、上海、杭州各浙江兴业银行转交),俾得集腋成裘,勉资赡养,同人等曷胜感幸。叶揆初、项兰生、蒋抑卮、陈仲恕、陈叔通、李馥荪、许缄甫、董哲艿、胡济生、金九如、寿拜庆、张云雷同启。"(《孙江东先生好友诸公钧鉴》,《时事新报》1920年4月2日,第1版)

7—11 日　孙江东逝世后,先生与叶景葵、蒋抑卮、陈汉第等在《申报》上登载启事,号召孙江东好友致送奠金。启事内容与《时事新报》上同。(《孙江东先生好友诸公钧鉴》,《申报》1920年4月7日,第1版)

18 日　被选为浙江兴业银行董事会董事、常务董事。自订年谱云:"吾亦于股东会中当选董事,会后推兼常董(兴行规定董事资格股为五千元,由揆初借作),虽非吾所愿,为逐步脱身计,亦不得不尔。"(《茅枟自订年谱(上)》,第42页;《叶景葵年谱长编(上)》,第420—421页)

是月　岳父陈遹声病。(《茅枟自订年谱(上)》,第42页)

5 月

16 日　陈夫人归省,晤面时,岳父已不能言。(《茅奠自订年谱(上)》,第 42 页)

17 日　岳父陈遹声逝世。(《茅奠自订年谱(上)》,第 42 页)

19 日　岳父陈遹声大殓。(《茅奠自订年谱(上)》,第 42 页)

8 月

6 日　叶景葵致函先生、蒋抑卮、沈新三等,就元丰公司债务问题提出了五点看法。云:"附来业产公司草章一分,业产公司与各债权人合同草案一分,业产公司办法草议一分。弟已详加披阅,有数问题须讨论者列下:一、业产公司集得实款二十万两,而填五十万两之股票,在法律上公司不能成立,则银行团对于业产公司之债务发生疑问。二、业产公司以其股票抵借二十万两,如何以收到之元丰产业作为完全抵押品。三、如以元丰产业作抵押品,则无论变卖全部分或一部分,当然先还银行团之借款,不能与公司股东按数匀摊。四、业产公司以四十万两赎回安利所得元丰抵押品,及收入未经抵押之各产。安利即以此四十万两归还所欠庄款,而元丰继续经费仍归无着。未知安利如何办法?五、产业公司将旧欠搁起,另集股本二十万两以救济之,又担负二十万两之债务,其所仗以清还者为蛋厂之余利。以后蛋厂能得若千余利?及文衷所经营布置之厂,务能否于大伤元气后再获余利?此层须详细研究。"要求"详细讨论","再开董事会公决"。[《叶景葵致蒋抑卮、项兰生、沈新三、孙人镜函》(1920 年 8 月 6 日),上海市档案馆藏:Q268—1—79]

9 月

20 日　杨介眉致函先生及沈新三、蒋抑卮等,告知已向叶景葵提出辞去浙江兴业银行总行副经理一职,拟于明年春夏间赴美游学、考查、实习,为期 3 年。函云:"追随左右两载于兹,自维葑菲,无补行务,每思世事与人材竞进,文化资考查而明,非游先进之邦不足详知实况,如祺不学,何以图存? 服贾以来,十有八载,此心未艾,只以阮囊羞涩,不得成行,仰给资助,又恐束缚,蹉跎至今,所志未成。兹得舍亲允假巨款,拟于来年春夏之间往美游学、考查、实习,三年为期,已具函恳请揆初先生解去祺申行副经理一职,另觅替人,所有经手事件,当在年内办清。区区下忱,当蒙鉴谅。惟不能始终行务,抱歉万分,未获效力于今日者,或可图报于将来也。"(上海市档案馆编:《上海银行家书信集(1918—1949)》,上海辞书出版社 2009 年版,第 3 页)

10 月

6 日　晚,浙江兴业银行总办事处沈新三、项兰生致电汉口浙江兴业银行,云:"元丰事顷董会议决,无论多少,决不垫款,办法函详。"同时又致电盛竹书,由汉行转达。[《史晋生致沈新三、项兰生函》(1920 年 10 月 7 日),上海市档案馆藏:Q268—1—79]

7 日　史晋生[①]为垫款等事致总办事处沈新三、先生函。云:"查元丰事一切为难情形,已详昨日致揆公函中,想荷洞鉴。

---

① 史晋生(1862—1946),名致容,字晋生,以字行,浙江镇海人。浙江兴业银行大股东,1914 年任浙江兴业银行汉口分行总经理。

尊处先后来电对于元丰后事嘱拒绝垫款,并劝竹老弗任董事。其拒绝垫款与鄙意正相吻合。因十七日督署会议,各银行各钱庄均已一致承认,官钱局亦允维持。弟当时同在席上,实有不得不允之势。若果否认,立即瓦解。对于文凭固毫不足惜,但为大局计,各家既允维持,我行似难独异。惟数之多寡须再斟酌。叠经据情函告揆公,现若再事变更,我行特为众矢之的。且各债权之赞成与否,实视我行之态度为转移。至尊处不愿垫款确是正办,而弟因迫于众议不能表示反对。再四筹思,惟有缩小数目之一法。故定为二万两。此项垫款现暗中已有殷实之人担保,期限亦与众不同,定为六个月,因于本日上午发奉一电……务气俯赐照准。"又为盛竹书任保元董事一事说情,云:"各债权人要求竹老列名者,实有借重之意。竹老不任董事,大局亦即分裂,势成骑虎,情非得已。现拟稍作句留,续假一月,得诸事赶紧料理,稍有头绪,即行遄返,当不致逾期也。"[《史晋生致沈新三、项兰生函》(1920 年 10 月 7 日),上海市档案馆藏:Q268—1—79]

8 日 史晋生为保元公司垫款等事致总办事处沈新三、先生函。云:"顷奉尊处来电,译悉为:'电悉。董会议决不加入即系不承认保元,故垫款敝难通融,仍照昨电办理。乞谅。'查该电系揆公具名而前日来电,有谓揆、抑二公定廿六日北上,未识究竟如何。保元之事,弟本亦不赞成,而允垫之款敝处为,并非为竹老而垫。实因十七日督署会议,弟迫于众议,先经允许。而尊处议决在后,以致两歧。既已承认,殊难食言,若果变更,不特敝处被人指摘,即弟个人面子实属为难。"并希望董事会"格外通融"。[《史晋生致沈新三、项兰生函》(1920 年 10 月 8 日),上海市档案馆藏:Q268—1—79]

10 日 史晋生为盛竹书允诺为保元公司垫款并担任董事长

168

等事致函叶景葵,并先生、蒋抑厄、沈新三等人。史晋生认为:
"木已成舟,惟有急事缓处。所最难者,竹兄年逾花甲,事处逆
境,近日形容憔悴,有大有性命之忧,深为可怕。弟本欲即日来
沪面商办法,乃稻坪病尚未愈,调理需日,徒深焦灼。用再专函
奉读。彼此多年老友,务恳鼎力筹一两全之策,籍免为难。"[《史
晋生致叶揆初函》(1920 年 10 月 10 日),上海市档案馆藏:
Q268—1—79]

11 日 与沈新三复史晋生函,重申董事会决议。函云:"揆、
抑二公昨晚北上,不久南旋。""此间董会之议,对于加入元丰及
竹公兼任保元董事,讨论甚久,一致认为有碍本行名誉……连日
所发函电想均荷察及矣。至竹公兼任董事,利害所在事势使然,
此间众议一致反对,亦因交谊为当然之忠告,迅请劝竹公俯从众
言,卸除责任。公谊私交,均所厚奉。"(《八月三十日覆史晋生先
生函》,上海市档案馆藏:Q268—1—79)

12 日 与沈新三复史晋生函,再次通报董事会决议,对保元
公司不予承认,对于垫款唯有另觅妥人出面,"交物品作抵六个
月"。(《九月初一日复史晋生先生函》,上海市档案馆藏:Q268—
1—79)

16 日 杨介眉致蒋汝藻、徐寄庼、胡祖同等函,为盛竹书说
情,并祈转请沈新三与先生,及董事诸公,致函叶景葵、蒋抑厄代
为转圜。函云:"总之,误会既多,疑窦丛生,弟此行首在解释疑
团,并恳揆公念十余年交情,展宽下台期限,并向中行转圜。若
中行无转圜之余地,不但后二十万无着(内有官钱局等均以中行
之马首是视),中国、中孚必向竹公索还四万两,而十六万之债权
人又岂肯放松?此机若朝发,竹公之命即朝去固不及待夕矣,又
何台之能下?故目前之危险已达万分。为祈转请新三、兰生二

公及董事诸公,致函撰、抑二公代为转圜,尤望公等速将详情转达为叩。"[《介眉自京汉车中覆蒋徐胡三君函》(1920 年 10 月 16 日),上海市档案馆藏:Q268—1—79]

18 日 叶景葵在北京致沈新三函,附与蒋抑卮商议的处置汉行元丰押款事意见书,并要求将意见一并转达先生。函云:"新三先生大鉴:介眉抵京,述及竹兄上当为难情形,并代达晋兄意见为之缓颊。弟与抑兄斟酌再四,竹兄为难固不能不曲谅,而本行为难亦不能不兼顾。兹商定通融办法,另纸开呈。共计两分,乞即邀请董事、监察人开一谈话会,将经过情形详为说明。如赞成弟所条陈通融办法,即请正式函知竹、晋两公可也。至汉上细情有为笔墨所不能详者,请与介眉一谈便悉。……兰兄、镜兄均此。"并附处理意见:"(一)竹书先生辞职书现在不能提出董事会,因办事董事之意,总以竹书先生辞退保元董事为上策也。现经商定自即日起给三个月假期,期内速将保元公司董事正式辞退,彼时即将辞职书取消。(二)保元董事正式辞退后,应照来函办法登报声明,其词意大致:'鄙人前蒙保元公司举为董事,为维持实业,兼顾乡谊起见,不得不暂行担任。现因保元组织已有端倪,敝行事务纷繁,董事会以兼顾为难,坚嘱辞退保元董事,鄙人不得不遵从敝行董事会之意,已将保元公司董事正式辞退,合行登报声明。'(三)垫款两万,本难照准。惟迭经晋生先生函称曾经到会认许,难于取消,应照下开三条酌量通融办理:甲、已垫之一万应由来函所称妥实保人出面承借,本行不能与保元公司直接发生关系。乙、如甲条办不到,则未垫之一万即行中止。丙、如甲条可以办妥,则未垫之一万定于明年二月底交付。以上三项并附属三条,系因介眉先生来京述明为难情形,由撰初提出意见,经抑之赞成,俟函寄总办事处,交各董事、监察人接洽认许

后再行函达可也。"(《叶景葵年谱长编(上)》,第 438 页)

冬 项吉士投考上海圣约翰大学附中一年级插班生,由周成伟陪同去沪,获取。(《茉叟自订年谱(上)》,第 42 页)

是年 仍在浙江兴业银行任职。陆续物色继任人选,谋退,意中拟请蔡焕文为继任者,以特聘员名义聘来试用。(《茉叟自订年谱(上)》,第 42 页)

是年 继续延安定学生周成伟为塾师课读。(《茉叟自订年谱(上)》,第 42 页)

是年 项仲雍因病在家休养。(《茉叟自订年谱(上)》,第 42 页)

1921 年(民国十年)　　49 岁

1 月

4 日 以浙江兴业银行书记长名义致杨介眉函。[《致杨介眉函稿》(1921 年 1 月 4 日),上海市档案馆藏:Q268—1—78]

15 日 参加浙江兴业银行在总办事处召开的重员会议,讨论各行统一银元汇兑办法等。(《浙江兴业银行重员会议记录》,上海市档案馆藏:Q268—1—174—142)

28 日 杨介眉致叶景葵函,告到美国后的情形,并问候先生。(《上海银行家书信集(1918—1949)》,第 5 页)

2 月

3 日 为浙江兴业银行领用中国银行券事前往南京,到南京

后往羊皮巷王子鸿家小憩,当夜回沪。[①]（《茅棻自订年谱（上）》,第 43 页）

是日 夜,回沪途中遇贾果伯,知民国元年公债已决定整理。（《茅棻自订年谱（上）》,第 43 页）

4 日 晨,到上海浙江兴业银行。（《茅棻自订年谱（上）》,第 43 页）

10 日 叶景葵签署浙江兴业银行总办至各分行函,通报相关人事任命,云:"本处依照修正组织大纲,分设稽核、文书、发行、调查四部,以收分治之效。"先生以书记长身份兼任发行部主任。（《叶景葵年谱长编（上）》,第 452 页）

28 日 项浩在南京产一女,名宁一,生产过程甚困难,此为最长之外孙女。（《茅棻自订年谱（上）》,第 43 页）

是月 回杭州过年。（《茅棻自订年谱（上）》,第 43 页）

3 月

8 日 浙江兴业银行总办事处为换领兑换券事致王子鸿函,云:前承换下苏券拾万元,"兹再奉上废券柒万元,乞查照前函换领应用协商办法事",并告知拟嘱浙江兴业银行"申行积有成数"随时送宁掉换,毋庸再由总办事处加函,以省手续。如遇需商议的事件,"再由敝处随时与贵行接洽"。[②][《浙江兴业银行总办事处致王子鸿函稿》(1921 年 3 月 8 日),上海市档案馆藏:Q268—1—78]

---

① 《茅棻自订年谱》载,此条公历时间为 1 月,农历时间为"旧历十二月廿六日"。根据农历时间推算,公历时间应为 2 月 3 日。

② 该函由先生拟稿。

27 日　在浙江兴业银行召开第 14 届股东常会中,当选董事。新选举的董事还有刘锦藻、蒋抑卮、周庆云、沈新三、张澹如、陈理卿、陈叔通、潘履园,叶景葵、胡藻青照章选留旧董事。(《兴业邮乘》第 13 期)

28 日　在浙江兴业银行召开董事会会议中,当选为办事董事。当选办事董事的还有叶景葵、蒋抑卮、沈新三、陈叔通。又选叶景葵为董事长。董事会议议决,由潘履园兼任哈行经理,所遗津行经理由顾逸农接任。[《浙江兴业银行总办事处通函第306 号》(1921 年 3 月 29 日),上海市档案馆藏:Q268—1—59]

是日　浙江兴业银行总办事处为汉口分行事致王稻坪函,云:"今日董事会会议,夏逵臣对于作弊手续与去年汉行所报情形,以为抑系悬揣之词,不能认为正确。究竟当时如何舞弊,与收款科如何经过或竟有出于意料之外者,事非澈底查询,不能得其真相。即请足下专诚附车赴余姚韩夏镇向夏逵臣当面询明经过各情节,回申时详晰报告。"①[《浙江兴业银行总办事处致王稻坪函稿》(1921 年 3 月 28 日),上海市档案馆藏:Q268—1—78]

29 日　浙江兴业银行总办事处致函上海、杭州、汉口、北京、天津等分行,告知第 14 届股东常会以及董事会会议结果。先生与叶景葵等五人当选办事董事,叶景葵当选董事长。(《浙江兴业银行总办事处通函第 306 号》(1921 年 3 月 29 日),上海市档案馆藏:Q268—1—59)

30 日　浙江兴业银行总办事处致王稻坪函,询"何日可以到

---

①　该函由先生拟稿,函稿落款无时间,根据稿件中"今日董事会会议"等内容判断,时间为 3 月 28 日。

部①接事"。② [《浙江兴业银行总办事处致王稻坪函稿》(1921年
3月30日),上海市档案馆藏:Q268—1—78]

4月

1日 浙江兴业银行总办事处为旅费事致吴君复函,云,李
鸿熙、吴永安定于4月3日早9点30分,从上海启程赴哈尔滨,
请"执事准期同行,附上旅费洋捌拾元,请察收"。如有不足,"可
向庶务处清算"。③ [《浙江兴业银行总办事处致吴君复函稿》
(1921年4月1日),上海市档案馆藏:Q268—1—78]

12日 浙江兴业银行总办事处致娄俪生函,云"有要事待
洽"。④ [《浙江兴业银行总办事处致娄俪生函稿》(1921年4月
12日),上海市档案馆藏:Q268—1—78]

春 项吉士考中上海圣约翰大学附中,进校住读。(《茅姿
自订年谱(上)》,第43页)

5月

8日 因岳父陈遹声出殡,从上海返回杭州,抵家午饭后,发
觉遗失一只公事皮包,内有现钞二百余元、公债及其他零星函
件,另有个人名章图章。自订年谱云:"以外舅陈蓉曙出殡回杭。
抵家午饭后,忽忆公事包一只遗留人力车上,内有现钞二百余

---

① 1921年王稻坪由浙江兴业银行汉口分行副经理调任总办事处代理稽核部
长。此部应为稽核部。

② 该函由先生拟稿,函稿落款无时间,根据稿件中"今日董事会会议"等内容判
断,时间为3月28日。

③ 该函由先生拟稿。

④ 该函由先生拟稿。

元，及王静甫师托带公债及其他零星函件，个人名章图章不少。发觉已逾二小时，乃往路局商询，各车夫早已散去，无法查询。该处警局长为毛声敷，遂托濮茝生往商追查之法。定次日午前将全部列名登记之车夫一一查询，被停车夫所受半日损失全由吾补偿。”(《茅寉自订年谱(上)》，第43页)

是日　陈夫人偕养、怡两儿与陈诜夫妇先去诸暨枫桥。(《茅寉自订年谱(上)》，第43页)

9日　查询得知一人力车夫已去上海，经严加追查，系昨日事后赴沪。自订年谱载：“即经濮茝生往沪设法托人侦查，失物确为此人拾得，现款已无法追偿，图章亦经抛弃，其余公债及文件等全部收回，即此作为了结，不事追究。”(《茅寉自订年谱(上)》，第43页)

10日　备筵一席，向警务人员道谢。此次遗失公事皮包总计损失在400元以上。(《茅寉自订年谱(上)》，第43页)

12日　偕叔翔同去诸暨枫桥。(《茅寉自订年谱(上)》，第43页)

是日　上海《时事新报》对先生遗失行李一事进行了详细报道，报载：“浙江兴业银行董事项兰生君，日前由沪返杭，在城站雇人力车一辆，将手携皮箧连衣服置在车上，及抵家后，将衣服取下，忘携皮箧，良就始记得，而车已不知何往。幸城站之人力车本由路局指定，仅有五十号可在站内接客，乃由该管警察署传集此五十号之车夫，及项君仆人所同时另乘一车归家之车夫，令其指认。该仆指定一人，而此人坚不承认，谓系临时买来拉的(杭俗拉车向有短时间转卖与他人拉车赚钱之习惯)，谓当时拉项君车者，系另是一人，诘其此人何往，谓此人曾在新市场朱凤池同居一吴姓家中住过一夜，可向吴姓之包车夫询之。再传问

吴姓之包车夫,则云彼已渡江往绍兴云云,现尚无着落。幸项君
篋内,现洋尚不甚多(闻有现洋五百元、长期公债票票面一千),
亦可谓意外之损失矣。"(《浙事纪要》,《时事新报》1921 年 5 月
12 日,第 6 版)

17 日 岳父葬礼,送殡至荐福寺。(《茱荎自订年谱(上)》,
第 43 页)

24、26、28 日 与叶景葵、蒋抑卮等在上海《时事新报》上刊
登《追悼孙江东先生》的启事,内容为:"旧历四月二十四日未时,
为孙江东先生灵榇在西湖里龙井新茔安葬。揆初等发起先期于
是月二十二日在西湖昭庆寺举行追悼会,凡与先生有旧谊诸君,
请届时赴会。伏祈公鉴。叶揆初、蒋抑卮、董晢芗、项兰生、许缄
甫、寿拜庚谨启。"(《追悼孙江东先生》,《时事新报》1921 年 5 月
24 日,第 1 版)

25 日 偕夫人及子女从诸暨回杭州。(《茱荎自订年谱
(上)》,第 43 页)

9 月

18 日 陈夫人五十诞辰,送礼者甚多,午饭均备便饭吃面。
晚间,"罗友生、王利宾等合送杭滩一本"。(《茱荎自订年谱
(上)》,第 43 页)

是日 胡藻青从上海来杭州祝贺夫人五十诞辰。(《茱荎自
订年谱(上)》,第 43 页)

是日 浙江地方实业银行开股东会,讨论官商分股事项,即
地方与实业分为两行。自订年谱载:"自沪来杭股东如叶揆初、
李馥孙、钱新之等,财厅代表为陆蔺堂及郑岱生之侄,对于权利
问题互有争执,揆初大发火,对于代表颇有难堪语,以致不欢而

散。"(《苶斁自订年谱(上)》,第 44 页)

10 月

29 日　叶景葵签署浙江兴业银行总办有关先生辞去书记长职务,书记长一职已聘请徐新六担任的通知。函云:"本处书记长项兰生君前经迭请解职,董事会迄未认许。嗣于本年三月间,股东定期会选举项君为董事,旋复经董事会选举为办事董事,其原有书记长一职,项君又一再坚辞,当经董事会议决,照准。惟以替人难得,并议决请项君以办事董事暂兼书记长职务,一面延揽继任职人。现经聘请徐振飞君为本处书记长,业已正式任事。合行通函知照。"①[《浙江兴业银行总办事处通函第 347 号》(1921 年 10 月 29 日),上海市档案馆藏:Q268—1—59]

是日　陈叔通致函杨介眉云,先生"以病,近又有事",在杭州之时为多。(《叶景葵年谱长编(上)》,第 469 页)

11 月

是月　在青年路本宅举行项仲雍与余元珍的婚礼,宾客甚多,自订年谱云:"三朝杭俗公馈全部却之,自备十余桌款客。"(《苶斁自订年谱(上)》,第 43—44 页)

是年　在浙江兴业银行担任常务董事,与子项叔翔各居兴业银行宿舍。(《苶斁自订年谱(上)》,第 43 页)

---

①　自订年谱载,1923 年"书记长事,辞已多次,以接替无人,频年拖延,时徐新六颇有脱离北京政局意,由揆初一再商请,允来,遂决定辞去,径交新六接收。计半年之内,当可交出,私心颇快。徐为仲可(珂)之子,留英学冶金,返国后经文官考试得第一名"。此时间有误,根据兴业银行档案,徐新六接替项兰生任书记长在 1921 年。

是年 时常往返杭州上海。(《茅奁自订年谱(上)》,第43页)

是年 精神不继,时患头昏,尤以搭乘电车为危,思退之心遂益坚。(《茅奁自订年谱(上)》,第43页)

是年 自订年谱记,上海"米价平均九元六角八分"。(《茅奁自订年谱(上)》,第44页)

1922年(民国十一年)　　50岁

1 月

15 日 叶景葵主持召开浙江兴业银行重员会议。先生与沈新三、陈叔通、蒋赋苏、徐眉轩、盛竹书、张善裕、顾逸农、徐寄顾、董芸生、朱趾祥、曹钟祥、王向宸、徐新六、王稻坪等出席。会议议决事项:一、统一汇兑办法继续试行一年;二、银元买卖不入汇兑账;三、各行欠款除冲抵外,应调回之款如有亏耗及费用,均由欠款行承认;四、哈行得在时间、数目上另定办法。并通过了《各行他因函商办法》修正稿。(《叶景葵年谱长编(上)》,第472页)

2 月

19 日 浙江兴业银行召开第15次下届股东会通过盈余分配方案,"照章于四十分内提一分",计洋8593.75元,作二十成半分配。计办事董事五人,各得二成;议事董事六人,各得一成;监察人三人,各得一成半。根据分配方案,先生作为办事董事可

178

得花红 838.41 元。(《信稿》,上海市档案馆藏:Q268—1—78)

是日后 浙江兴业银行总办事处致函包括先生在内的各董事,按照花红分配方案,奉送花红。[《浙江兴业银行总办事处致各董事函稿》(1922 年 2 月),上海市档案馆藏:Q268—1—78]

4 月

11 日 虚岁五十岁生日,公历、阳历再次巧逢,亲戚朋友前来祝贺者甚多,备面招待。叶景葵、陈叔通"均有长诗叙订交以来情事,惜并留底于日寇侵杭时遭劫"。(《茮荄自订年谱(上)》,第 44 页)

5 月

是月 安定中学二十周年校庆,先生决定"每年赠免学费生一名"。(徐道升:《本校二十周纪念赠品一部之表示》,《安定》第 12 期,1922 年 6 月)

7 月

6、7 月间 项吉士暑假内忽患伤寒,多次濒于危急。自订年谱云:"六七月间吉儿于暑假内忽患漏底伤寒,包金琳于初诊时,即已断定。旋有举中医王香岩诊治者,诊后认为不妥,未服其药,亦有主张改延某医某医者,众说纷纭,坚决不换。至第二十日时肠已出血,加延盛佩葱、厉绥之诊之,所论与包同。结果以冰块拌盐覆于腹部久之,血止,始转危为安,长热至五十六天方退尽,屡濒于危,陈夫人亲自日夜看护,精神体力损耗不少。暑假期满,告假月余始上学。"(《茮荄自订年谱(上)》,第 44—45 页)

是月　杭州大水,江水陡涨至清泰门外,海塘不稳,前往观察,外塘已尽淹没。自订年谱云:"塘工尚系同治年间工程,条石零落,所衔铁锭,已不完备,就塘上俯视,倘不幸失事,城中实无丝毫希望,以高下相处数丈,可危孰甚,幸不久水退。"(《茱垞自订年谱(上)》,第 44 页)

9 月

9 日　浙江兴业银行总办事处函告各分行,先生辞去发行部长兼职。函云:"项董事辞发行部长兼职,现由特聘员陈亦侯君继任。"[《浙江兴业银行总办事处通函第 389 号》(1922 年 9 月 9 日),上海市档案馆藏:Q268—1—59]

11 月

是月　众议院正副议长吴景濂、张伯烈向总统府密告财长罗文干有纳贿情事,要求拿捕,即由总统黎元洪手谕拘押,引发内阁与总统府之间矛盾。自订年谱云:"众议院正副议长吴景濂、张伯烈向总统府密告财长罗文干订立奥国借款展期合同有纳贿情事,要求拿捕,即由黎总统手谕拘押。同时库藏司长黄体濂亦拘押地方检厅。翌日原告吴、张二议长,亦由地方检厅票传。嗣王宠惠、顾维钧、孙丹林、易鼎新、汤尔和、高恩洪等各部长宣称所拟命令,乃由议员屡次包围,总统不合盖印,声明责任内阁被破坏,罗案解决,即当辞职。风波起于意外,令人无从索解,又由总统将此案经过说明,并反对另组特别法庭,府院之争暴露,政界黑幕重重。"(《茱垞自订年谱(上)》,第 45 页)

12 月

4 日 女儿项浩在南京生长子,名为宁宁(即钱宁)。(《茅奏自订年谱(上)》,第 45 页)

是年 仍在浙江兴业银行任职,常往返杭州上海,体力难胜,谋退之意日益坚定,屡次请辞以无继任人选未被允许。(《茅奏自订年谱(上)》,第 44 页)

是年 项仲雍为上海中国银行助员,家眷亦前往上海,在马霍路进益里张逸才隔壁楼上租屋居住,因薪资仅 22 元,不敷开支,由先生按月补贴若干。(《茅奏自订年谱(上)》,第 44 页)

1923 年(民国十二年) 51 岁

1 月

11 日 京师地方检厅宣告罗文干案,证据不足,免予起诉,罗文干与黄体濂均出狱。自订年谱云:"偌大风波,即此而了,可谓笑话。"(《茅奏自订年谱(上)》,第 46 页)

24 日 参加浙江兴业银行第 9 次行务会议,列席会议的还有办事董事蒋抑卮、陈叔通,协理徐新六、徐寄顾,会计部长沈棉庭,总务部长陈元嵩,蒋抑卮为会议主席。讨论事项有,议公债押款事,议住友银行拆款事,议各钱庄领用兑换券七天之后改作拆票事。(《行务会议记录》第 1 册,上海市档案馆藏:Q268—1—163)

3 月

是月　自订年谱载,杭州师范学校"全体教职员学生晚膳中毒,死廿余人,全城学界及沪杭医界均往救治"。(《茅斋自订年谱(上)》,第 46 页)

是月　自订年谱载:"临城抱犊崮案发生,外人被架多名,由外交团向政府严重抗议,匪首名孙美瑶,当时并发行邮票,印有英文'土匪'字样,亦奇闻也。"(《茅斋自订年谱(上)》,第 46 页)

4 月

24 日　主持浙江兴业银行第 37 次行务会议。会议列席者还有"协理徐振飞君、徐寄庼君,会计部统计股主任张鼎铭君,总务部长陈元嵩君"。讨论事项为哈行为没收安达油坊请核复事。首先张鼎铭报告了哈行来函,"项兰生君云,照来函所述情形,该案已无其他办法,只有照办。惟查原案该油坊系与新盛恒合押,新盛恒是否同意,来函未提。徐振飞君云,当进行诉讼时,哈行曾有信来,谓得陈陶遗同意。项兰生君云,没收之后是否就此作为了结,能否预留地步,不遽表示了结之意或声明变卖后再说。徐振飞、徐寄庼君同云,照哈行原函,似系就此了结,即就事实上观察,若不允作为了结,彼方或不愿使我没收,但对于哈行,应请其相机对付,预留地步"。最后议决,"照哈行来函办理,将安达油坊等产没收变卖,但仍嘱其相机对付,预留地步,不遽表示了结,或声明俟变卖得价后再说"。"新盛恒是否同意,没收之后能否易于变卖及能得价若干,均于去函内询及,嘱其见复。"议事毕,散会。(《行务会议记录》第 2 册,上海市档案馆藏:Q268—

1—164）

5 月

1 日 参加浙江兴业银行第 38 次行务会议。"会议列席者董事长兼总经理叶揆初君,办事董事项兰生君,协理徐振飞君、徐寄顾君,会计部长沈棉庭君,总务部长陈元嵩君,推定叶揆初君主席。"讨论事项有:一、议杭行三月底长期信放转期事。沈棉庭报告了杭行来信,云:"纬成公司一户总行所放茧款及该行代京、津两行所放茧款,又连透支,并合计算,已在四十余万之谱,数目较大,似应斟酌办理。"先生云:"可将我行已放给该公司之总数告知杭行,请其酌斟。"二、议元元丝厂借款事。徐寄顾报告了事情经过及处理办法,"众无异议"。三、议刘鸿生户个人信用透支事。徐寄顾报告了事由,经众人讨论,议决"准予通融。履历报告内应填明开滦账房字样"。四、议大同盐号借款事。叶景葵报告事由云:"大同借款事,昨与刘开甫君面谈。我方主张四月底止原订借款合同不能不解除。刘君则陈述种种困难及运照所以迟延之原因,并出示各项文电为证。察其情形,似然虚构,故预料彼方运盐事必可告成。若利湘遽与解约,则彼方困难情形亦自属实。最后与商利湘方面,不能不声明解约,即托刘君转达大同。如大同果有为难,仍可来函商恳。刘君所代认之四月七日起至四月底止之利息,交付于彼。此函商时间内运照如果颁发,自可继续进行。此事彼方固感困难,而在利湘亦实不愿舍弃。所虑彼方事前费用既巨,将来利益必致减少,且恐六十万元之借额不能敷用,则其时或致别生问题。"先生认为借款数额过大,合做各家以我行为标准,"照经过情形而论,其中情事颇觉复杂,万一将来官厅复别生枝节,合做之家事后责备,以为我行错过可以解约机会,其时我反无词解免"。沈棉庭亦云:"大同借款合同所得利益,充其量不过四五万元而止,事前既多留难,将来变故之来不可预料。"叶景葵认为:"项君所言数额一层,我行经董会议决,以四十万元为度。合做之家虽以我行为标准,仍各自负责,或将现在情形先与接洽,亦属不妨。至虑运照发出之后别生枝节,大不了至于停运而止。然停运之日,便可结账。"(《行务会议记录》第 2 册,上海市档案馆藏:Q268—1—164)

14 日 项仲雍得一女,产于杭州云英医院,因此取名云英(后更名慎止)。(《茉奁自订年谱(上)》,第 45 页)

6 月

30 日 《民国日报》报道,杭县议会议长顾乃斌与先生发起开办自来水公司。报道云:"杭城为省会之区,城河秽浊,不堪供作饮料。平时全城居民,仅恃井水及屋檐水两种,一遇久晴,即闹旱荒。刻闻杭县会议长顾乃斌与兴业银行董事项兰生,发起开办自来水公司,其资本为一百五十万元,其筹款方法,拟发行杭县县公债一百万元,由顾乃斌提出议案,请杭县议会公决实行,即以兴业银行为承销之所。至于公债保息办法,拟每月加抽省城局屋公益捐之收入,及保险费每千两或抽一两,为自来水保息公益捐。计算两项收入,每年在十五万元以外,保息既有的款,则公债之发行自易。其余五十万元,留为商股,分头招募,定三分二为公款,三分一为私款。此项招股章程,闻亦将次议定矣。至开办自来水工程师,决用德国工程师,因德国工程师研究水质并建筑此项工程,实较其他各国工程师为最优。现已函托姚慕莲君在沪代聘一德工程师来杭,测勘水量后,即行具禀官厅备案实行云。"(《杭城筹办自来水》,《民国日报(上海版)》1923

年 6 月 30 日，第 8 版）

7 月

8 日　《申报》报道，先生与顾乃斌、傅禹丞、陈建勋等，为创办杭州自来水股份有限公司，除发行地方公债券一百万外，再招股一百万。报道云："杭州省城区域辽阔，人烟稠密，自建筑马路后，侨居者日众。惟民间饮料及洗濯等用水，大半汲之于井，或取之于河。但省垣之河水及公共之井，均不合卫生，且距河较远之地，一旦设遭火警，取水更为困难，居民蒙害匪浅，公私受损不赀。兹闻杭绅顾乃斌、项兰生、傅禹丞、陈建勋等有鉴及此，爰集同志发起创办杭州自来水股份有限公司，其水源取诸钱塘江之九龙头，现已呈请官厅核准立案。惟预算经费非二百万不可，故公司方面拟发行地方公债券一百万，再招股一百万，业已妥订章程，着手进行。将来水管龙头，计设干路三条，支路三条，先就繁盛之区建设，至僻静之处，俟营业发达后，逐渐推广云。"（《创办自来水之进行》，《申报》1923 年 7 月 8 日，第 11 版）

18 日　出席浙江兴业银行第 53 次行务会议。"会议列席者董事长兼总经理叶揆初君，办事董事蒋抑卮君、陈叔通君、项兰生君、沈新三君，协理徐振飞君、徐寄庼君，金币部副经理董芸生君，奉行经理陈慕周君，会计部长沈棉庭君，总务部长陈元嵩君，推定叶揆初君主席。"讨论事项有：一、议大连分设机关事。叶景葵报告云："大连市面情形，前经奉行经理陈慕周君前往调查。现在陈君因回籍过沪，可以详细讨论。"陈慕周、董芸生、徐新六各有发言。叶景葵又云："现陈君于阴历八月初三即可由籍回奉，届时拟令樊君（樊干庭）与陈君同往。候调查竣事，如认为可设，并拟请樊君前往办理。好在开支无多，试办若干时期，再定进止。诸位以为如何？可请再加讨论。"众无异议。二、补录筹议本行钞票事。曹钟祥拟订办法。众议即照该办法办理。三、补录长兴煤矿公司放款事。(《行务会议记录》第 2 册,上海市档案馆藏:Q268—1—164)

19 日 项仲雍妻子余元珍携女儿云英及衣饰不别而归母家。后经仲雍谈判多时,协议立据离婚。(《茉窆自订年谱(上)》,第 46 页)

10 月

是月 安定中学首届校董会筹募基金,先生首先捐款九六公债券,票面一万元。(《三十年来之经过》,《浙江省杭州市私立安定中学之三十年》,第 21 页)

11 月

是月 失眠旧疾发作,曾一度晕眩,不多时即愈。(《茉窆自订年谱(上)》,第 45 页)

1924 年(民国十三年)   52 岁

2 月

5 日 农历新年与立春相逢,"逢岁朝春"为人生"第三次巧遇"。(《茉窆自订年谱(上)》,第 46 页)

12 日 陈氏外姑中风逝世,陈夫人去诸暨枫桥奔丧。(《茉

宴自订年谱（上）》,第 46 页)

13 日　赴诸暨枫桥奔丧。(《茅宴自订年谱(上)》,第 46 页)

17 日　浙江兴业银行召开第 17 次下届股东常会,改选董事,先生与叶景葵、刘锦藻、盛竹书、蒋抑卮、周庆云、徐寄庼、沈新三、陈叔通、张澹如、沈棉庭共 11 人当选董事。胡藻青、陈理卿、沈籁清当选监察人。会毕,事后旋由当选董事开选举会,选出办事董事 5 人:叶景葵、蒋抑卮、沈新三、徐寄庼、陈叔通。叶景葵继续当选董事长。[《浙江兴业银行总办事处通函(通字第 6 号)》(1924 年 2 月 18 日),上海市档案馆藏:Q268—1—60]

19 日　元宵节由诸暨枫桥回杭州。(《茅宴自订年谱(上)》,第 46 页)

24 日　与陈阎[①]、潘炳南[②]等发起组织杭州妇孺救济会,下午假杭州总商会开成立大会,选举理事。(《杭州快信》,《申报》1924 年 2 月 23 日,第 12 版)

3 月

15 日　杭州妇孺救济会正式成立,任监察、维持会员,并捐洋 100 元。(《杭州妇孺救济会报告书》,浙江省档案馆藏:L03—001—1042)

9 月

25 日　下午,雷峰塔倒塌。自订年谱云:"下午雷峰塔忽倒,

---

①　陈阎(1883—1952),字季侃,浙江诸暨人,陈遹声子,先生内弟。
②　潘炳南,字赤文,浙江上虞人。清末曾任杭州商务总会总理,一生致力于慈善救济事业。

内藏有陀罗尼经卷甚多,一时购者纷纷。该经卷成圆形嵌入砖内,每砖一卷,九百余年前旧物也,大部均已霉破,完整者极少,数月后市上已无所见。"(《茉奁自订年谱(上)》,第47页)

是月 齐卢战事爆发,建议地方议办妇孺救济会,分区筹备。自订年谱云:"九月卢齐战事开始。吾对于地方议办妇孺救济会,分区筹备。新市场青年会广场宽大,房屋整齐,议筹捐募款项,交青年会负责举办,购置粮食、盐、菜,约可容三千人上下。即向各银行及殷实商界分头劝募,如蒋广昌绸庄,信源银楼,中国、交通银行等及上海藻青、揆初、抑卮等均纷纷列入,汇款不少,款由青年会出具收据,直接收取,事毕列账报告。时青年会主持人员为马文绰及张登瀛二氏,一一照办,其余各地由各分区分别情形布置。"(《茉奁自订年谱(上)》,第47页)

秋 项吉士与韩延甫女树蘋订婚。(《茉奁自订年谱(上)》,第47页)

11月

24日 项浩在杭州生临三。(《茉奁自订年谱(上)》,第47页)

是年 辞去浙江兴业银行常董,改任散董。(《茉奁自订年谱(上)》,第46页)

是年 终年居杭州,未去上海。(《茉奁自订年谱(上)》,第46页)

1925 年(民国十四年)　　53 岁

5 月

16 日　冒雨赴林社致祭,众人公推先生等为林社改建筹备员。《时事新报》报道云:"前日为林社二十五周年纪念,本城各校放假一天,教职员、学生冒雨来社致祭者数百人。地方官绅来宾,□诸历年尤为热闹。惟原有祠宇,规模狭小,来宾拥挤,几无容足之地。当由公众集议,筹募款项,改建社屋,一致赞同,公推沈霭如、杨见心、项兰生、韩静庵、熊凌霄、傅写忱、陆佑之、厉绥之、寿拜耕、张萍卿、汪炎忱、韩强士、朱文渊等为筹备员。又推高梦旦、陈叔通、邵伯䌹、陈仲恕等在上海、北京等处,分别接洽,以资进行。"①(《林社纪念志盛》,《时事新报》1925 年 5 月 20 日,第 6 版)

30 日　项仲雍与吴良辉在上海慕尔堂②结婚。(《茮麦自订年谱(上)》,第 48 页)

是年　为拓展西湖林社,与陈叔通等人发起募集资金。众人在《拟展拓西湖林社募金疏》中云:"光绪中叶,侯官林公迪臣移守吾杭,兴学校,重蚕桑,不逾期而弦诵之风、衣被之泽,骎骎乎由杭而及全浙,由浙而及蜀、粤、滇、黔,非君子之德风欤?及

---

①　如根据新闻报道时间判断,文中前日即 5 月 18 日,但从新闻内容判断,祭奠林启应在其忌日农历四月二十四日,即 1925 年 5 月 16 日。

②　今沐恩堂。

公以积劳捐馆舍,荐绅先生环请疆吏,乞公骸骨留葬孤山,永志邦人之遗爱,以公之清埒于和靖也。乃岁月不居,忽忽二十五期矣。国步虽改而流泽孔长,都人士皆曰,祠祀卑隘,罔足以昭灵爽之式凭,尤无以暴杭人之崇报,咸愿醵金扩而张之,俾与唐之白、宋之苏,后先媲美焉。邦人君子,当仁不让,自无待言。其有气求声应,众曾被公泽者,幸各输其货财以落成之,垣墉丹腹,拭目可俟也。"(浙江大学校友会等编:《林社九十周年纪念册》,杭州大学出版社 1991 年版,第 80—81 页)

是年 任浙江兴业银行董事。(《茮丈自订年谱(上)》,第 48 页)

是年 终年居杭州,未去上海。(《茮丈自订年谱(上)》,第 47 页)

1926 年(民国十五年) 54 岁

1 月

27 日 项叔翔与朱传恭在清华旅馆举行婚礼。(《茮丈自订年谱(上)》,第 50 页)

4 月

29 日 南京中国银行副行长王子鸿因公来杭州,中午在聚丰园宴会,与先生及中国银行金润泉、浙江地方银行徐青甫、浙江省造币厂吴静山、杭州总商会王竹斋、王湘泉等详细讨论江浙金融。(《杭州快信》,《申报》1926 年 4 月 30 日,第 9 版)

6月

27日 项浩在杭州产一子,名临四。(《茅奁自订年谱(上)》,第50页)

9月

23日 董劼生来告,浙江势不稳,警务处长夏超已嘱咐马叙伦①赴广东商洽大计,马叙伦已去,不久可归。②(《茅奁自订年谱(上)》,第48页)

10月

3日 建议杭州妇孺救济会提早储备米粮。自订年谱云:"潘赤文召开妇孺救济会、报告会务,吾询会中人数,月需粮食若干,赤文报告毕,吾提议人数不少,月需米粮正多,万一发生意外事,仓卒势难急办,似宜及早多备若干,至少须储备一月之粮,随吃随补,不可脱节。赤文以新米须在旧历十月上市,迟一个月便易着手,吾未便明言局势,但说总以不拘常例早事准备为妥,潘迟疑。会员中到者颇多,陈子式、高绎求、毛声敷等多数均以吾言为然。"(《茅奁自订年谱(上)》,第48—49页)

10日 大早,潘赤文来访,问何事需要办米事,答曰宜速购办。(《茅奁自订年谱(上)》,第49页)

---

① 马叙伦(1885—1970),字彝初,又作夷初,浙江杭州人。早年加入同盟会。1922年出任北洋政府教育部次长,1926年遭段祺瑞通缉而回杭州。

② 该条在自订年谱中所记时间为10月,且在妇孺救济会开会前十日,但按照妇孺救济会召开会议时间推断,该条时间应是9月23日。

14 日　夜睡后,浙江兴业银行杭州分行经理张善裕派工友来促去谈话,急往浙路局。自订年谱载:"李在座云,今日此间军队已全部离浙,明日刘镜孙及北方军队均一并返防,省军事交夏定侯暂接(夏平日密练军队,置有武器)。"(《茅峚自订年谱(上)》,第49页)

15 日　知马叙伦已归,夏超允诺接浙江省省长职务,许昂若为省署秘书。自订年谱云:"知夷初已归,夏允接省长职,许昂若参加省署为秘书,署中委派职务至繁且密,一二日后,定侯与昂若已不洽,夷初乃赴粤。"(《茅峚自订年谱(上)》,第49页)

19 日　自订年谱载:"俞丹屏、徐青甫、张暄初①及军界中人会议于井亭桥暄庐,讨论和战两点,青甫最主战,谓与其不战而败,毋宁战而败,遂决。"(《茅峚自订年谱(上)》,第49页)

21 日　市面微有炮声。自订年谱载:"晨夏部军队已全体开赴前线,至午后三时与孙军宋梅邨部在嘉兴接触,傍晚闻硖石告紧,七时后则前线败兵纷纷退至城站,午夜已全部到省。市上治安由第二师团长施调梅、伍崇文放哨实弹保护,分驻中、交两行,微有炮声。"(《茅峚自订年谱(上)》,第49页)

11 月

1 日　项吉士与韩树蘋在清华旅馆举行婚礼。(《茅峚自订年谱(上)》,第50页)

是月　世好王旋孙病故。自订年谱载:"世好王旋孙病故,其内兄蔡渭生来吊甚哀。旋孙为静甫师第三子,养正学生,留日

---

①　张载阳(1874—1945),字春曦,号暄初,浙江新昌人。曾任浙江省省长,1924年任浙沪联军第三军司令,不久去职。

毕业于士官学校,国学甚深,习军务而未忘诗书,为难得之人才。遗子女四人,越三年其夫人蔡氏亦病殁,惨哉。"(《茅斋自订年谱(上)》,第 50 页)

12 月

是月中旬 浙江兴业银行津行同人反对总行取消同人旅费津贴,兴业银行召集董事商议,先生建议"暂缓执行"。自订年谱云,该年"兴行忽通函裁去同人旅费,津行发生异议,反对此举,相持甚僵。当初提倡此举,原为同人所入微薄,借各种名义津贴,无非为加薪既有限制,其生活不足者,得此贴补,可以安心任事,一旦废除,殊失人心。持反对论最激者为津行,其余相率观望,颇有两不相下之势。吾适因避兵乱去申,揆初约吾对于此事在会议中加以支持。是日到会,各董咸集,揆初以往来文电交阅。吾谓关系甚细,宜加慎重,不可以琐屑,酿成恶感。通函虽经发表,可以南北军事纷乱,暂缓执行为辞,以解纠纷。会中刘澄如、周湘舲诸董事一致赞成吾议,揆初亦表示同意,其主议之人,至此亦别无一语。一场风波,遂告消灭"。(《茅斋自订年谱(上)》,第 48 页;《叶景葵年谱长编(上)》,第 596 页)

22 日 午后,军人群集省公署肆意抢劫,陈仪被拘。自订年谱载:"孙军复驻省垣者为孟昭月、宋梅邨,以军人在市上不法滋事,为陈所见,拿获法办。军人因此怀恨,忽于冬至节旦午后,群集省公署肆行抢劫。并将陈拘押上车,解送南京总司令部,软禁于孙传芳内室之某部分,既不讨论,亦不声辩事由,直至旧历年初,无理由无手续将陈释回,亦奇闻也。"(《茅斋自订年谱(上)》,第 49 页)

是月下旬 因时局动荡,携家眷迁居上海。自订年谱云:

"冬至后杭有挨户搜查之说,军阀行为,无所不至,恐遭骚扰,决将全眷迁避上海,眷属由吉儿夫妇陪同先去,新亲家韩延甫夫人、浩女偕儿女亦同去,先住振华旅馆,托姚戟楣觅屋于哈同路民厚南里,待吾迟二三日到后进屋,因物件须借用也。"(《茅奂自订年谱(上)》,第49页)

是月 到上海不久,陈夫人病喘甚剧,并有发烧,叶景葵闻讯,介绍刁信德医生诊治,并托汤书年介绍一护士助理医药。(《茅奂自订年谱(上)》,第49—50页)

是年 任浙江兴业银行董事。(《茅奂自订年谱(上)》,第48页)

是年 延安定学生蒋滋万为项恰如课读。(《茅奂自订年谱(上)》,第50页)

是年 自订年谱载,上海"米价平均十五元七角七分"。(《茅奂自订年谱(上)》,第50页)

1927年(民国十六年)　　55岁

1月

是月 腊月底无事,向浙江兴业银行索阅总行决算表及目录,阅后大失所望。(《茅奂自订年谱(上)》,第50页)

2月

1日 除夕夜膳后,去浙江兴业银行闲谈,恰逢叶景葵、陈叔

通在行。约定次日晚在吴江路叶景葵寓所聚餐。(《茶叟自订年谱(上)》,第 50 页)

是日 农历年终,陈夫人病未有起色,自订年谱云:"至旧历年终尚未能起,作客他乡,种种不便,令人急煞。"(《茶叟自订年谱(上)》,第 50 页)

是日 避难在上海,寓哈同路①过年。(《茶叟自订年谱(上)》,第 50 页)

2 日 大年初一晚,在叶景葵寓所宴聚餐议事。自订年谱云:"至则各董均在,新六亦到。谈次,吾谓行中经营公债事,外间诽论甚多,又谓对于经放各种帐[账]目,亦未予注意,闻北方股东此次南来颇多评论,须注意。揆初认为,如有问题,彼可以片言折服之。吾举九六公债押款太多,董事会曾有议案议录,此项公债无息可取,万不得已,只能于可能范围内酌量应付,明白予以限度,今按目录中查阅,为数甚巨。其中京汇丰邓某即有巨额押款,且保人为黄溯初,黄无钱何以负担得起?安格联②现已撤换,倘遇安所承认之公债发生问题,我等尚有词答复股东,若九六公债发生问题,董会同人应否负其责任。至于贴现放款、各种放款,均有疏忽松滥之点,甚至非本行所在地,如常州某纱厂,亦以巨数全部作押,均与章程抵触,似不能使上下折服,还请熟思考量云云。为时已久,吾以家中尚有客在,急需返寓而散。"(《茶叟自订年谱(上)》,第 50 页,《茶叟自订年谱(下)》,第 51 页)

3 日 书二函,一致浙江兴业银行董事会,一致徐新六。大

---

① 今铜仁路。

② 安格联(1869—1932),英国人。1888 年起,在中国海关任职,1911 年任总税务司。1927 年 1 月,在中国人民要求关税自主的浪潮中被免职。

意指摘全账内容,谓放款责任必须加意监督,宜特增稽核职权,凡放款逾若干金额者,必须稽核同意方可成交。若为事后补认同意,此则万万不可。自订年谱云:"抑厄得书后来言,负此稽核之责者,何人能之? 吾谓可暂时嘱沈棉庭担任。新六得信自觉不安,遂向揆初辞职,揆初颇不快。"(《茉嫠自订年谱(下)》,第 51页)

是日 午后黄群来访。自订年谱云:"吾对其为担负九六押款及常州纱厂机器押款,与兴业银行近年整理精神颇有妨碍,请其慎重注意,毋贻人口实,溯初皇窘,邓款居然先后偿清(不久出事),亦云幸矣。吾求退之意,遂愈为坚决。"(《茉嫠自订年谱(下)》,第 51页)

是日 上海地震数次。(《茉嫠自订年谱(下)》,第 52页)

4 日 上海地震数次。(《茉嫠自订年谱(下)》,第 52页)

9、11 日 与陈仪、许秋帆、李祖虞等在上海《新闻报》上刊登广告,介绍医学博士汤书年。广告称:"先生医学精深,毕业于美国密雪根大学,得理学士及医学博士,历任纽约卫生部、耶鲁大学医院、平海姆登医院,并各肺痨医院。医士经美政府特许在纽约注册行医,声誉鹊起,归国后在湘、浙等省充各医校教授,及各医院内科主任等职。兹由杭来沪,同人等劝其留申,悬壶普济沪民抱恙者,幸勿交臂失之。上午十一时至十二时在赫德路春平坊七七号(电话西六一六七)寓所,下午二时半至五时在南京路华英药房(电话二六七)应诊。介绍人:陈仪、许秋帆、李祖虞、陈洪道、蒋尊簋、莫永贞、王一亭、高尔嘉、丁文江、周承菼、胡鸿基、聂慎余、蒋方震、徐韦曼、李馥荪、张君谋、徐新六、陆费逵、陈叔通、胡藻青、戴劼哉、俞仲远、项藻馨、高野候、陆费埕、刁信德、张献之、邓福培、俞凤宾同启"(《介绍医学博士汤书年》,《新闻报》

1927年2月9日,第1版)

10、12、14、16、18、27日 与陈仪等在上海《时事新报》上刊登广告,介绍医学博士汤书年。广告内容与《新闻报》上相同。(《介绍医学博士汤书年》,《时事新报》1927年2月10日,第1版)

13日 浙江兴业银行召开第20届股东常会,先生与陈理卿、胡藻清当选为监察人,叶景葵、徐寄庼、刘锦藻、蒋抑卮、徐新六、沈新三、沈籁清、沈棉庭、周庆云、陈叔通、张澹如当选为董事。[《浙江兴业银行总办事处通函(通字第3号)》(1927年2月14日),上海市档案馆藏:Q268—1—60]

是月 二儿媳朱传恭在天津难产。自订年谱云:"闻属男孩,幸产妇无恙。"(《苶奓自订年谱(下)》,第51页)

是月 亲家朱友渔夫人在上海病故。(《苶奓自订年谱(下)》,第51页)

1、2月间 女婿钱天鹤从杭州来上海视陈夫人疾,自订年谱云:"深感之。"(《苶奓自订年谱(上)》,第50页)

3月

1、3、5、7日 与陈仪等在上海《时事新报》上刊登广告,介绍医学博士汤书年。广告内容与《新闻报》上相同。(《介绍医学博士汤书年》,《时事新报》1927年2月10日,第1版)

5日 浙江兴业银行杭州分行经理张善礼致陈叔通函云,"季侃①屋已被军队发封,无可说,皆告兰公"。(《叶景葵年谱长编(下)》,第605页)

---

① 季侃即陈季侃。

是月　经西门路①遇大丧事,白衣执绋者男女数千人,灯上书百忍堂张,有袁克文题铭旌旗一具。询问路人,路人曰:"天王老子张镜湖②",此人为上海市帮会中巨魁,袁克文即其党中后进主要人物。(《茅窝自订年谱(下)》,第51页)

是月　陈夫人病开始出现转机。(《茅窝自订年谱(上)》,第50页)

4月

是月下旬　杭州上海暂时安宁,陈夫人病已痊愈。陈夫人乘内河小轮回杭州,韩延甫夫人及项浩之子女等均同行。(《茅窝自订年谱(下)》,第51页)

8月

9日　儿媳韩树藾生淳一,是为长孙,由钱云英用手术以钳子钳出。(《茅窝自订年谱(下)》,第52页)

16日　晚9时,杭州房子正屋一栋梁折断,骇诧异常,所幸未伤人,即嘱徐有生前来查看。徐有生遣匠修理,另购一栋梁更换,旧栋仍由徐有生带走,自订年谱云:"不偿而反得工料,亦非礼也。"(《茅窝自订年谱(下)》,第51页)

9月

17日前　钟毓龙探知故绅、清江苏巡抚陆春江,有遗款四万

---

① 今上海自忠路。
② 张仁奎,字镜湖。

198

元,捐存杭县,作慈善救济之用。钟毓龙与各董事商酌,托先生向陆氏后人征得同意。(钟毓龙:《宗文中学办校经过》,《杭州文史资料》第 2 辑,1983 年,第 19 页)

是月　在家中补祭先母八旬冥纪。(《茉奁自订年谱(下)》,第 52 页)

是月　长孙淳一满月,备汤饼筵分两日宴客。(《茉奁自订年谱(下)》,第 52 页)

1928 年(民国十七年)　　56 岁

2 月

26 日　叶景葵主持召开浙江兴业银行第 21 届股东常会,照章程改选监察人,陈理卿、严鸥客、胡新六当选,先生不再任监察人。自订年谱云:"再辞去浙兴监察人,至此完全脱身退休。"(《叶景葵年谱长编(下)》,第 629 页;《茉奁自订年谱(下)》,第 52 页)

3 月

19 日　项浩在杭州生笑嫩(即钱树榕)。(《茉奁自订年谱(下)》,第 52 页)

5 月

29 日　为反对浙江省民政厅厅长朱家骅取缔私墓创设公

墓,下午2时杭州士绅共91人在同善堂集议,推举先生及王湘泉、金润泉、祝绍箕等为代表,赴省政府请愿。(《杭州短简》,《民国日报(上海版)》1928年5月30日,第6版)

30日　上午,与王湘泉、金润泉、祝绍箕、陆启、顾乃斌、程良驭、王竹斋、凌士钧等人赴浙江省政府请愿,并面呈反对取缔私墓修建公墓的意见书。(《杭州短简》,《民国日报(上海版)》1928年5月30日,第6版)

8月

6日　二儿媳朱传恭在天津生淦二,此为次孙。(《茅荩自订年谱(下)》,第52页)

9月

26日　浙江省政府会议通过《浙江水灾筹振委员会规程》,各委员推出筹振委员64人,由省府秘书处正式函聘,定期开成立会,先生列名其中。函聘各员名单如下:"蒋介石、张静江、王竹斋、王湘泉、金润泉、祝星五、程紫缙、宓廷芳、殷叔祥、周枕琴、顾子才、俞丹屏、项兰生、朱谋先、沈佐周、王允中、徐清甫、陆佑之、魏颂唐、何朝宗、李孟博、周佩箴、曹甫吉、陈莱卿、钱文选、高懿丞、卢鸿沧、潘赤文、虞洽卿、张啸林、王晓籁、方椒伯、秦润卿、邬忠豪、黄金荣、宋汉章、黄楚九、陈布雷、史量才、穆藕初、李馥荪、王一亭、袁履登、李云书、钱新之、张咏霓、杜月笙、蒋抑卮、叶葵初、庞莱臣、张溪如、项松茂、孙梅堂、沈联芳、杨鉴侯、沈田莘、黄摺臣、徐寄庼、周湘舲、王绥珊、周炳文、刘澄如、刘和庵、刘梯青。"(《浙省聘定水灾筹振委员》,《申报》1928年9月29日,第8

版)

是年　居杭州。(《茅斐自订年谱(下)》,第 52 页)

1929 年(民国十八年)　　57 岁

4 月

29 日　叶景葵主持浙江兴业银行第 223 次行务会议。曹钟祥报告总行放款事,放款中有先生户头。(上海市档案馆藏:Q268—1—171,《叶景葵年谱长编(下)》,第 666 页)

5 月

21 日　在西园楼外楼请吴震春,余绍宋①、孙智敏②等作陪。下午 1 点半用餐完毕后,同游西泠印社。(余绍宋:《余绍宋日记》第 3 册,中华书局 2012 年版,第 816 页)

6 月

25 日　余绍宋为先生书画扇。(《余绍宋日记》第 3 册,第 823 页)

---

①　余绍宋(1882—1949),字越园、樾园,别署寒柯,浙江龙游人。早年留学日本法政大学。民国初年,两次出任北洋政府司法次长。同时,还在北京法政大学、美术专门学校等处任教。1927 年,辞去北京一切职务,后定居杭州,组织东皋社,以书画自娱。

②　孙智敏(1881—1961),字廑才,浙江杭州人。曾任浙江高等学堂监督,擅长书法,尤工楷书,东皋社成员。

201

26 日　访余绍宋,而余绍宋正巧出门访先生,两人未遇。(《余绍宋日记》第 3 册,第 823 页)

7 月

30、31 日　与于右任、邵力子、叶楚伧等在《民国日报》上刊登介绍汪馥园女史鬻书画的广告。报载:"杭州汪馥园女史受业于衡阳曾先生农髯之门,道州何诗翁外孙女也。丙辰丁巳间,女史甫四五龄席地戏嬉,辄就席作画凡一树一石一屋,天然神似,诗翁大奇之。十龄侍侧,每下笔稍稍指示,女史天姿颖异善领悟,不敷数年所作酷似其外翁,殆王叔明之于松雪也。诗翁女名嘉媛,亦工画,适兰叔先生。鼎革后避地居沪,女史事父至孝,间则以书画娱亲,父更令从曾师学书画,笔力更进,求者益多,其润例详戊辰所订。予等爱为序其历史,以告乞女史书画者,收件处上海各大笔扇庄。于右任、邵力子、叶楚伧、朱孝臧、曾广钧、谭延闿、陈三立、项藻馨、许舜屏、费有容同启。"(《介绍汪馥园女史鬻书画》,《民国日报(上海版)》1929 年 7 月 30 日,第 6 版)

8 月

1—4 日,与于右任等继续在《民国日报》上刊登介绍汪馥园女史鬻书画的广告。(《介绍汪馥园女史鬻书画》,《民国日报(上海版)》1929 年 8 月 1 日,第 12 版)

9 月

是月　陈夫人病又作,包金琳谢绝诊治,改延请厉家福诊治。(《苶窸自订年谱(下)》,第 53 页)

11 月

13 日　访余绍宋,并长谈。(《余绍宋日记》第 3 册,第 850 页)

15 日　因忠义祠有所不便,东皋社在高氏意山园聚餐,是为第五十八集,新增先生与俞人蔚、袁思永、袁思古、许伯遒为社员,畅谈至下午四时半始散。(《余绍宋日记》第 3 册,第 850 页)

是年　为浙江赈务会募洋 30 元。(《浙江振务报告书》,1929 年)

是年　在杭州,不任事。(《茉荽自订年谱(下)》,第 52 页)

1930 年(民国十九年)　　58 岁

1 月

18 日　为苏东坡诞辰,东皋社同人在高时丰①家准园聚会,先生与会,社员中除凌士钧未到外,其余皆与会,到有余绍宋、徐瑞微、叶品三、郑遗孙、马叙伦等二十四人。高时丰又请社外友人十四人,有张载阳、戴鹤皋等。聚会中众人出所藏东坡画像不下百余幅,并治玉糁汤、豆粥佐餐,欢饮至午后三时结束。(马叙伦:《准园寿苏图记》,《东南日报》副刊《金石书画》,1935 年 1 月 25 日;《余绍宋日记》第 3 册,第 865 页)

---

①　高时丰(1876—1960),字鱼占,号存道居士,浙江杭州人。高时敷、高时显之兄。清季秀才,擅长书画篆刻,东皋社成员。

20 日　余绍宋邀请日本领事米内山庸夫于 24 日夜饮,并请先生与高时丰兄弟、郑遗孙、袁思永、武曾保、厉家福作陪。(《余绍宋日记》第 3 册,第 866 页)

24 日　赴余绍宋约,余绍宋所请客悉到,欢饮至夜分始散尽。(《余绍宋日记》第 3 册,第 866 页)

2 月

2 日　访余绍宋。(《余绍宋日记》第 3 册,第 867 页)

3 日　余绍宋答访先生,未遇。(《余绍宋日记》第 3 册,第 867 页)

3 月

18 日　访余绍宋。(《余绍宋日记》第 3 册,第 874 页)

20 日　余绍宋来访。(《余绍宋日记》第 3 册,第 874 页)

5 月

15 日　访余绍宋。(《余绍宋日记》第 3 册,第 883 页)

22 日　余绍宋来访,相谈一小时,后同赴奎元馆吃面。(《余绍宋日记》第 3 册,第 884 页)

28 日　余绍宋得孔繁英赠送的一尾本江鲥鱼,遂转赠先生。(《余绍宋日记》第 3 册,第 884 页)

29 日　余绍宋来访,同往博物馆答访陈训正、姚应泰、陈国钧,姚应泰、陈国钧俱不遇。(《余绍宋日记》第 3 册,第 885 页)

6 月

12 日　项叔翔得一女,取名午庄。(《茅莣自订年谱(下)》,第 53 页)

7 月

6 月下旬至 7 月中旬间　访余绍宋,问疾。(《余绍宋日记》第 3 册,第 889—890 页)

22 日　访余绍宋。(《余绍宋日记》第 3 册,第 890 页)

8 月

30 日　东皋社在意山园聚餐,是为第一百集,先生出奚蒙泉仿大痴秋山卷。余绍宋日记云:"今日东皋聚餐,是为第一百集,同人因约各携一二名迹展览,然佳者殊鲜。欣木出王鸣吉画梅,辅之出童二树山水,巽初出张月川《天堂流泉图》,项兰生出奚蒙泉仿大痴秋山卷,皆可观,余不足记。地点仍在意山园,取其与我相近。是日复添请十余客,食外国菜,觥筹交错,亦足称嘉会也。三时散归。"(《余绍宋日记》第 3 册,第 897 页)

9 月

11 日　访余绍宋,余绍宋因胫创仍未愈,只能卧见。(《余绍宋日记》第 3 册,第 899—900 页)

10 月

2 日　余绍宋来访,坐谈半时许。(《余绍宋日记》第 3 册,第

904 页）

5 日　赴金衢庄画集，散后约余绍宋赴奎元馆吃点心，代晚餐，归时已上灯。（《余绍宋日记》第 3 册，第 905 页）

10 日　以介绍人身份，与王竹斋、邵裴子等人在《杭州国民新闻》上刊登广告，介绍医学博士桑佩恩、陈锦凰医师。广告云："医师桑佩恩历任湘雅及北平协和医院医师有年，来杭四载，任广济及杭州医院主任医师，其诊断准确、治疗敏捷，有口皆碑，遇有疑难杂症无不悉心研究，学理经验皆极丰富，至体会之精到，待遇之诚挚，尤使病家感受无上之亲信。夫人陈锦凰女医师，任津沪间及北平协和医院医师，□有余年，救治妇女疾病及接收各种难产，数将盈万，手术稳□，消毒完备，悉尽科学之能事，来杭后因处理家事，每难应诊。同人等为吾杭女界疾痛之无告，要求陈医师□济公众再出应世。适逢桑医师脱离地方医院，筹设民生医院，合力济世，实一般病家之幸。……同人等或身受大患或素养盛名，特为郑重介绍，使病家知所问津焉。介绍人：王竹斋、邵裴子、焦易堂、郑炳庚、项兰生、马叙伦、韩秉彝、俞子夷、徐补斋、□伯容、钱同人、韩次君、全受仲、陆叔怡、张峄材、丁超五、刘驭万、韩浣清。"（《郑重介绍医学博士桑佩恩、陈锦凰女医师》，《杭州国民新闻》1930 年 10 月 10 日，第 3 版）

14 日　余绍宋发酒约，约先生、马叙伦、袁思永等于 15 日夜饮。（《余绍宋日记》第 3 册，第 907 页）

15 日　下午，余绍宋得知先生、马叙伦等不能赴宴。（《余绍宋日记》第 3 册，第 907 页）

19 日　余绍宋前来问疾，先生已大愈，略谈，余绍宋即归。（《余绍宋日记》第 3 册，第 908 页）

26 日　访余绍宋，不遇。（《余绍宋日记》第 3 册，第 910 页）

30 日　重阳令节,东皋社友在先生家聚会,是为第百十集,三时散。(《余绍宋日记》第 3 册,第 912 页)

11 月

9 日　在《浙江商报》上与袁思永、马寅初等人刊登广告,挽留名医士袁敦五。云:"袁敦五先生精按导古医术,为名著海上证道居士之长兄,前在平津湘汉间与证道居士齐名一时。兹逢应诊莅杭,同人等近年来多有受袁氏兄弟按导医师之惠,或因睹真神术之旧效者,深知其善治危急各症……及其他一切针药不治之疑难重症,俱能应手□效。同人以吾杭病家每有信仰袁氏兄弟之神术至沪就诊者,旅居医养甚感困难,用特掬诚挽留敦五先生在杭小住,有同病者幸勿交臂失之也……挽留人:袁巽初、马寅初、程仰坡、王湘泉、项兰生、都小蕃、钟郁云、高鱼占、俞彦文、杨见心、陈叔辛、方佩绅、王孚川、郑遗孙、高野侯、高绎求。"(《挽留古按道名医士袁敦五先生》,《浙江商报》1930 年 11 月 9 日)

20 日　访余绍宋。(《余绍宋日记》第 3 册,第 915 页)

12 月

4 日　高时丰、高时显、俞人蔚、余绍宋做东,请袁思亮、帅尚明日饮酒,邀先生及袁思永、袁思古、香翰屏、王邈达作陪。(《余绍宋日记》第 3 册,第 920 页)

5 日　赴高时丰等人宴,谈宴至下午四时始散尽。(《余绍宋日记》第 3 册,第 920 页)

26 日　项吉士在杭州得一女,取名嫩葭。(《茮麦自订年谱

（下）》，第 53 页）

是年　居杭州青年路，不任事。（《茅峚自订年谱（下）》，第 53 页）

1931 年（民国二十年）　　59 岁

3 月

是月中上旬　陈夫人携养和及三儿之乳母同去诸暨枫桥归宁扫墓，舟车劳顿，旧疾复发。（《茅峚自订年谱（下）》，第 53—54 页）

是月中上旬　访余绍宋，问疾。（《余绍宋日记》第 3 册，第 944—945 页）

19 日　访余绍宋。（《余绍宋日记》第 3 册，第 945 页）

23 日　陈夫人返杭，已感身体不支。乃致函吉士全眷返杭，继告仲雍亦回。（《茅峚自订年谱（下）》，第 54 页）

4 月

1 日　访厉家福，遇孙智敏、余绍宋。（《余绍宋日记》第 3 册，第 947 页）

10 日　晨，陈夫人不治去世。自订年谱云：“（陈夫人）病中神智极清，处分一切，均有条理，分别对于家中每一人均有嘱咐，最后服樟脑提神，遂感不快，不意强心药之不可请教有如是也。陈夫人性好热闹，故一切善后，均仍用旧式。”（《茅峚自订年谱

208

（下）》,第 54 页）

11 日　先生妻丧,余绍宋同高时丰来吊。（《余绍宋日记》第
3 册,第 948 页）

5 月

27 日　余绍宋折柬招先生及汤尔和、邵章、高时丰、袁思永、
何志萱、凌士钧、王湘泉、许昂若次日下午六时来饮。（《余绍宋
日记》第 3 册,第 954 页）

28 日　余绍宋所延客人除先生外,均至。（《余绍宋日记》第
3 册,第 954 页）

6 月

16 日　访余绍宋。（《余绍宋日记》第 3 册,第 956 页）

是月　陈夫人出殡,枢厝于净寺南库房,定次年安葬。自订
年谱云:“是年值陈夫人六旬诞辰,儿辈以顺母性情,正拟举行庆
祝,不料未及生日,竟成永诀。”（《茮叜自订年谱（下）》,第 54 页）

7 月

10 日　余绍宋来访,一谈即归。（《余绍宋日记》第 3 册,第
961 页）

11 日　余绍宋赠送先生一幅画。（《余绍宋日记》第 3 册,第
961 页）

是月　业师王静甫病故于西湖息庐。（《茮叜自订年谱
（下）》,第 54 页）

8 月

是月　项养和患伤寒,由四儿媳韩树蘋调护,请厉家福、盛佩葱诊治。(《苿宔自订年谱(下)》,第 54 页)

10 月

22 日　访余绍宋。(《余绍宋日记》第 3 册,第 974 页)

11 月

30 日　访余绍宋,不遇。(《余绍宋日记》第 3 册,第 980 页)

12 月

1 日　余绍宋来访。(《余绍宋日记》第 3 册,第 980 页)

22 日　访余绍宋,不遇。(《余绍宋日记》第 3 册,第 984—985 页)

31 日　前往祝贺余绍宋迁新居。(《余绍宋日记》第 3 册,第 985—986 页)

冬　制棉衣分助诸暨枫桥、杭州各二百套,经费从陈夫人所遗私蓄中支出。(《苿宔自订年谱(下)》,第 54 页)

是年　购得桂溪项氏族谱二十四册。(《桂溪项氏均安门续修支谱》)

是年　居杭州青年路,不任事。((《苿宔自订年谱(下)》,第 53 页)

是年　自订年谱载,上海"米价平均十二元九角五分"。(《苿宔自订年谱(下)》,第 54 页)

1932 年(民国二十一年)　　60 岁

1 月

29 日　日军轰炸上海,商务印书馆及东方图书馆被毁,项叔翔书稿亦在内,先生甚为痛心。自订年谱云:"一月廿八日上海日军夜间袭闸北,焚烧工厂民屋,范围不小。商务印书馆及东方图书馆全部遭毁,所存旧版各省志书均片片飞,一无存留,即此一端,代价已不可计。翔儿辛苦多年所著有关外汇一书,亦全稿焚毁在内,甚为痛心。"(《茱荌自订年谱(下)》,第 55 页)

2 月

2 日　余绍宋因沪事益棘,渐觉恐慌,银行已停兑换钞票,人心益浮动,出外一探消息,先访先生。(《余绍宋日记》第 4 册,第 992 页)

9 日　余绍宋前来拜年,先生未起。(《余绍宋日记》第 4 册,第 993 页)

10 日　访余绍宋。(《余绍宋日记》第 4 册,第 993 页)

19 日　余绍宋作书与先生。余绍宋日记云:"本须亲往,懒于出门,故以柬了之。"(《余绍宋日记》第 4 册,第 995 页)

21 日　余绍宋检旧作十幅送先生,为抚恤郑遗孙遗族之用。(《余绍宋日记》第 4 册,第 995 页)

28 日　东皋社友在余绍宋家聚餐,先生赴会。"到十九人:

有高鱼占绎求昆仲、俞彦文序文昆仲、项兰生、陈叔辛、程仰坡、王孚川、陈仲孚、凌励深、徐曙丞［岑］、武劼斋、都小蕃、孙俶仁、陈伯衡、阮性山、丁辅之、胡穆清、袁潜修等。"（《余绍宋日记》第4册，第996页）

3月

21日 访余绍宋。（《余绍宋日记》第4册，第1000页）

25日 余绍宋来访。（《余绍宋日记》第4册，第1001页）

4月

20日 农历三月十五日，六旬生日，来宾甚多，备面席10桌款待宾客。（《茉窕自订年谱（下）》，第54页）

30日 余绍宋画四尺单条为先生六十寿，题曰："拟文待诏荒率之笔，却类李檀园。"又画扇一页，题云："松风涧水天然调，携得琴来不必弹。拟奚蒙泉墨法。"款稚莲。（《余绍宋日记》第4册，第1006页）

5月

9日 将陈夫人安葬于二龙山，工程改用铁筋洋灰，仿枫式用推穴，极清爽。其弟均来会葬，并赠白石石塔一座，陈闿撰传并书，陈诜写心经，先生书往生咒，叶品三题碑额，塔置墓前。（《茉窕自订年谱（下）》，第55页）

先姊项夫人墓志铭

项夫人姓陈，字蔼真，浙江诸暨县籍，父讳通声，清翰林院编修，四川川东兵备道，母骆太夫人第三女也。夫杭县项藻馨，劬学励行，通当世之务，造士作人，振导东南，更以才长综核，蜚声朝野，一为中国银行总裁，因制用无度，废然而还，与夫人伉俪綦笃。生五男，曰疆、曰谔、曰通、曰嘉、曰冲，二女，曰浩、曰义。夫人温恭明恕，严于律身，敏于处事，自其在室时，事亲抚弟，服劳成习；出家奉养舅姑，起敬起孝，仰事俯蓄，操作弥勤，两姓长幼，翕然无间言。其治家，惠而有法，俭而中礼，安不忘劳，变不失常，既相夫起家，遂教子成名，积劳致疾，又连遭亲丧，孝思不已，于辛未年正月归宁省墓，触疾反，遂卒，得年六十。遗言散其私蓄，赒恤两姓亲戚之贫且老者。盖其笃念母家，虽在弥留，犹若是其勤且周也。卒之明年，其弟讷诔阃，送葬于西湖乡二龙山之麓，感时溅泪，临穴生悲，念手足之相依，痛人天之永隔，谨写心经一部，愿介兹景福，引登佛道，伐石刻铭，永证两姓之好，阐乘扬滞，期结来生之缘。铭曰："棠棣之华，聚萼联枝，芳辰不再，因风飘离，或萎而枯，或华而滋，滋乳益繁，终有萎时。惟人善感，我佛戒痴，诸天极乐，嗷嗷胡悲，本性不灭，形骸如遗，出世入世，会合有期，诏示孙子，永以为思。"

中华廿一年，岁次壬申，孟夏之月，诸暨陈阃拜撰并书。

吾师项公元配叶太夫人，以公元一八九六年丙申卒，丘垄久宁，继配陈太夫人，殁于公元一九三一年辛未，翌岁，葬西湖二龙山（即外鸡笼山）。师躬作寿藏，虚左以待，诸暨陈季侃先生，太夫人同怀弟也，志而铭之。其后师立遗言，废寿藏不用，命纲裳卜兆南山公墓，规画粗定，而师遽捐馆舍。迨灵輀还乡，哲嗣等孝思不匮，并嘱移太夫人枢而仍祔焉。志铭本附刊于经幢，幢圮，文字亦多曼漶，遂弃之，旧拓仅有存者，窃虑嘉言懿行，高谊宏文，日久湮灭，因录付誊写，分贻戚友，俾彰潜德之幽光云。丁酉冬日,泉唐蒋绚裳。

6 月

1 日　余绍宋来访,谈片刻。(《余绍宋日记》第 4 册,第
1012 页)

4 日　访余绍宋,相谈甚久。(《余绍宋日记》第 4 册,第
1012 页)

6 日　与徐行恭①访余绍宋,告以王氏坟地与之江大学牟辖
辖事,并商讨办法。(《余绍宋日记》第 4 册,第 1013 页)

7 月

19 日至 23 日间　在莫干山与陈诜访余绍宋。(《余绍宋日
记》第 4 册,第 1022—1023 页)

24 日前　已从莫干山返回杭州。(《余绍宋日记》第 4 册,第
1022—1023 页)

是月　为蒋绚裳书扇,所书内容摘自宋代王灼《碧鸡漫志》
卷四《水调歌与河传》《兰陵王》《夜半乐》,具体内容为:"《河传》,
唐词存者二,其一属南吕宫,凡前段平韵,后仄韵。其一乃今《怨
王孙》曲,属无射宫。以此知炀帝所制《河传》,不传已久。然欧
阳永叔所集词内,《河传》附越调,亦《怨王孙》曲。今世《河传》乃
仙吕调,皆令也。《兰陵王》,北齐史及《隋唐嘉话》称:齐文襄之
子长恭封兰陵王,与周师战,常戴假面对敌,击周师金墉城下,勇
冠三军。武士共歌谣之,曰《兰陵王入阵曲》。今越调《兰陵王》,

---

①　徐行恭(1893—1988),号曙岑,浙江杭州人。时任浙江兴业银行杭州分行经
理,东皋社成员。

凡三段二十四拍,或曰遗声也。此曲声犯正宫,管色用大凡字、一字、勾字,故亦名大犯。又有大石调《兰陵王慢》,殊非旧曲。周齐之际,未有前后十六拍慢曲子耳。《夜半乐》,唐史云:民间以明皇自潞州还京师,夜半举兵,诛韦皇后,制《夜半乐》《还京乐》二曲。《乐府杂录》云:明皇自潞州入平内难,半夜斩长乐门关,领兵入宫。后撰《夜半乐》曲。今黄钟宫有《三台夜半乐》,中吕调有慢、有近拍、有序,不知何者为正。录《碧鸡漫志》奉绡裳老棣□字。壬申六月项藻馨。"(《前任中国银行总裁项兰生氏为蒋绡裳先生书扇》,《天津商报画刊》第 12 卷第 3 期,1934 年 8 月)

8 月

3 日 《时事新报》报道,先生等浙江士绅呈请浙江省政府废止杭州坟墓登记规则。报道云:"浙绅项椒连、吴士鉴、王湘泉等,因杭州市长赵志游,西湖区内,划定禁葬区域为名,举办坟墓登记,征收登记费,违法敛钱,特呈请浙江省政府废止登记规则,另定私葬罚则。"同日,《新闻报》亦有相似报道。(《浙人反对西湖坟墓登记》,《时事新报》1932 年 8 月 3 日,第 3 版;《浙绅反对西湖坟墓登记》,《新闻报》1932 年 8 月 3 日,第 13 版)

4 日 余绍宋来访,问先生疾,先生已痊愈。(《余绍宋日记》第 4 册,第 1026 页)

20 日 访余绍宋。(《余绍宋日记》第 4 册,第 1029 页)

9 月

8 日 与东皋社友相约游玉皇山与南山一带。余绍宋日记载:"晴。今日东皋社友约游玉皇山及南山一带,七时许赴砺深、巽初处,招同往清华旅馆会齐,计到十一人,仰坡、鱼占、彦文、穆清、厓才、竹人、兰生、叔辛与焉。八时启程,九时半抵山巅,左瞰湖光,右览江势,形势极好。有福星观观主李理山道士极意款待,至为殷勤,而人甚精明,一望知非可侮之人。据其自述,曾被党人诬其为共产党,卒免于难,又曾逢盗,亦未为所劫云。观本倾圮,赖彼多方募款兴修,焕然改观,且藏书不少。曾出示《逍遥墟》《寂光镜》两书,图绘极精,故宫中物也,闻以六百金得之,其富可想。又欲纂《玉皇山志》,闻志[余]谙此事,出稿相示,亦尚有条理,惟搜辑未完,当以体例告之。玉皇山本称玉龙山,又称玉柱峰,《西湖志》则称育王山,育王当即阿育王,疑昔时有寺,故称佛号,后改道观,遂有今称也。中午斋饭甚精,斋后赴满觉街赏桂花,初开甚香冽,略坐即越翁家山入烟霞洞,沿途俱有桂,风景绝佳,经此不下二三十回,不厌也。赴满觉街时曾经石屋洞小憩失记。在烟霞洞休息约一小时,转赴龙井,又休憩一时许始归,途过于忠肃坟,一为凭吊,归寓时已五时半矣。"(《余绍宋日记》第 4 册,第 1033 页)

25 日　东皋社友在先生家聚餐,下午一点半开席,三点餐毕。(《余绍宋日记》第 4 册,第 1039 页)

是月　因杭州盐业银行内部情况复杂,项吉士心力交瘁且患失眠症,鉴于前途无望,辞职。自订年谱云:"吉儿在杭盐业不意内容不堪,原经理金博侯习气甚深,局中人官僚气味浓厚,百弊俱全,难与共事,弊案揭晓后继任人庸懦无能,对前任各案既无以善其后,徒斤斤计较个人得失,内部情况复杂,心力交瘁,且患失眠症,鉴于前途无望,遂于九月辞职,谋另图。"(《茉菱自订年谱(下)》,第 55 页)

10 月

是月 捐先叔祖遗著《下学算弇术》《十三经源流口诀》二部数十块版片给浙江省立图书馆,图书馆先印数部归旧书处发售。图书馆评价道:"此项版片虽不多,但果能推项先生之心为心,则本省私家藏版之名著必多,果能尽以归公,流传于世,则表章文献之效为何如也。"(《浙江省立图书馆月刊》第 1 卷第 9 期,1932年)

11 月

3 日 访余绍宋,贺其五十寿辰。(《余绍宋日记》第 4 册,第 1052—1053 页)

7 日 上午,余绍宋来访。(《余绍宋日记》第 4 册,第 1054页)

12 日 上午 9 时,参加安定中学举行三十周年纪念大会,作为旧教职员代表致辞。云:"今天是安定中学三十周年,鄙人躬逢其盛,殊为欣幸。回想三十年前草创,历历如在目前,尤令人感觉光阴之迅速。方才校长报告安定创设,是赖邵伯䌹先生、陈仲恕先生、陈叔通先生等,建议与赞助之力;其实当时赞助最力的,还有一位杭绅杨雪渔先生,这位杨先生,不但是胡趾祥先生最信仰的,更是在官厅方面是有力量的一位。查胡先生当时不过想开一家塾,杨先生则力主开设学堂,既然有了成议,杨先生又商准当局,将葵巷敷文讲学庐全部拨归学校,且往来公文,亦系杨先生主稿,是安定之成,杨先生之功,未可湮没,故特表而出之,以补校史之不足。"(《浙江省杭州市安定中学三十周年纪念

汇录》,第 2、11—12 页)

13 日　余绍宋检一幅写竹旧作赠先生。(《余绍宋日记》第
4 册,第 1055—1056 页)

14 日　移居长生路,租陈诜房屋居住。青年路房屋作价
3.6 万元出售予南京蒋苏盒,售价与成本相近,足够日后生活。
(《茟孨自订年谱(下)》,第 54 页)

20 日　余绍宋访先生,不遇。(《余绍宋日记》第 4 册,第
1057 页)

21 日　访余绍宋,赠寿礼,余绍宋约先生后日会饮。(《余绍
宋日记》第 4 册,第 1058 页)

22 日　因北平浙江省同乡会胡惟德等及先生等杭州市民先
后电呈反对杭州市坟墓登记规则各案,浙江省政府委员会召开
会议进行了讨论。民政厅认为"该规则所订第四第五条两条,均
有详妥修正之必要。至禁止私葬,自应另定办法",经浙江省政
府委员会讨论,议决"杭州市禁葬区域内,已葬坟墓登记规则,应
即撤销,另由该市政府拟具禁止私葬办法,呈候核定施行"。自
订年谱亦云:"杭市长赵志游对于私人茔墓特设苛例登记,吾联
合杭绅控呈省政府,经主席鲁涤平批令撤消[销]。"(《浙江省政
府公报》第 1680 期,1932 年 11 月 28 日;《西子湖畔百年后将成
坟场》,《时事新报》1932 年 12 月 2 日,第 6 版;《茟孨自订年谱
(下)》,第 54 页)

23 日　赴余绍宋宴,到宴者有 33 人。余绍宋日记云:"今日
请客凡三十有三人,暄初、绥之、邈达、孚川、品三、劼斋、芗泉、兰
生、彦文、鱼占、巽初、欣木、伯衡、心庵、仰坡、叔辛、厪才、松渠、
又来、俶仁、潜修、穆清、裴子、绎求、性山、曙岑、序文、毅成、润
生、西池、汉屏、曙东、默思也。未到者劼斋、又来、俶仁、西池四

218

人,十时散尽。"(《余绍宋日记》第 4 册,第 1058 页)

30 日　夜设宴,余绍宋等赴宴。(《余绍宋日记》第 4 册,第 1059 页)

12 月

4 日　下午,与徐行恭、姚戟楣访余绍宋,未遇。(《余绍宋日记》第 4 册,第 1060 页)

5 日　与徐行恭访余绍宋。(《余绍宋日记》第 4 册,第 1060 页)

11 日　《杭州民国日报》刊登先生与竺鸣涛、赵志游、盛佩葱等为介绍人的广告,推介产科名手张惠黎女士。广告云:"女士毕业于前浙江省立产科学校,曾任南通医科大学附属医院产妇科医生兼该校附设助产看护养成所教授,与中国著名产妇科专家冯启亚博士共事数载,深得冯博士之信仰、随时指导,因之学益深进。嗣后历任萧山东乡医院产妇科主任、杭州公济医院产科医士等职。时上海慈航助产学校慕女士之名,聘为该校教授兼附属医院产妇科医生。自一·二八沪变发生后,女士遂束装返杭,随时接生应诊。同人等鉴于向隅之多特劝女士正式开业,造福女界当荷,女士应允服务桑梓。女士现寓杭州市上板儿巷新五十一号,电话一三六七号转,并设通讯处于杭州下板儿巷公济医院新市场西浣纱路二弄口沈承瑜医师诊所及本市雄镇楼产科许祝平寓所。同人等以女士学识优秀,经验宏富,敢志数语用资介绍,俾产家知所问津焉。介绍人:竺鸣涛、赵志游、盛佩葱、徐曙岑、项兰生、张信培、钱家治、应尔信、厉绥之、何志葟、何道衡、施调梅、王吉民、沈承瑜、褚君谷、宋殿生、张辅衮、徐佐青、方序东、郑炳庚、陈彬、王衷海、马策、周声洪。"该广告在 12 月《杭

州民国日报》上多次刊登。(《介绍产科名手张惠黎女士》,《杭州民国日报》1932 年 12 月 11 日,第 2 版)

12 日 《杭州民国日报》刊登先生与程良驭[①]、王竹斋、余绍宋等为介绍人的广告,推介医师吴一之。广告云:"吴医师专心致力于内科、小儿科之研究,凡十余年。历任北平协和医院医师、北平市立医院内科主任、上海东南医科大学内科教授、上海圣心医院内科主任等职。兹受本市市立病院之聘来杭主持内科及小儿科,同人等以相知有素,爰请于公余之暇,悬壶应诊,以惠病者。吴医师诊所在法院前延龄路长生路口。时间:门诊下午二时至六时,出诊随时。产科由吴沈静娴女士专理。介绍人:程紫缙、王竹斋、余越园、项兰生、曾养甫、程天放、王湘泉、袁巽初、许绍棣、胡建中、郑文植、赵志游、俞彦文、钱士青、杜镇远、寿毅成、徐曙岑、周季纶、许季明、张又莱、朱内光。"该广告在 12 月《杭州民国日报》上多次刊登。(《介绍医师吴一之》,《杭州民国日报》1932 年 12 月 12 日,第 1 版)

27 日 四儿韩树蘋媳产一女,取名缄文。(《茉宓自订年谱(下)》,第 55 页)

是年 杭州市整理土地,按例家族各墓应呈报测丈,先生开始调查整理三十世祖梅侣公王山之墓。(《桂溪项氏均安门续修支谱》)

是年 为安定中学三十周年纪念题词"进德无量"。(《浙江省杭州市私立安定中学之三十年》)

---

① 程良驭(1857—?),字紫缙,浙江杭州人,清举人,曾任江苏太湖同知。

项兰生为安定中学成立三十周年纪念题词

是年 马寅初、朱孔阳以集股的方式,募得资金,在杭州郊区留下镇附近购得不能耕种的"僵土地"二百余亩,开办了"钱塘公墓",马寅初任董事长,朱孔阳任总经理,先生与马一浮等为赞助人。公墓专门辟出一地块做"义地",埋葬被抛撒的尸骨以及死后无力安葬的穷人。(钱杭瑛:《风骨劲节:马寅初廉政故事集》,中国方正出版社2010年版,第307页)

是年 居杭州青年路,不任事。(《苶宐自订年谱(下)》,第54页)

1933 年(民国二十二年)　　61 岁

3 月

5 日　项叔翔在天津生一女,取名霁娱。(《苶宧自订年谱(下)》,第 55 页)

11 日　俞人蔚、余绍宋来访。(《余绍宋日记》第 4 册,第 1081 页)

21 日　中午在得升馆设宴,余绍宋等赴宴。(《余绍宋日记》第 4 册,第 1082 页)

25 日　余绍宋为泗乡圈地纷扰事来访。(《余绍宋日记》第 4 册,第 1083 页)

26 日　中午,余绍宋与高时丰昆仲合请陈汉第昆仲,约先生与俞人蔚、袁思永、邵裴子、徐行恭、孙世伟、程学銮①作陪,宾客十时许陆续至,直至下午四时始散。(《余绍宋日记》第 4 册,第 1083 页)

27 日　中午,与陈诜招饮,在座有余绍宋等。(《余绍宋日记》第 4 册,第 1084 页)

4 月

2 日　余绍宋来访。(《余绍宋日记》第 4 册,第 1086 页)

---

　　①　程学銮(1879—1960),字仰坡,浙江杭州人。程良驭之子。东皋社成员,时在杭州市政府任职。

4月6日　余绍宋将其致书王念劬①为孙智敏谋事的信函送先生,不遇。(《余绍宋日记》第4册,第1087页)

5月

22日　访余绍宋。(《余绍宋日记》第4册,第1096页)

6月

2日　为高时丰被诬事,访余绍宋。(《余绍宋日记》第4册,第1099页)

6日　访余绍宋,为高时丰事策划。(《余绍宋日记》第4册,第1099页)

7日　下午为高时丰事访余绍宋,余绍宋日记云:"鱼占事仍未能了,资本家之气焰真可怕也。"(《余绍宋日记》第4册,第1099页)

26日　访余绍宋。(《余绍宋日记》第4册,第1103页)

7月

5日　东皋社借高时丰宅准园聚会,先生赴会,到会社员者26人。余绍宋日记云:"十时赴鱼占宅,今日东皋借其准园开聚餐会也,到者二十六人,凡在杭社员无缺席者,来宾二人亦到,可谓极一时之盛,亦以鱼占近遭不幸,同人藉此往慰之也。下午三时半始散归。"(《余绍宋日记》第4册,第1106页)

11日　访余绍宋。(《余绍宋日记》第4册,第1106—1107页)

---

①　王念劬(1877—1951),字松渠,浙江黄岩人。时任杭州西湖博物馆馆长。

8 月

22 日 吴震春收到先生来信。（吴雷川著、李广超整理：《吴雷川日记》，商务印书馆 2020 年版，第 126 页）

17 日 余绍宋来访。（《余绍宋日记》第 4 册，第 1114 页）

夏 从陈夫人遗款中提款购买痧药，分赠各处。（《茶庵自订年谱（下）》，第 55 页）

9 月

4 日 吴震春致信先生。（《吴雷川日记》，第 127 页）

9 日 撰文《总办事处未成立以先之历史》，登载浙江兴业银行所办刊物《兴业邮乘》第 13 期中。文章回顾了从浙江兴业银行创办到 1915 年总办事处成立前的发展历史。（《兴业邮乘》第 13 期，1933 年 9 月 9 日）

11 月

约是月 杭州候潮门大火灾，从陈夫人遗款中出资购米十担分赠灾民。① （《茶庵自订年谱（下）》，第 55 页）

12 月

23 日 陈叔通从上海来杭州，访余绍宋，先生与陈诜随至，众人谈及时事，相与太息而已。（《余绍宋日记》第 4 册，第 1140 页）

---

① 该条在《茶庵自订年谱》中，无具体时间，根据杭州候潮门大火灾发生时间 1933 年 10 月 24 日判断，先生购米救济灾民约在 11 月。

是月　周庆云先生逝世,送"耆旧凋零""清微未沫"挽联。①
(周延礽:《吴兴周梦坡先生哀思录》,1935 年,第 14 页)

是年　居杭州长生路,不任事。(《茉崦自订年谱(下)》,第 55 页)

1934 年(民国二十三年)　　62 岁

4 月

17 日　上午,参加绸业银行杭州分行开业典礼。报道云:"绸业银行杭州分行,前日上午九时,举行开幕典礼,党政绅商各界,及银钱业领袖,先后莅临,计有王晓籁、王湘泉、王澂莹、莒苾筹,绅商各界张暄初、袁巽初、项兰生、周季纶、罗霞天等三百余人。由该行总经理王延松,副经理骆清华,常务董事俞佐庭、沈琴斋,董事裴云卿、寿毅成、陈小蝶、王伯瀛,监察人葛叔谦,杭行经理傅瑞禾、副经理王沛润、襄理王绍甫等殷勤招待。当由王延松致词欢迎,敦请各界领袖随时指导,并分赠纪念册,以志纪念。"(《绸业银行杭州分行开幕》,《时事新报》1934 年 4 月 19 日,第 5 版)

是日　访余绍宋。(《余绍宋日记》第 4 册,第 1164 页)

19 日　余绍宋为先生友人画一幅松小帧。余绍宋日记云:

---

①　周庆云(1864—1933),字景星,又字逢吉,号湘舲,别号梦坡,浙江吴兴人,1933 年 12 月 7 日在上海逝世。原文无具体时间,根据周庆云逝世日期判断,先生送挽联应在 12 月。

"画松四小帧,一为武人张力行,一为南京荣宝斋,一为张子样之友号子谦者,一为项兰生之友,仅须单款,甚大雅也。"(《余绍宋日记》第 4 册,第 1164—1165 页)

21 日 余绍宋写竹五幅,其一为先生代求者。(《余绍宋日记》第 4 册,第 1165 页)

5 月

12 日 余绍宋宴请俞人蔚,先生与高时丰、高时显、袁思永、袁思古、陈锡均、武曾保、程学銮等列名,俞人萃与厉家福作陪,上午九时半诸人陆续至,下午三时半始散尽。(《余绍宋日记》第 4 册,第 1171 页)

6 月

16 日 项怡如以工作不惯,坚持继续就学,于端午节由上海不告而别,只身去天津。由雍、翔、吉三子商请仍任其继续学业,进燕京大学。(《茉奁自订年谱(下)》,第 56 页)

20 日 黄启塪以先生之介,访余绍宋。(《余绍宋日记》第 4 册,第 1178 页)

8 月

3 日 长孙女慎止殇于伤寒症。(《茉奁自订年谱(下)》,第 56 页)

4 日 《天津商报画刊》刊载,先生为蒋绹裳所书的扇面。(《前任中国银行总裁项兰生氏为蒋绹裳先生书扇》,《天津商报画刊》第 12 卷第 3 期,1934 年 8 月)

10 日 余绍宋来访,略坐即辞。(《余绍宋日记》第 4 册,第 1185 页)

17 日 访余绍宋。(《余绍宋日记》第 4 册,第 1186 页)

9 月

15 日 与邹安①、余绍宋、陈锡均等为童大年制《童大年润例》。《东南日报》副刊《金石书画》创刊号刊载:"童心龛先生,名大年。精篆隶,兼工铁笔。历 50 载,名重寰瀛。近居武林,颐养多暇。研究金石,乐此不疲。凡慕先生手笔者,件交沪杭各笺扇庄,西泠印社均可代收,或径交杭旧藩署宾官弄 60 号本宅。详细润格,函索即寄。邹适庐、项兰生、余越园、陈伯衡、高野侯、邵裴子同启。附录略例:堂幅 6 尺 12 元,5 尺 10 元,3、4 尺 8 元。屏条减半,楹联 6 尺 8 元,5 尺 6 元,3、4 尺 5 元。扇册 4 元。石章每字朱文 2 元,白文元半,牙章加倍,墨费加二成。"(《金石书画》第 1 期,1934 年 9 月 15 日)

秋 项吉士调任浙江兴业银行杭州分行襄理。(《苿叜自订年谱(下)》,第 56 页)

11 月

17 日 赴上海游吴淞叶家花园、兆丰公园②等处,住儿子项仲雍家。不久即回杭州。(《苿叜自订年谱(下)》,第 56 页)

---

① 邹安(1864—1940),字寿祺,一字景叔,号适庐,浙江杭州人。金石家,擅治印。

② 今中山公园。

12 月

14 日　访余绍宋。(《余绍宋日记》第 4 册,第 1226 页)

冬　就陈夫人遗款中购米粟 10 担分赠各处。(《茉孁自订年谱(下)》,第 56 页)

是年　购湖墅贾家弄空地。(《茉孁自订年谱(下)》,第 56 页)

是年　居杭州长生路,不任事。(《茉孁自订年谱(下)》,第 56 页)

1935 年(民国二十四年)　　63 岁

1 月

13 日　因杭州市吴山伍公祠年久失修,被人侵占,下午 1 时,杭州士绅在金衙庄志义祠集议讨论维护该祠办法,先生与会,参会的还有张载阳、王廷扬、余绍宋、金润泉、王湘泉等,共三十余人。会议决定一面备具公呈送请民政厅、财政厅及市政府分别严办,一面请屠鉴渊、杨崇善两律师处理此事。(《吴山伍公祠被人侵占士绅讨论办法》,《东南日报》1935 年 1 月 14 日,第 8 版)

3 月

22 日　偕次女项养和去上海,准备参观故宫博物院运英古

物展览会。后与项仲雍等同游无锡小箕山、鼋头渚、梅园、惠泉山、蠡园等处。(《茮奭自订年谱(下)》,第 56 页)

是月 闻浙江兴业银行上海总行经理大事私人经营,谣传满天。(《茮奭自订年谱(下)》,第 56 页)

4 月

19 日 项浩在杭州生萍娟。(《茮奭自订年谱(下)》,第 56 页)

26 日 参观故宫博物院运英古物展览会,在会场中遇余绍宋。(《余绍宋日记》第 4 册,第 1266 页)

27 日 余绍宋来访,午刻始离。(《余绍宋日记》第 4 册,第 1266 页)

30 日 上午,在杭州,访余绍宋。(《余绍宋日记》第 4 册,第 1266 页)

5 月

5 日 中午,与俞人蔚、陈诜招饮,座中有王竹人、王廷扬、武曾傅、高时丰、高时敷、徐行六人,合为四百岁寿,余绍宋独为陪客。(《余绍宋日记》第 4 册,第 1267—1268 页)

夏 就陈夫人遗款中购痧药分赠各处。(《茮奭自订年谱(下)》,第 56 页)

7 月

13 日 下午 1 时,杭州各界救火联合会改选结果公布,执行委员 25 人,候补 7 人;监察委员 15 人,候补 7 人,先生当选监察

委员。(《杭各界救火会议决征增房捐充经费》,《东南日报》1935
年 7 月 14 日,第 6 版)

是日　余绍宋来访,与先生一谈。(《余绍宋日记》第 4 册,
第 1286 页)

9 月

28 日　余绍宋作柬约先生及汤尔和、俞涵卿、余棨昌、洪铸
生、周祖琛、凌士钧、郑文礼、邵裴子、徐行恭、姜丹书晚上来寓便
饮,令粤庖治具。晚,先生赴宴,十一时后始散。(《余绍宋日记》
第 4 册,第 1303—1304 页)

10 月

3 日　杭州市水灾急赈会发表书画筹赈办法,书画助赈展览
会会期定 10 月 21 日起,至 10 月 27 日止,先生为赞助委员。
(《杭市水灾急振会发表书画筹振办法》,《东南日报》1935 年 10
月 4 日,第 6 版)

21 日　余绍宋来访,约先生加入杭城绅士每星期五聚餐。
余绍宋日记云:"日来谣诼益盛,深恐将来地方治安受其影响,然
亦无法补救。过张煊初处一谈,以为杭城绅士太无联络,颇欲约
数人聚谈,藉知各方情事。钱士青亦来,甚赞之,余亦附和,因拟
每星期五聚餐,轮作主人云。赴项兰生处一谈,即约其加入聚餐
会。"(《余绍宋日记》第 4 册,第 1312 页)

24 日　赴余绍宋处一谈。(《余绍宋日记》第 4 册,第 1313
页)

25 日　中午,钱文选约饮,此为杭城绅士聚餐会之第一次,

约定张载阳、袁思永、金润泉、张旭人、陆启、程学銮、项兰生、徐行恭、童吉生、余绍宋十一人轮作东道。(《余绍宋日记》第 4 册,第 1313 页)

26 日 访余绍宋。(《余绍宋日记》第 4 册,第 1313—1314 页)

11 月

4 日 余绍宋来访。(《余绍宋日记》第 4 册,第 1316 页)

6 日 余绍宋折柬,招先生等聚餐会诸人,后日中午来寓聚饮。(《余绍宋日记》第 4 册,第 1316 页)

8 日 中午,与聚餐会诸人在余绍宋家聚饮,下午二时始毕。(《余绍宋日记》第 4 册,第 1316—1317 页)

10 日 四儿媳韩树蘋生粲孙于长生路。(《茮叜自订年谱(下)》,第 56—57 页)

15 日 余绍宋作书与先生。(《余绍宋日记》第 4 册,第 1318 页)

24 日 余绍宋来访,不遇。(《余绍宋日记》第 4 册,第 1320 页)

25 日 上午,赴余绍宋处一谈。(《余绍宋日记》第 4 册,第 1320 页)

冬 就陈夫人遗款中购米粟 10 担分赠各处。(《茮叜自订年谱(下)》,第 56 页)

是年 浙江书局总结自刻书版和各家捐赠、售让和寄存书版情况,浙江书局书版十六万三千片,其中自刻的有十二万二千余片;各家捐赠的三万九千八百九十三片。计得先生捐赠六十七片。(魏隐儒:《中国古籍印刷史》,印刷工业出版社 1988 年

版,第 150 页)

是年 查得三十世祖梅侣公王山之墓,并申请杭县派员测丈。(《桂溪项氏均安门续修支谱》)是年居杭州长生路,不任事。(《茬嫠自订年谱(下)》,第 56 页)

1936年(民国二十五年) 64 岁

1 月

25 日 上午,余绍宋来访。(《余绍宋日记》第 5 册,第 1334 页)

26 日 访余绍宋,未遇。(《余绍宋日记》第 5 册,第 1334 页)

2 月

21 日 二儿媳朱传恭在天津生一男,取名坤三。(《茬嫠自订年谱(下)》,第 57 页)

4 月

19 日 浙江省图书馆协会在省立图书馆大礼堂举行成立大会,《东南日报》载,先生允诺参加莅临。(《浙江省图书馆协会今日举行成立大会》,《东南日报》1936 年 4 月 19 日,第 7 版)

6月

12日 浙江省政府委员会举行第 828 次常会,会议中民政厅长徐青甫称,私立浙江病院维持员陈叔通等呈请继续维持浙江病院或另予设法援助,建议由省指派人员组设浙江病院院务委员会,以便规划一切。会议议决组织院务整理委员会,民政厅厅长徐青甫、财政厅厅长程远帆、教育厅厅长许绍棣等为委员,先生亦列名其中。(《省府昨决议筹设国民经济建设分会》,《东南日报》1936 年 6 月 13 日,第 5 版)

25日 浙江省文献展览会决定函聘先生为书籍组副主任,主任为孙世伟。(《浙省文献展览会聘定分组及各区正副主任》,《东南日报》1936 年 7 月 20 日,第 7 版)

7月

27日 中午左右,吴震春来访,不遇。(《吴雷川日记》,第 155 页)

夏 就陈夫人遗款中购痧药分赠各处,捐助上海佛学会放生捐。(《茀斋自订年谱(下)》,第 57 页)

10月

20日 赴余绍宋处一谈。(《余绍宋日记》第 5 册,第 1390 页)

28日 根据浙江文献展览会统计,截至 10 月 28 日,先生提供展品 7 种,共 11 件。(《浙江文献展览会特刊》,第 26 页)

31日 上午,为浙江省教育厅主办的浙江文献展览会开幕典礼揭幕,并发表演说。到会各机关代表及名人学者有叶恭绰、张寿镛、王廷扬、余绍宋、邵裴子、郑文礼、钱均夫、赵会珏、徐行恭等二百余人,典礼在杭州大学路省立图书馆举行,由教育厅厅长许绍棣主持,展览会于次日正式开放。(《浙江文献展览会开幕》,《申报》1936 年 11 月 1 日,第 11 版;《浙省文献展览会开幕志盛》,《时事新报》1936 年 11 月 2 日,第 8 版)

秋　项浩移居南京,故偕养和于秋间往南京一游,住十天返回杭州。(《茉垞自订年谱(下)》,第 57 页)

12 月

12 日　西安事变发生。自订年谱载:"谣言纷起。"(《茉垞自订年谱(下)》,第 57 页)

冬　在陈夫人遗款中购米票,分赠各处。(《茉垞自订年谱(下)》,第 57 页)

冬　为三十世祖梅侣公墓补碑加土,墓地修葺一新。(《桂溪项氏均安门续修支谱》)

是年　浙江省文献展览会展出先生收藏的抄本《崇兰堂文初存》二册,该书为清钱塘张预著。(《浙江省文献展览会专载》,第 229 页)

是年　在杭州花费 130 元购得的"张溥山山水一幅,有张叔未及张燕昌题字"。(《茉垞自订年谱(下)》,第 60—61 页)

是年　废除送灶祀神。(《茉垞自订年谱(下)》,第 57 页)

是年　居杭州长生路,不任事。(《茉垞自订年谱(下)》,第 57 页)

是年　自订年谱载,上海"米价平均十元零四角二分"。(《茉垞自订年谱(下)》,第 57 页)

1937 年(民国二十六年)　　65 岁

1 月

29 日　赴余绍宋处一谈。(《余绍宋日记》第 5 册,第 1405 页)

20 日　项怡如返回杭州。(《茉蓥自订年谱(下)》,第 59 页)

是月　二儿媳朱传恭从天津来杭州,为其母送葬,居住十日后返回天津。(《茉蓥自订年谱(下)》,第 59 页)

2 月

3 日　项怡如离开杭州回北平。(《茉蓥自订年谱(下)》,第 59 页)

15 日　访余绍宋。(《余绍宋日记》第 5 册,第 1408 页)

16 日　余绍宋答访。(《余绍宋日记》第 5 册,第 1408 页)

3 月

19 日　参加王廷扬的丧礼。下午 3 时题主举行,邵裴子主点,陈勤士与先生襄助。(《王孚川灵槟今晨移厝公墓》,《东南日报》1937 年 3 月 20 日,第 6 版)

20 日　王廷扬灵柩移往松木场第一公墓,先生前往执绋并拜祭。(《王孚川灵柩昨晨移厝第一公墓》,《东南日报》1937 年 3 月 21 日,第 6 版)

是月　自订年谱载："杨虎在西湖朱公祠隔壁建筑华屋,闻蒋①见之令充公,果有其事否,待考。"(《茶弇自订年谱(下)》,第60页)

4月

1日　9时,参加杭州市各界在西湖岳坟举行公祭岳飞的仪式。仪式结束后,10时,岳庙款产保管会召开委员会议,讨论补选执委问题,公推先生为执行委员。(《昨各界公祭岳王墓》,《东南日报》1937年4月2日,第8版)

7日　为丁家山事控告市长周象贤事访余绍宋,请其具名,余绍宋应允。(《余绍宋日记》第5册,第1418页)

是月　由徐有生经手出售了湖墅贾家弄基地,购买了清潮市牌楼(即米市巷)徐宅间壁的旧楼屋一所,计地一亩四分,价三千九百元。自订年谱载:"当时以城市嚣尘奢侈,郊区较为宁静朴素,拟作终老计,并为身后作家庙之用,虽儿辈不以为然,未顾也。"(《茶弇自订年谱(下)》,第59页)

是月　项浩由南京来杭州。(《茶弇自订年谱(下)》,第59页)

5月

14日　访余绍宋。(《余绍宋日记》第5册,第1427页)

是月　被上海文献展览会筹备会推为理事,及杭州征集委员会委员。(上海文献展览会:《上海文献展览会概要》,1937年,

---

①　蒋即蒋介石。

第 5、9 页)

是月 女婿钱天鹤来杭州,不久夫妻相偕回南京。(《茮宦自订年谱(下)》,第 59 页)

6月

6 日 暑假项怡如因患失眠症,返杭州。(《茮宦自订年谱(下)》,第 59 页)

是月 与女儿项养和绘菊花图,为罗端生祝五十寿。先生题识:把菊延年,端生五哥姻世大人五旬之庆,世姻愚弟项藻馨拜祝。钤印:项藻馨(白文)。项养和款识:丁丑五月项羲写。钤印:项羲(白文)。(资料来源:https://auction.artron.net/paimai—art5108930071)

7月

12 日 孙子淦二,因伤寒,不治而殇。(《茮宦自订年谱(下)》,第 59 页)

夏 就陈夫人遗款中购痧药分赠各处。(《茮宦自订年谱(下)》,第 59 页)

8月

5 日 浙江省抗敌后援会成立,先生被推举为执行委员。(《本省人民团体及士绅组织省抗敌后援会成立》,《东南日报》1937 年 8 月 6 日,第 7 版)

6 日 项浩部分子女宁一、临三、临四及笑嫒 4 人由钱毅成之母(女婿钱天鹤堂嫂)率领先行来杭州避难。后一同随迁湖

墅、莫干山，再杭州、上海，直至抗战胜利。(《茅奁自订年谱
(下)》，第59—60页)

9日　项仲雍媳吴良辉因心脏不支，在汉口病逝。自订年谱
云："大难之中，除因病殇一媳一孙①外，幸皆无恙。"(《茅奁自订
年谱(下)》，第59页)

13日　浙江省图书馆长陈训慈将杭州文献展览会开幕时借
去的沪工部局行路照(先生父亲遗物)一纸和光绪十一年(1885)
上海租界地图扇一柄，交还。自订年谱载：杭州沦陷后，上述物
品及"祖先遗容、祖遗各件，暨吾历年辛勤所积之书画、文物、衣
服、用具等等，不计其数，悉遭日寇先后劫去，至此万念俱灰，衷
心受创綦深，无法自解矣"。(《茅奁自订年谱(下)》，第59页)

14日　日本飞机飞临杭州，不得安居。(《茅奁自订年谱
(下)》，第58页)

15日　为躲避日机，仓促避往湖墅徐有生家。(《茅奁自订
年谱(下)》，第58页)

21日　从徐有生家移往葛岭。自订年谱载："初避湖墅时，
王子鸿夫人全眷携辎重十余箱踵至，徐家万目睽睽，颇觉不安。
告以情形，答云可嘱警察保护，不愿与无识之人饶舌，故移葛
岭。"(《茅奁自订年谱(下)》，第58页)

24日　农历七月十九日先妣九旬冥纪，因警报频繁，不能设
祭，十分悲痛。(《茅奁自订年谱(下)》，第60页)

26日　听从亲友劝说，迁往莫干山。自订年谱载："住葛岭
时，人多嘈杂，昼夜不宁，尤以怡儿患失眠，不能安睡，故又移莫
干山。"(《茅奁自订年谱(下)》，第58页)

---

①　一孙即项叔翔长子淦二。

29 日　项浩在南京产一子,为取名匡武。(《茅奓自订年谱（下）》,第 59 页)

9 月

23 日　因"七七""八一三"事变连踵而来,路途阻碍,项怡如未能返校,转往汉口项仲雍处。后去重庆。(《茅奓自订年谱（下）》,第 59 页)

是月　住莫干山,笑媺、缄文二孙患疟疾。(《茅奓自订年谱（下）》,第 60 页)

11 月

是月底　闻 11 月 26 日陈理卿次子仲勉全眷下山回杭去沪,于渡曹娥江时司机失事直冲入江,一门老小三代共八口尽死非命,"闻耗悲悯久之"。(《茅奓自订年谱（下）》,第 58—59 页)

12 月

是月初　以消息日恶,熟人纷纷下山,外侨亦极寥落,故决仍返回杭州。自订年谱云:"近数月来,全家避兵,往返跋涉,劳民伤财,诚乱世之不幸也。"(《茅奓自订年谱（下）》,第 59 页)

13 日　平安返回杭州寓所。自订年谱载:"时沪已撤退。自莫干山回杭沿途军队要求搭车者络绎不绝,中途车胎爆裂,深觉惶惶,幸半小时后,更换竣事,平安返寓。"(《茅奓自订年谱（下）》,第 58 页)

18 日　夜,决定启程离杭赴上海。自订年谱载:"回杭四日,满拟不再走避,乃警报频仍,十二月十八日,别动队标语林立,商店又复闭户。经罗端生连夜四次电话力劝,适兴业总行电杭嘱派重员携库存经甬撤沪,时经理马久甫已先期离杭去沪,吉儿与端生两人以副襄理支持危局者多日。总行电到后,乃商定由吉儿带章、余两行员及栈司二人去沪,端生留守。端生并谓,甬有船后日开行,钱江大桥仍通车,力促吾及眷属全部偕行。乃于夜十一时决定启程,一面电沪托沈棉庭招呼。连夜整装,以时促且沿途不安,交通不便,不敢多带行李(事实亦不可能),仅携随身衣被十七件,同行大小共十八人。"(《茉宓自订年谱(下)》,第 58 页)

19 日　全眷动身赴上海,深夜 2 时渡曹娥江。(《茉宓自订年谱(下)》,第 58 页)

20 日　黎明抵宁波,旅馆无容足地,即借宁波中国银行暂时休憩,项吉士根据总行电报,往商各银行,将所携库存现钞,留宁波收账,奈均以局势紧迫,不允接受,只得冒险携沪。12 时由宁波中国银行经理阮葭仙代办到房舱三间,随即上轮。(《茉宓自订年谱(下)》,第 58 页)

21 日　抵上海,上下轮均拥挤不堪,人如潮涌,船内大小便均甚困难。沈棉庭在码头相迎,后直接前往一品香旅社等候行李。(《茉宓自订年谱(下)》,第 58 页)

23 日　收到行李,衣被铺盖尽湿。(《茉宓自订年谱(下)》,第 58 页)

24 日　搬往兆丰别墅沈棉庭屋内,一切用具齐全。(《茉宓自订年谱(下)》,第 58 页)

是月　仓皇出走,仅将契据图照存置兴业银行保管箱内,即偕儿孙等由甬转申,不数日,省垣沦陷,先生寓遭驻军,所有谱牒、遗容、图箱、字画各件,尽遭劫失。(《桂溪项氏均安门续修支

谱》）

是月 到上海后方知 23 日钱江大桥炸毁,24 日杭州沦陷。自订年谱载:"杭沦陷后寓中全部洗劫一空,一生心血尽于此矣。"(《茅盾自订年谱(下)》,第 58 页)

年底 得杭州消息"兴业驻日军,库门由维持会加封,未动。沈佐周、罗端生屋均为马房,竹垚生屋驻兵,黄筱彤、金润泉、何创夏、张旭人各家均先后被劫。我处未得确讯,事必难免。"(《茅盾自订年谱(下)》,第 59 页)

是年 不任事。(《茅盾自订年谱(下)》,第 58 页)

是年 自订年谱载,上海"米价平均十二元六角"。(《茅盾自订年谱(下)》,第 60 页)

1938 年(民国二十七年)　　66 岁

1 月

10 日 订约租住中实新村 22 号单幢屋。自订年谱载:"兆丰别墅棉庭屋不允收租,且途远而屋亦嫌多,因觅得中实新村廿二号单幢屋(时租界内均需顶费,沪西尚未波及),由曹吉如介绍中国实业银行并派陈安观来洽,于一月十日订约。"(《茅盾自订年谱(下)》,第 60 页)

13 日 全家迁入中实新村宅。钱宅分居普益厂傍宿舍。(《茅盾自订年谱(下)》,第 60 页)

2 月

3 日　接到女婿钱天鹤函谓,董荣清收得长沙无线电台广播谓"杭绅项某家藏善本书籍被日方悉数携去"等语云。(《茕孑自订年谱(下)》,第 60 页)

是月　接到罗端生函,得知杭寓全部损失,尚有日军驻扎。王子鸿家驻兵。胡穆卿、王绥珊、丁辅之家均被焚。(《茕孑自订年谱(下)》,第 60 页)

是月　闻徐行恭家字画全部被劫,书籍尚有留存。(《茕孑自订年谱(下)》,第 60 页)

4 月

4 日　项仲雍在汉口结婚,继室为松江王秋明。(《茕孑自订年谱(下)》,第 62 页)

5 月

20 日　补祭先妣上年九旬冥纪。(《茕孑自订年谱(下)》,第 61 页)

6 月

是月　在五马路①市场出现 1936 年在杭花费 130 元购得的"张溥山山水一幅,有张叔未及张燕昌题字"。自订年谱云:"可恨之至。"(《茕孑自订年谱(下)》,第 60—61 页)

---

①　今上海广东路。

242

是月　大雨，愚园路积水成河，寸步难行。（《茾安自订年谱（下）》，第 61 页）

7 月

14 日　午睡半小时，梦中得二家堂联为“（一）瓜衍椒繁莫非祖功宗德。苹馨藻洁无忘春露秋霜。（二）念祖宗创业维艰毋忘先泽。愿祭祀遵时勿替同展孝思”，横额曰“源远流长”。（《茾安自订年谱（下）》，第 61 页）

8 月

2 日　金保从杭州来上海，告知杭州寓所遭劫情况。自订年谱云：“（金保）谓杭宅劫余粗物已移湖墅。均安门支谱幸存，已霉，总谱无着。先考照相一纸，又三儿阿庆画像均携来，其余遗容无着，痛恨之至。书箱尚存三十只，但不知何书，画件均无。木器仅粗笨数件而已。瓷器、衣物及其他均已一扫而空。”（《茾安自订年谱（下）》，第 61 页）

13 日　黎明，四儿媳韩树蘋产一女，为其取名文炳，易大人虎爕其文炳也，又以示肖虎之意。（《茾安自订年谱（下）》，第 61 页）

18 日　英捕房探长陆连奎被刺殒命。自订年谱云：“（陆连奎）以包探头目而所营事业甚巨，其人之大概可知，呜呼，吾欲无言。”（《茾安自订年谱（下）》，第 62 页）

24 日　徐新六、胡笔江乘坐飞机从香港飞重庆，途中遭遇日机袭击，飞机坠毁，遇难。自订年谱载：“晨，徐新六由港飞渝，途遇日机击落海中，与胡笔江同机殉难。徐上有七旬老母，下有一子一女,无积蓄,闻尚有外室,亦有一子,现且有遗腹。其人有学问,有应付能力,似此结局,良深痛惜。工部局与兴业均下半旗志哀(时徐任沪租界工部局董事)。旋闻尸体觅得,尚完全。"(《茉孧自订年谱(下)》,第62页)

30 日 夜起床小便三次,自订年谱云:"为前所未有者"。(《茉孧自订年谱(下)》,第61页)

是月 为女婿钱天鹤幼子取名匡复,示国祚颠危倾覆匡匹而恢复之意,语见《晋书》。(《茉孧自订年谱(下)》,第61页)

是月 胡莲斋来告,表弟王一之长子艾宝今年23岁,已在法毕业就事,可以自顾。(《茉孧自订年谱(下)》,第61—62页)

是月 自订年谱载:"中行运币屡次不成,改由美军舰运,中央亦同样办理。"(《茉孧自订年谱(下)》,第63页)

是月 自订年谱载:"交通董事竟以孔令侃、宋子良、盛昇颐(盛宣怀之子,以老七著称,纨绔公子也)等充任,真不可问矣。"(《茉孧自订年谱(下)》,第63页)

9 月

是月 购大绸、丝棉备作寿衣之用。(《茉孧自订年谱(下)》,第61页)

是月 自订年谱云:"捷克事无转回办法,欧战吃紧,华更乏援,可慨。战事有四强加入之说,四强者英、法、德、义也。"(《茉孧自订年谱(下)》,第63页)

10 月

25 日 武昌大火,闻蒋介石已全眷乘飞机离汉。(《茉孧自

订年谱(下)》,第 63 页)

是月 俞人萃来电话谓,古玩市场中见诸西塍公小照,即托其代购,索价 28 元。(《茅奁自订年谱(下)》,第 61 页)

11 月

5 日 王呈甫病故杭州寓所。作挽联:"公何所恶死,我何所乐生,早谢晚凋,莫非命也。七伤于离乱,三伤于经济,国危躬瘁,呜呼哀哉。"(《茅奁自订年谱(下)》,第 61 页)

15 日 自订年谱载,陈汉第以北平不能安居南旋,是日到上海。(《茅奁自订年谱(下)》,第 62 页)

26 日 姚颂南因伤寒复发,病故。自订年谱载:"姚颂南(作霖次子)伤寒复发病故,遗一子年仅十二。(姚妻为金九如女,孀居后数年,患神经病自杀,惨甚。)"(《茅奁自订年谱(下)》,第 62 页)

是月 闻"浙东情形,省府将移距永康五十里之方岩,四行仍驻永康。阮毅成任财政厅尚认真,惟大权均在省长黄绍竑①手中。建设厅伍某贪婪不法,声名甚劣。某路副局长办汽车赴粤,购到后,营私舞弊,囊橐既饱,始交车,验收者认为旧车,且有一辆轮已坏,事为黄所闻,不得已批令查办。建厅透于局长,卒藉孔氏之力,不了了之。实则官官相护,沆瀣一气,闻总计舞弊所得可廿万。又有邱某赴温州假黄名义索诈拉夫等等,类此之事,不一而足"。(《茅奁自订年谱(下)》,第 63 页)

---

① 自订年谱原文"黄绍雄",有误。黄绍竑(1895—1966),字季宽,广西容县人。曾任广西省政府主席、国民政府内政部长,时任浙江省政府主席。

12 月

4 日　自订年谱云："《大美》《晨报》载曾养甫自任游击队总指挥及主席，忽又自行取消总字及主席，丑态如此，真不识人间羞耻事矣。"(《茉奁自订年谱(下)》，第 63 页)

31 日　汪精卫响应日本首相近卫声明的"艳电"，在香港发表。自订年谱云："汪精卫果离渝以和平电自港发表，赞成近卫三原则。以国事为儿戏，可叹。"①(《茉奁自订年谱(下)》，第 63 页)

是月　闻"广州之失，日人以港币六千万，行使策略，吴铁城、曾养甫、余汉谋皆主要之人。余竟避匿无踪，曾到沪几被刺，亦逃去"。(《茉奁自订年谱(下)》，第 63 页)

是月　闻"长沙之失，乃争功争劫以致不可收拾，湘省将士几全体哗溃，不得已挥泪斩马谡"。(《茉奁自订年谱(下)》，第 63 页)

是月　自订年谱云："宋子文事、孔二小姐事，实亦记不胜记。"(《茉奁自订年谱(下)》，第 63 页)

是年　闻高时丰家被劫。冯畅亭长女投井死。夏超、熊凌霄、张载阳、钱文选各家均被劫。新泰旅馆改作妓女院，妓女由沪虹口迁去。又闻包金琳遭难遇救脱险投收容所。(《茉奁自订年谱(下)》，第 60、61 页)

是年　在陈叔通处见到陈老莲画册页八开，人物、草虫、花

---

①　此条原时间为"12 月 30 日"，应有误。汪精卫的"艳电"公开发表于 12 月 31 日的香港《南华日报》，详见韩信夫、姜克夫主编《中华民国史大事记》第 8 卷，中华书局 2011 年版，第 5973 页。

鸟、山水、花卉均备，精美可爱，索价八百元，可惜无力购买。（《茉麥自订年谱（下）》，第61页）

是年 结上年避难用账，百感交集，随即搁置。（《茉麥自订年谱（下）》，第61页）

是年 自订年谱云："王子鸿自港来谈银行复业事，宋子文颇有意，交行胡笔江始终无表示，或为准备不易着手，亦未可知。借款事尚在进行中，宋将任财政，孔①声名甚劣，恐非下台不可。港方公论中国首富为孔，陈济棠有七千万，尚名列十七，闻之骇然。"（《茉麥自订年谱（下）》，第62页）

是年 晤梅鹤轩。自订年谱载，杭州维持会以"谢虎臣为会长，孙少川副之"。梅鹤轩言"虎臣大购皮货运沪，且在典业银行②开设商店，贩卖物品。利令智昏，可为浩叹"。（《茉麥自订年谱（下）》，第62页）

是年 闻孔令侃在香港与其姊闹意见，发电甚不堪，有人劝阻不听，送电局，局不允发。又在港雇保镖人向港政府领枪照，港政府不允。又乘汽车往其姊家，车不得入，与印捕打架，拘入捕房。自订年谱云："种种出乖露丑，闻者嗤鼻。"（《茉麥自订年谱（下）》，第62页）

是年 闻"周象贤在永康方岩山洞间督造省府，估价二十万，由其爪牙沈景初监工，人言籍籍，此皆浙民之敌，国难如此，尚欲搜刮不已"。（《茉麥自订年谱（下）》，第62页）

是年 闻粤汉路运输事，"由孔令侃、宋子良把持，路局原定二千元左右者，已涨至六千元，除路局应得外，余均孔、宋分得，

---

① 孔即孔祥熙。
② 典业银行即浙江典业银行。

247

商民怨愤交并"。(《茉奓自订年谱(下)》,第 62 页)

1939 年(民国二十八年)　　67 岁

1 月

3 日　参加浙江高等学堂旅沪同学新年餐叙,在座有陈汉第、孙智敏、钱均夫、寿昌田、邵裴子、屠开泰、徐寄庼、汤书年等旧时师生三十余人,席间只道故话旧。(《浙高前后同学举行新年叙餐》,《申报》1939 年 1 月 4 日,第 10 版)

19 日　项仲雍在汉口得一女,为取名协恭,以同寅协恭为虎,取寅字生肖。(《茉奓自订年谱(下)》,第 64 页)

3 月

4 日　书《论朱穆好学与蔡京试孙轴》,内容为"汉朱穆好学不出户庭,人谓其几不知马几足。蔡京常问诸孙,米何出?或曰出血中,或曰出席包里。贤愚虽不同,其为蒙昧则一也"。款识:培余世仁兄教之,己卯试灯节兰生弟项藻馨。钤印:项兰生(白文)。(浙江大学艺术与考古博物馆藏)

6 日　项仲雍致函先生,函告协恭出生阴历日期,并谈及盐业金城中南大陆银行储蓄会汉口分会的营业现状和生活状况,云:"阴历年在糊涂中过去,同人红利均与去年相同,未曾减少。今年可维持并得普遍加薪,可谓厚遇之至。但对于同行,绝对守秘密,恐引起妒忌闲言也。法租界外秩序甚好,界内生活仍高,

水电早恢复。"(《桂溪项氏均安门续修支谱》)

11 日　检查血压为 160 度。(《茅盾自订年谱(下)》,第 64 页)

18 日　项吉士去天津就任新华银行投资公司副理,并着手筹备,后因新华董事会未通过,取消筹备。(《茅盾自订年谱(下)》,第 64 页)

20 日　项浩在重庆生幼子理群。(《茅盾自订年谱(下)》,第 64 页)

是月　阅《时代文选》,内载郁达夫妻王映霞为浙教育厅厅长许绍棣奸占,并谓有港币 35 万余元之存折交王氏,以利诱之。自订年谱云:"可谓荒谬之极。"(《茅盾自订年谱(下)》,第 64 页)

5 月

3 日　项叔翔自天津来上海开会,三周后返回天津。(《茅盾自订年谱(下)》,第 64 页)

20 日　所住中实新村及对面四明两弄均为日本宪兵接收,日本人以天业堂名义收房租。(《茅盾自订年谱(下)》,第 63—64 页)

21 日　日本兵前来查户口,禁止迁出入,并派伪警站岗。(《茅盾自订年谱(下)》,第 64 页)

24 日　杭州寓所招劫后所存书籍八百余种(不及原藏书的十分之一),托人运到上海。(《茅盾自订年谱(下)》,第 64 页)

24、26、28 日　《申报》刊登先生与徐寄庼等为介绍人的广告,以推介赵君为国医。广告载:"赵君为国医,精究一切女科虚损调理杂证,历二十余年,病验宏富,学术渊博,同人等素所景佩焉。门诊上午十时至三时,诊金一元二角,贫病不计。出诊下午三时至五时,诊金六元六角,诊所小沙渡路康脑脱路北首恒祥里十五号,电话三五四三三。介绍人:徐寄庼、林康侯、袁履登、方椒伯、竹森生、谢利恒、项兰生、陈叔辛"(《申报》1939 年 5 月 24 日,第 6 版)

25、27、29、31 日 《新闻报》亦刊载先生与徐寄庼等为介绍人的广告,以推介赵君为国医。广告内容与《申报》上相同。(《新闻报》1939 年 5 月 25 日,第 3 版)

6 月

是月 自制寿衣。(《茉妥自订年谱(下)》,第 64 页)

是月 经先生力劝,项吉士就任新华银行天津分行副理。自订年谱载:"孙瑞璜、王志莘先后来谈,坚邀吉儿进新华,改就津行副理,吉儿初不允,经吾力劝,于 6 月就任。"(《茉妥自订年谱(下)》,第 64 页)

7 月

4 日 项仲雍自汉口返上海。(《茉妥自订年谱(下)》,第 64 页)

9 月

2 日 项仲雍家眷自汉口返上海。(《茉妥自订年谱(下)》,第 64 页)

8、9 月间 为兴业胜记放款纠纷事,即蒋抑卮与竹森生的冲突,与胡藻清等奔走调停,不胜其繁,且双方坚持不下,调解无效,至九月终退出调停。(《茉妥自订年谱(下)》,第 64 页)

10 月

7 日　项叔翔得幼子端四。(《茉奁自订年谱(下)》,第 64 页)

19 日　叶景葵来谈,拟调项叔翔来上海,以接任徐新六事,叶景葵已去一信,要先生加函赞成。(《茉奁自订年谱(下)》,第 64 页)

是月　钱新之议拟调项仲雍去香港。(《茉奁自订年谱(下)》,第 64 页)

11 月

13 日　遵循习俗与余仰山夫人王福生换帖以兄妹称,收其子祖同为寄子。(《茉奁自订年谱(下)》,第 64 页)

是月　钱新之取消拟调项仲雍去香港的前议。(《茉奁自订年谱(下)》,第 64 页)

冬　开启兴业银行保管柜,取回存放的各种契件。(《桂溪项氏均安门续修支谱》)

是年　从陈夫人遗款内购十担米票,分送杭州各处。(《茉奁自订年谱(下)》,第 64 页)

是年　沪西越界筑路,自订年谱云:"时人群称为歹土。"(《茉奁自订年谱(下)》,第 63 页)

是年　住上海中实新村,未任事。(《茉奁自订年谱(下)》,第 63 页)

是年　自订年谱载,上海"米价平均十三元六角"。(《茉奁自订年谱(下)》,第 64 页)

1940 年(民国二十九年)　　68 岁

1 月

25 日　杭州浙江兴业银行保管箱开启,各亲友委托之件,得以取出交代。先生"为之一慰"。(《茇窆自订年谱(下)》,第 65 页)

3 月

30 日　厉家福为先生量血压,多年高血压降至 140 度,"更以为慰"。(《茇窆自订年谱(下)》,第 65 页)

4 月

6 日　德国突然占领丹麦、挪威,欧战扩大。自订年谱云:"殊非中国之福。"(《茇窆自订年谱(下)》,第 66 页)

是月　物价沸腾,家用告竭,向兴业银行押透 3 千元勉强度日。自订年谱云:"惟外汇剧变,外币奇涨,物价飞腾,不可向迩,民何以堪。"(《茇窆自订年谱(下)》,第 65 页)

是月　因沪西不靖,沈棉庭在新闸路三元坊有房屋,原为其兄佐周居住,佐周他迁,特地来邀先生去住,自订年谱云:"其意至诚可感。"(《茇窆自订年谱(下)》,第 65 页)

春　决意凭已得各种资料,开始编辑支谱。(《桂溪项氏均安门续修支谱》)

5 月

12 日　二儿媳之弟达哉患盲肠炎病故昆明。自订年谱云：
"上有老亲，下有孤儿寡妇，惨甚。"（《茅奓自订年谱（下）》，第 66
页）

30 日　女婿钱天鹤堂嫂（毅成之母），因胯骨炎在上海病逝。
自订年谱云："闻为胯骨炎，亦闻所未闻者，代为收殓。"（《茅奓自
订年谱（下）》，第 66 页）

6 月

9 日　偕子女养和、怡如从中实新村移居三元坊①。（《茅奓
自订年谱（下）》，第 65 页）

7 月

5 日　自订年谱载："徐永祚、徐懋棠、马元放、石顺渊等六人
被法捕房捕去，不知何故。"（《茅奓自订年谱（下）》，第 66 页）

12 日　项叔翔、项吉士两子请陈直生打样，由申艺承做的大
书桌送到，书桌甚为合用。自订年谱载："惟询店中人云，价达二
百八十元，两椅为六十元，加锁每具亦五元余，儿辈纯赖薪津度
日，吾殊不安。"（《茅奓自订年谱（下）》，第 65 页）

是月　自订年谱载，上海"土地局卷宗三百六十余箱，工部
局竟议决移交伪府，可叹"。（《茅奓自订年谱（下）》，第 66 页）

---

①　位于今上海新闻路 1340 弄。

8 月

25 日　决定在上海的项浩子女宁一、临三、临四、笑嫩分散居于仲雍、叔翔、吉士三子及先生处。(《茮奟自订年谱(下)》,第66页)

9 月

7 日　孙女文炳患菌痢,为某医生所延误,早殇。自订年谱云:"此孙甚为可惜。"(《茮奟自订年谱(下)》,第65页)

11 月

14 日　叶景葵被绑架。自订年谱载:"上午九时前,叶揆初在兆丰别墅门口被匪绑架,时同坐车内者为严鸥客,绑匪将其逐下,即驾车而去。在车中以黑镜加棉花置揆初眼上,不知如何忽令下车步行,有时且有人负之而行。到一草棚内,命之坐,且称为洋房。不久忽又令速走,但已无鞋,引导人亦遽不知所往。随自将眼镜除去,向前行,遇一农民,借得套鞋一双,行不多时,即至兆丰公园。时白利南路适有盗案发生,日宪兵正在搜查,故能于半小时后中途遁回,亦云幸矣。"(《茮奟自订年谱(下)》,第66页)

是月　叶景葵作五律诗4首,赠先生,回顾了两人的交往和情谊。

平生一知己,出处每相同。肝肺堪为友,须眉忽已翁。鹤年天不靳,龙性道多穷。况复经离乱,交期愈可风。

余任汉行经理,先生先为内司理。余任大清银行监督,聘先生为秘书长。余任汉冶萍公司经理,聘先生为会计所长。余当选本行董事长,聘先生为书记长。

义利犹泾渭,惟君志不纷。衡门清似水,黉舍从如云。治乱先几见,贤奸醉眼分。可怜雄杰意,骂坐几人闻。

先生任安定学堂监督十年。

一载长安市,清名动九流。未投祢衡刺,终御宴婴裘。余子腾如沸,斯人倦即休。门生走天下,不用亦奇谋。

民国二年,汤睿为中国银行总裁,先生为副总裁。时大总统袁世凯、内阁总理熊希龄,皆重先生清望,卒未往谒。

畴人衍绪长,祖武未颓唐。老骥能千里,家驹各一方。嗟余青鬓改,仗尔白眉良。颇幸余生在,从君话故乡。

先生为项梅侣先生裔孙。梅侣精算学。作诗时余方自匪窟逃归,故有余生幸在之感。

(《叶景葵文集(下)》,第998—999页)

冬 就陈夫人遗款内托人在杭州分送面粉及角票,共150元。(《茉荄自订年谱(下)》,第65页)

冬 与女儿项养和为奠成先生书画扇。项养和绘松石,题识:奠成先生雅正,庚辰九月项羲,钤印:养和(白)。先生摘录《东坡笔记》,内容为:"苏子瞻守杭州日,有妓名琴操,颇通佛书,解言辞,子瞻喜之。一日游西湖,戏语琴操曰:'我做长老,汝试参禅。'琴操敬诺。子瞻问曰:'何谓湖中景?'对曰:'落霞与孤鹜齐飞,秋水共长天一色。''何谓景中人?'对曰:'裙拖六幅湘江水,髻挽巫山一段云。''何谓人中意?'对曰:'随他杨学士,鳖杀鲍参军。''如此究竟何如?'子瞻曰:'门前冷落车马稀,老大嫁作商人妇。'琴操言下大悟,遂削发为尼。苏州仲殊师利和尚,能文善诗及歌辞,皆操笔立成,不点窜一字。予曰:'此僧胸中无一毫发事。'故与之游。"题识："录东坡笔记应奠成世兄教之，庚辰冬，弟藻馨。"钤印：项兰生。（资料来源：https://auction.artron.net/paimai—art5011533805）

是年　自订年谱载，上海"米价平均七十七元九角"。（《茉奁自订年谱（下）》，第66页）

1941年(民国三十年)　　69岁

1月

1日　自订年谱载："陈叔通于元旦夜得其亲家卓君庸自北平致其子鸣一（其婿）唁电，谓叔通已故，并致仲恕同式电，又询何日赴建瓯，海外东坡，何来此谣，甚奇。"（《茉奁自订年谱（下）》，第67页）

2月

21日　自订年谱载："中国银行行员百廿余人被捕。霞飞路中国农民银行被暴徒击毙行员五人伤二人。"（《茉奁自订年谱（下）》，第68页）

24日　自订年谱载："亚尔培路及白克路①中央银行被轰炸。农民银行内送去炸药未爆发。中、交等行停业，沪市恐怖。"（《茉奁自订年谱（下）》，第68页）

---

　①　今上海凤阳路。

是月 歙县本家项衡卿安葬。自订年谱云:"歙县本家项衡卿于上年十一月间无疾而终,年九十三,今年二月安葬。衡卿向信佛,自号曾谷老人,即半僧半俗之意也。"(《茱崟自订年谱(下)》,第 67 页)

是月 闻浙江省建设厅伍展空氏口碑,有额曰"羞与为伍",联曰"一筹莫展,万事皆空"。(《茱崟自订年谱(下)》,第 68 页)

是月 闻浙江当局黄绍竑、朱惠清条陈统制粮食,中央嘉纳。并创行抽卫生捐,时人语曰:"病民丛书第一集——自古未闻粪有税,而今只剩屁无捐。"(《茱崟自订年谱(下)》,第 68 页)

是月 米价飞升至 120 元,自订年谱载:"米蛀虫虞洽卿遭各方攻击避港,并扬言将去马尼剌①"。(《茱崟自订年谱(下)》,第 68 页)

是月 自订年谱载,美德关系趋紧张,两国全体外交官有准备即日撤回之说。(《茱崟自订年谱(下)》,第 69 页)

3 月

8 日 为俞人蔚题高凤岐像。(《茱崟自订年谱(下)》,第 66 页)

20 日 陈夫人逝世十周纪念。(《茱崟自订年谱(下)》,第 67 页)

25 日 往爱文义路②搭电车,有自行车迎面撞来,幸一跃而免于倾跌,未受伤,即返家,但全部肌肉不适者逾周。(《茱崟自订年谱(下)》,第 66 页)

---

① 即马尼拉。
② 今上海北京西路。

是月 闻金城银行本票方面发生大规模舞弊案,已查出者约28万,此外尚不可知。自订年谱云:"上有好者,下必有甚焉。"(《茉雯自订年谱(下)》,第68页)

4月

5日 清明降雪奇寒,生平未遇。(《茉雯自订年谱(下)》,第67页)

是日 应竹某邀约,参观其新屋并赏花。自订年谱云:"建筑精致,园林亦胜,工程认真,花费当然不小,偌大财产,何由得来,不禁有所感焉。"(《茉雯自订年谱(下)》,第67页)

11日 农历三月十五日岁庆,自订年谱云:"第三度巧逢两历相同,有一生不能相值者,吾得遇三次,亦难得矣。"(《茉雯自订年谱(下)》,第66—67页)

27日 重庆发生抢米,军警枪毙多人,自订年谱云:"此亦率兽而食人耳。"(《茉雯自订年谱(下)》,第68页)

是月 闻中行别业①被捕去9人,其中6人释回,3人遭枪击,毙2人,活1人。(《茉雯自订年谱(下)》,第68页)

是月 闻诸暨县城焦土是蒋军所为。(《茉雯自订年谱(下)》,第68页)

5月

11日 蒋绚裳亲戚韩仲鉴来嘱书扇面。自订年谱云:"仲鉴为聪甫之孙,与项家为祖辈世交。"(《茉雯自订年谱(下)》,第67

---

① 中行别业为中国银行员工宿舍,今上海万航渡路623弄。

258

页）

是月 报载平准基金委员共五人,华三,英、美各一,中国方面为陈光甫、贝祖诒、席德懋,英国方面为罗杰士,美国方面为福克斯,以陈光甫为主席。自订年谱云:"国内财政,加入外人,可叹。"(《茆叜自订年谱(下)》,第68页)

是月 项吉士发心脏病,自订年谱云:"为时较久,此后渐甚,殊为焦灼。"(《茆叜自订年谱(下)》,第67页)

是月 闻浙江地方银行行长徐恩培被炸毙。自订年谱云:"此人为徐恩元之弟,貌似精敏,实则品性行为甚劣,不得其死也固宜。"(《茆叜自订年谱(下)》,第68页)

是月 自订年谱载,重庆米价已达一千余元。(《茆叜自订年谱(下)》,第68页)

是月 自订年谱载:"德纳粹党副元首赫斯忽驾机飞英,妻子仍留德,事殊奇特,传说德苏合作,赫不同情,一愤而去,然乎否乎。"(《茆叜自订年谱(下)》,第69页)

6 月

7 日 项吉士第四女文炳葬于联义山庄。(《茆叜自订年谱(下)》,第67页)

11 日 项仲雍得一男,为取名湜五。(《茆叜自订年谱(下)》,第67页)

是月 寿器由杭州运上海,交儿子项仲雍设法寄存在会馆。(《茆叜自订年谱(下)》,第67页)

是月 日机四次轰炸重庆,大量平民窒息于防空洞内。自订年谱云:"日机四次更番袭渝,平民窒息于防空洞内者,为数可观,其中妇女占百分之六十,孩童百分之十二,全家俱遭难者甚

多,面目狰狞,互相紧抱,惨不忍闻。噫!谁之过欤。"(《茅蚕自订年谱(下)》,第 68 页)

是月 自订年谱载:"西区四行保管箱傅筱庵所租之箱发生问题,闻共值一千四百万元之巨,卒为继承人全部取去。"(《茅蚕自订年谱(下)》,第 68 页)

是月 煤球价格高昂。自订年谱载:"煤球以十七元计,每担 386 个,每个须四分半,即铜元十三枚,为四年前一碗阳春面价值。"(《茅蚕自订年谱(下)》,第 68 页)

7 月

15 日 前往万氏照相馆摄一小影。(《茅蚕自订年谱(下)》,第 67 页)

是月 传闻孔祥熙财产有十八万万之说。自订年谱云:"果如所言,则人民每人须报效四元五角,贪官污吏,充塞朝野,国尚成国耶?此辈不铲除,民其何以生存哉。"(《茅蚕自订年谱(下)》,第 68 页)

8 月

是月 陈夫人七旬冥纪,因物价奇昂,僧人诵经不诚,决定不举行仪式,在儿子项仲雍处设祭。(《茅蚕自订年谱(下)》,第 67 页)

10 月

是月　自订年谱载:"罗迦陵[①]逝世,无子女,有义子女中西共十八人。姬觉弥则名为义弟。迦陵无姓氏,出身盐水妹,姘识哈同后,以贩运鸦片致巨富,光复后,于爱俪园内开设小学,及仓圣明智学会,举行投壶古礼。一般缙绅遗老无耻名流,相与往还,自鸣得意。闻所遗财产甚巨,亦皆中国人民之膏血也。"(《茅奓自订年谱(下)》,第 69 页)

是月　米价飞涨。自订年谱载:"米价已涨至二百元。一不法米铺竟悬洋米已售完之牌,奸商无所不至,真是刀口舐血之流,可恨。"(《茅奓自订年谱(下)》,第 69 页)

是月　自订年谱载:"近卫内阁倒,改由军人东条英机组阁,局势更恶劣。"(《茅奓自订年谱(下)》,第 69 页)

是月　撰《续编桂溪项氏均安门日阶公派支谱记》。(《桂溪项氏均安门续修支谱》)

秋　桂溪项氏均安门续修支谱编撰完成。(《桂溪项氏均安门续修支谱》)

11 月

约 17—20 日间　作诗祝余绍宋母亲八十寿。(《余绍宋日记》第 5 卷,第 1653—1654 页)

是月　亲家韩延甫由其次子桔庭接之来沪,自订年谱云:"父子分居于吉儿及强士处,颠沛流离,老境殊苦。"(《茅奓自订

---

①　罗迦陵是近代上海的英国籍犹太裔房地产大亨哈同的中国籍妻子,本名俪穗,号爱蕤、迦陵,于 1941 年 10 月在上海逝世。

年谱(下)》,第 67 页)

12 月

8 日　黄浦江英舰被炸毁,美舰降日,马路有日军。自订年谱云:"人心惶惶,金融机关提款拥挤。驻沪美军自十一月间先后撤退,局势早已紧张。"(《茅奖自订年谱(下)》,第 69 页)

9 日　我国对德、日、意三国宣战。自订年谱载:"马路时有大规模封锁,有行路难之叹。"(《茅奖自订年谱(下)》,第 69 页)

17 日　项吉士得第五女,为取名斐然。(《茅奖自订年谱(下)》,第 67 页)

是月　叶夫人七旬冥纪,在家设祭。(《茅奖自订年谱(下)》,第 67 页)

11、12 月间　恭缮祖宗忌辰单及传家录分给各子,并告以明年起,忌日由各房设祭,除夕分岁,今年起取消,以资节约。(《茅奖自订年谱(下)》,第 67 页)

冬　就陈夫人遗款内托人在杭州分送二百元六谷粉。(《茅奖自订年谱(下)》,第 67 页)

是年　天津大善夫人年已六旬以上,苦节四十年,殊为可怜,函托其戚孟西园代制寿具,计费一千五百余元。(《茅奖自订年谱(下)》,第 67 页)

是年　绍兴吴氏堂妹自杭州沦陷后,久不得其居处,闻老屋已被占,托人询其邻居也不知行踪。(《茅奖自订年谱(下)》,第 67 页)

是年　老友郑遗孙之妾由建德转杭来申,性嗜香烟、黄酒,自订年谱云:"殊非所宜。"其子保民刻苦勤学,校中以为模范,自订年谱云:"深为遗孙慰。"(《茅奖自订年谱(下)》,第 67 页)

是年 住上海三元坊,未任事。(《茅奏自订年谱(下)》,第66页)

是年 自订年谱载,上海"米价平均百四十元八角"。(《茅奏自订年谱(下)》,第69页)

1942年(民国三十一年) 70岁

2月

28日 友人徐寄庼、黄启埙自香港脱险抵上海。自订年谱载:"日军占领香港后,友人被困该岛,消息不通者甚众,徐寄庼、黄筱彤等忽于试灯节自港脱险抵沪,殊出意外。旋悉此次同船来沪者,共男女老幼二百十六人。"(《茅奏自订年谱(下)》,第71页)

4月

7日 老友汪叔明不治而逝,不胜伤感。自订年谱载:"老友汪叔明病久且笃,经济窘迫,为之集款料理后事,得胡藻青助五百元,陈仲恕四百元,吾亦勉凑四百元,他如张屏青、朱达斋、寿拜庚、韩强士各有资助。"(《茅奏自订年谱(下)》,第71页)

10日前 黄启埙准备冒险入浙回永康,行前来话别。自订年谱云:"黄筱彤名启埙,安定学生,曾随吾在汉冶萍公司及中国银行总处服务,能尽其职。一九一七年(民六)转入交通银行,现任浙交行经理。杭州沦陷前,随行撤永康,其眷属于次年迁沪。

上年筱彤自永康赴港总处述职,适遭兵事,被困孤岛。脱险到沪后,渝总处知之,即密电嘱其暂留上海。筱彤以职责在身,居沦陷区有所不便,毅然拒命,于四月十日仍冒险入浙回永康,行前曾来吾处话别。"(《茉孧自订年谱(下)》,第71—72页)

15日 项怡如由交通银行总处调去重庆。自订年谱云:"乱世不胜离别之感,惟望其能自奋进,克成大器。"(《茉孧自订年谱(下)》,第71页)

19日 七十生日前,去英雄照相馆摄影留念。(《茉孧自订年谱(下)》,第69页)

26日 "托词赴苏,寓吉儿家中避嚣。"自订年谱载:"先是闻徐寄庼、周德荪等将为余馈祝,国难严重,何足称寿,分别致函力辞。然各方馈礼者仍颇多,且均署有上款,无法璧还,甚为不安。兴业方面由寄庼送来二万元,却之。"(《茉孧自订年谱(下)》,第69—70页)

27日 在上海,雍、翔、吉三子为先生预祝寿诞。(《茉孧自订年谱(下)》,第70页)

29日 七十岁寿诞,在项吉士家祭祖,此外别无举动,晚饭后回三元坊。捐赠杭赈五百元。"两日来宾六十余人。"(《茉孧自订年谱(下)》,第70页)

是日 恰逢天长节,叶景葵赠七十寿联,"遗民也有天长节;同日毋忘冒广生"。注云:"敝同年冒君广生鹤亭亦于是日称庆,而我兰生先生高踏远引,避之若浼,因据事实制成联语,俾千秋万岁,长毋相忘云尔。壬午三月十五日叶景葵戏笔。"(《茉孧自订年谱(下)》,第70页)

是日 童大年赠一画,题语云:"皆与南回同癸酉,三春花好月圆时,君寅我戌宜兄弟,为写青桃佐寿卮。"自订年谱云:"与吾

同日生者,尚有童心庵大年,惟童为戌时,故少于我。"(《茮崟自订年谱(下)》,第 70 页)

是日 浙江兴业银行再次送来礼金,乃具函将礼金移充行员助学之用。函云:"兰生先生惠鉴:夏历三月十五日,为先生七十诞辰,敝行同人金以先生为本行勋旧,匪止私人素仰,谓宜由行领导以寿先生,只以渊怀恬静,未敢轻事铺张,得醵饮以为欢,惧乖高致,爰献金以致敬,用祝稀年。景葵徇同人之请,谨代表本行奉致下开附件,尚祈鉴念微枕,惠予哂纳,不胜公感,顺颂健康。浙江兴业银行董事长叶景葵。"复函稿为:"贱辰蒙厚赐,前曾面恳收回成命,乃日前棉庭又奉令见掷,盛情深所感谢,惟筹思至再,受之实增惭皇,除仍将原款交由棉庭收账外,务恳允予取消,勿再惠下。万一以议定有案,难于作罢,拟请即将此款移作补助同人子弟学费不足之需,化私为公,计亦良得。伏祈俯允,感荷盛情,曷其有极。先此奉陈,容再晤谢不尽。"(《茮崟自订年谱(下)》,第 70 页)

是日 浙江兴业银行董事会为项兰生制寿辞,由陈叔通主稿,叶景葵修正。其文曰:"浙江兴业银行董事会为项兰生先生七十寿纪念辞并序:吾行创设于前清光绪卅三年,涤除庄号之故习,确立银行基础,为商业银行先导,则自先生辞中国银行副总裁归里后,受任吾行书记长创设总办事处始。先生初任安定学堂监督,成就甚众,附设银行选科,于光绪末,率高材生数人受任吾汉行内司理,为先生问世之发轫,以后银行蔚起,借才尤多。生平严正不阿,耿介不苟,同人风纪纯良,皆先生所留贻也。壬午三月,为先生七十揽揆之辰,同人等回溯前勋,制辞纪念,以式方来。"辞曰:"岁在甲寅,辞荣受职,儒冠峨峨,居中介特,如将登坛,旌旗变色,旧习是除,新基是植,勤事而廉,有严有翼,风纪所范,始终整饬,天锡[赐]遐龄,绵延无极,勖我同人,师资在即。"
(《茉奁自订年谱(下)》,第70—71页)

是日 儿媳韩树蘋忽病白喉。自订年谱云:"斐然生仅四月,在哺乳中,一时举家惶惶,幸先谢绝一切,否则不堪设想。蘋媳之患,经注射血清得解。"(《茉奁自订年谱(下)》,第70页)

是月 为感谢亲友馈贻,分别致函感谢。璧谢各亲友馈贻稿为:"流离孤岛,五易星霜,瞻念故乡,万分感慨。馨行年七十,正深杖胫之讥,若于此时循俗举觞,不惟未协时宜,抑且增加内疚,敢援胡新葵、沈佐周、陈理卿诸公之例,亲朋馈赠仪物,尽行璧谢,并合儿辈集成筵资五百元,汇杭充赈。区区微忱,知必蒙诸公所许,厚惠敬谨奉璧。幸祈鉴原,专此申谢。"(《茉奁自订年谱(下)》,第71页)

5 月

1 日 蒋绚裳自唐山来,到后即病胃,似系途中感受风寒所致。自订年谱云:"绚裳亦安定学生,在唐山启新洋灰公司工作多年,与吾感情极厚,人亦笃实有能力,七月十六日北返。"(《茉奁自订年谱(下)》,第72页)

5 日 叶景葵招饮,为先生祝七十寿,在座有顾廷龙。(顾廷龙撰,李军、师元光整理:《顾廷龙日记》,中华书局 2022 年版,第237 页)

9 日 答访安定学生裴少白锡庚(因生日曾来未遇,故回拜)。自订年谱云:"裴来校时年仅十五,今已五十二岁,相隔卅余年,见面不相识矣。"(《茉奁自订年谱(下)》,第72页)

13 日 晨起忽病,头晕眩,俯仰均不便。厉家福诊为营养不足之症。(《茉奁自订年谱(下)》,第71页)

16 日 头晕眩渐愈。(《茶叟自订年谱(下)》,第 71 页)

是月 告知钱志懋,蒋绚裳生病。(蒋绚裳:《病中琐记》,1942 年,第 32 页)

6 月

1 日 取消法币。自订年谱云:"四、五月间伪中储券价日涨,至五月廿三日已成二对一,六月一日竟令取消法币,全部以二对一折合调换,人民损失不问也。"(《茶叟自订年谱(下)》,第 73 页)

是月 电话费改收伪储券且又加价,每月连税共 22 元,合法币已 44 元,原价则每月六元五角,已加至 7 倍。(《茶叟自订年谱(下)》,第 72 页)

是月 自订年谱云,汪精卫之妻陈璧君贩运鸦片在港破案,可耻之至。(《茶叟自订年谱(下)》,第 72 页)

5、6 月间 探望病中的蒋绚裳。(《病中琐记》,第 39 页)

7 月

12 日 范磊电话来告,老友杨介眉病 36 小时后,即告不治,无子嗣,上有老母八十余岁,尚未之知。自订年谱云:"介眉与吾汉冶萍同事,嗣调中行、兴行共事约四五年,公正廉洁,办事勤奋,为不可多得之才。自吾回杭后,杨游美,归国即任上海银行事。噩耗传布,凡与之相识者,无不痛悼,是其真诚笃实感人深也,可以想见。"(《茶叟自订年谱(下)》,第 73 页)

22 日 "忽有按户搜查之说,日军伪府无恶不作,不能信其无",故于 22 日起将所有书报文件,自行分日检查一次,以资预

防,"费去精力不少"。(《茅奓自订年谱(下)》,第71页)

是月 见孙子坤三面色不润而奇瘦,嘱二儿媳为之检查预防,后闻发热患猪头风须开刀。(《茅奓自订年谱(下)》,第71页)

是月 闻斐然又病,大肠发炎。(《茅奓自订年谱(下)》,第71页)

是月 蒋绚裳离沪前,先生赠其家藏端砚一方。(《病中琐记》,第33页)

是月 自订年谱载:"户口米自七月份开始,初则每月分四次,每人二升,嗣改为升半,后又改为每月三期,碎米掺杂,抉择不易,虽有面粉调节,终属不敷所需,米价日增,计无所出,为之奈何。"(《茅奓自订年谱(下)》,第73页)

8月

6日 翁姨母因暑热过甚,加之与昌甫口角,一怒而病,不及救治,于亥时去世。先生帮助料理后事。自订年谱载:"其长子其甫自去年来一空函,此后绝无消息。寿具由杭运申,势所不及,遂决定临时另置,丧事一切,由罗友生办理。殓后遂即葬闸北联义山庄。共计开支三千五百余元。赙仪计罗送五百元,吾与凝福堂及雍儿合送四百元,存杭寿具售一千六百元,连同人情合得二千五百余元,两抵缺九百五十元,由吾再垫四百元,罗垫五百余元结束。葬时昌甫竟未到,其甫处由吾与友生合函告之,生儿如是,岂非冤哉。其甫夫人暂居陈安观家中,不知何日可以解决也。母家止此尊长,今已矣,言之痛心。"(《茅奓自订年谱(下)》,第72—73页)

是月 得"怡儿函,个人收支可以平衡,将争取出国,再求深造"。自订年谱云:"现弟兄四人薪津收入大致相等,时局若此,各房能自给自足,已殊不易,惟身[生]活日高,翔、吉两儿多子女,恐仍难支持耳。"(《茅斈自订年谱(下)》,第71页)

9 月

是月 厚斋先生六十寿,先生为之书扇,武曾保为之画松石扇面,先生书:"坡和僧守诠诗云:'但闻烟外钟,不见烟中寺。幽人行未已,草露湿芒履。唯应山头月,夜夜照来去。'未尝不喜其清绝。及读全诗云:'落日寒蝉鸣,独归林下寺。松扉竟未掩,片月随行履。时闻犬吠声,更入青萝去。'其幽深清远,亦自有林下风味也。有明上人者,作诗甚难,求捷法于东坡,东坡作两颂以与之。其一云:'字字觅奇险,节节累枝叶。咬嚼三十年,转更无交涉。'其一云:'冲口出常言,法度法前轨。人言非妙处,妙处在于是。'苏州仲殊师利和尚,能文善诗及歌辞,皆操笔立成,不点窜一字。予曰:'此僧中无一毫发事。'故与之游。仆醉后辄作草书十数行,觉酒气拂拂,从十指间出也。录东坡笔记应厚斋先生之属,即希教正。壬午八月,弟项藻馨时年七十。"钤印:藻馨(白)项(朱)。(资料来源:https://www.artfoxlive.com/product/1712147.html♯prettyPhoto)

是月 陈闿次子来沪,知上月间陈闿曾被拉夫拉去,幸不久以年老无用带回。(《茅斈自订年谱(下)》,第73页)

是月 闻"吴保孙之子于江山地方被掳充夫役,始令抬伤兵八十余里,嗣派在营中充苦工八十余日,随同军队回乡,衣履俱无,仅以布一幅围下身,过诸暨有乡人给予一裤,抵家后往见保孙,俱不相识"。自订年谱云:"此亦可记之一事。"(《茅斈自订年谱(下)》,第73页)

10 月

16 日　缄文忽病急性盲肠炎,连夜送医院开刀,闻已延及腹膜。不久儿媳韩树蘋足疾又大发,不能行动。自订年谱云:"似此疾病缠绵,令人懔懔,翔、吉两儿经济均甚窘,不知如何过度也。"(《茮垞自订年谱(下)》,第 71 页)

秋　叶景葵在汪康年后人汪振声家发现汪氏创办《时务报》时,师友及读者来信,计 146 袋,未清理者 3 包,书信后入藏合众图书馆。顾廷龙在整理过程中,先生曾帮助加以补注。顾廷龙跋云:"凡颂谷先生所知者均已填写,其不群者则付盖阙,若非颂谷先生加以注明,他人难以查考,历时愈久则知者愈鲜,卒至湮没而无闻,徒兴文献无征之叹。余既按原编次序抄成姓氏录一册,有不详者亦有未填者,亟请张菊生、叶揆初、陈仲恕(汉第)、陈叔通(原名敬第)、章仲和(宗祥)、项兰生(藻馨)诸先生加以补注,余亦间有增补,惜尘事鞅掌,作辍无常,卒未有成。""此宗尺牍既由散页装治成册,遂有出版流传之谋。于是首先请人誊录清本,六年而成书。"(沈津编著:《顾廷龙年谱》,上海古籍出版社2004 年版,第 668 页)

12 月

9 日　访顾廷龙。(《顾廷龙日记》,第 282 页)

是月　陈理卿长子伯琴猝然病故天津,深堪悼惜。自订年谱云:"弟兄两人,先后不寿,理卿亦难堪矣。"(《茮垞自订年谱(下)》,第 73 页)

是月　从姊丈张预之孙图南,已改途入江苏地方银行,深以为幸。自订年谱云："图南性乖僻，不知世事，今入商界恐仍是不知所谓，以如此物价，得职殊为不易，且观其下文如何。"（《茅嵝自订年谱（下）》，第73页）

是年 量血压多次，均仍为160左右。（《茅嵝自订年谱（下）》，第71页）

是年 就陈夫人遗资内托人购四百斤六谷粉分送杭州各处。（《茅嵝自订年谱（下）》，第71页）

是年 翔、吉两子工作甚忙，均能刻苦度日，薪水入不敷出，只能以变卖衣物贴补。自订年谱云："闻外界对于两儿有廉介〔节〕自持之誉，弟兄亦友爱相助，吾心良慰。惟吉儿时发心脏病，力疾从公，所患日臻严重，深为焦虑。"（《茅嵝自订年谱（下）》，第71页）

是年 淳一插班岭南中学后，以几何未曾学过，无法赶上，商之钱均夫介绍张相之子晋康为之补习，暑假后沪江开学，仍回沪江。（《茅嵝自订年谱（下）》，第71页）

是年 郑遗孙之子保明无力读书，即日用亦感不继，先生殊为感慨，联合友人略为接济。自订年谱云："虽杯水车薪，然亦别无办法。"（《茅嵝自订年谱（下）》，第73页）

是年 闻翔、吉两子家，已于去年12月8日后，均改为每日一饭两粥。自订年谱云："外人何能想得到也。"（《茅嵝自订年谱（下）》，第73页）

是年 闻杭州人许某七十岁发帖募捐，集寿仪办学。自订年谱云："花样翻新，无所不至。"（《茅嵝自订年谱（下）》，第73页）

是年 郑逸梅受项养和邀请，赴其家宴，拜访先生，谈及李越缦笔札，先生告之"越缦堂日记原稿本，近有人以二十万金购

271

获之"。郑逸梅在其《炉边谭片》中详细记载了这次拜访："申子石伽之介,得识泉唐女画家项养和。日前蒙见招赴其家宴,至则石伽、顾冷观、喻水声诸子已萃止,并得瞻仰项兰生前辈丰采。兰生前辈,盖养和女士之尊翁也。室绝精,榜曰竹影居。壁张石伽山水,超逸二致,一洗犷野之习,求之今日丹青界,不多观也。又归安凌霞行书联:'修成鸟史兼花史,删得茶经又酒经。'有云走毫端、沙飞纸背之概。绝名贵者,则有郑芷畦绘毛西河朱竹垞像。李越缦题识累累,而录罨溪诗曰:'上巳湖滨策杖时,雨余同访水仙祠,予书尚记前生觅,金鲫池边叩导师。'谓与集中诗微有不同也。越缦和之云:'曳杖吴装又一时,湖山增重典型思,若论文献兼家法,心折小长芦钧师。'兰生前辈谓李越缦笔札殊难得,闻其越缦堂日记原稿本,近有人以二十万金购获之,得毋骇人听闻。既而入席,酒醇肴美,由养和入厨躬治,固不知其妙擅丹青外,又具盐梅鼎鼐手也。座客进啖之余,莫不啧啧称欢。"(郑逸梅:《炉边谭片》,《永安月刊》第44期,1943年1月1日)

是年 与叶景葵等人为庆贺钱文选七十寿辰,向各界征诗文。在征文启事中云:"同人等辱附交游,同尊齿德,爰擒小启,征集宏篇,韩潮苏海,讵厌纷华,乐旨潘词,一任挥洒。先生以国难方殷,对于祝嘏称觞,概行却谢,苟有锡以嘉言必珍,同拱璧感念不忘。所有征文,拟以壬午端阳为收件期,岁阑成册,于癸未正月前即分达左右,以酬雅意而留纪念。同人等愿以腰笛听仙鹤之南飞,先以乘韦徯朵云之下贲,是为启。"(《广德钱士青先生七秩寿言汇编》,1943年,第4页)

是年 住上海三元坊。米价飞腾,金价亦日升,生活日濒危境。(《苿宦自订年谱(下)》,第69页)

是年 自订年谱载,上海"米价平均为四百卅五元四角"。

272

（《苍虬自订年谱（下）》，第 73 页）

1943 年(民国三十二年)　71 岁

2 月

5 日　旧历元旦子时立春又逢岁朝春。①（《苍虬自订年谱（下）》，第 74 页）

6 月

24 日　《申报》载，申报馆主办华北急赈书画义卖展览会，先生义展西泠石伽、项养和女士合作梅花堂幅两张。（《本报主办书画义卖展览预告》，《申报》1943 年 6 月 24 日，第 4 版）

7 月

7 日　夜膳后失足倾跌，略伤左足及腰腿，余幸无恙，经月始愈。（《苍虬自订年谱（下）》，第 74 页）

9 日　开始写第一次遗言。（《苍虬自订年谱（下）》，第 74 页）

秋　书《韩无咎元吉雨中闻吕伯恭至湖上诗轴》，内容为："韩无咎元吉雨中闻吕伯恭至湖上诗云：'莫嫌鞭马踏春泥，茶鼎

---

①　《苍虬自订年谱》中项吉士按："先父一生遇岁朝春凡四次。第一次 1886 年光绪十二年丙戌。第二次 1905 年为光绪卅一年乙巳。第三次 1924 年民国十三年甲子。本年为第四次。"

诗囊偶共携。山色云深看更好,湖光烟接望还迷。连天花絮飞将尽,夹道蒲荷长欲齐。官事得闲须洗眼,蓬壶只在帝城西。伯恭乃元吉之婿也。颂麐仁兄方家教之。'"款识:葵未新秋项藻馨时年七十一。(浙江省博物馆藏)

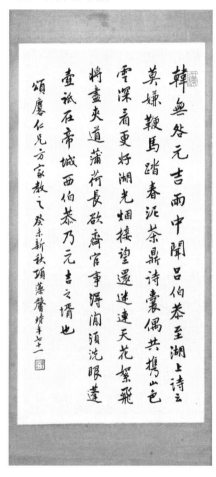

韩无咎元吉雨中闻吕伯恭至湖上诗轴(浙江省博物馆藏)

秋　书大寿字,分给儿女等。(《茅盾自订年谱(下)》,第74页)

12 月

7 日　叶景葵约先生赴陈叔通家,通告浙江兴业银行竹森生解职经过。(《茅盾自订年谱(下)》,第74页)

8 日　认本家体元夫人于南阳桥左近途中患中风去世,不名一文,身边仅当票一批,经托人代为料理后事,并葬于联义山庄。(《茅盾自订年谱(下)》,第74页)

是年　陈夫人遗款中仍托人购四百斤六谷粉分送杭州各处。(《茅盾自订年谱(下)》,第74页)

是年　为钱文选七十寿辰,送由女儿项养和所绘乔松,先生题"苍虬凝瑞"。(《广德钱士青先生七秩寿言汇编》)

是年　自订年谱云:"物价飞增无止境,儿辈均感入不敷出,时为忧虑。"(《茅盾自订年谱(下)》,第74页)

是年　自订年谱云:"斐然病在肺,殊以为虑。"(《茅盾自订年谱(下)》,第74页)

是年　住上海三元坊,未任事。(《茅盾自订年谱(下)》,第74页)

是年　自订年谱载,上海"米价平均一千四百四十二元"。(《茅盾自订年谱(下)》,第74页)

1944年(民国三十三年)　　72岁

2月

23日　项仲雍得一女,为取名毓姗。(《茉耷自订年谱(下)》,第75页)

3月

9日　编竣诸氏家谱。(《茉耷自订年谱(下)》,第75页)

13日　后大椿、胡政以军粮舞弊撤职严办,伪粮食部长顾家衡、次长周乃文亦免职交特别法庭审理。自订年谱云:"人心大快,但贪官污吏多矣,安得而全部澄清之乎?"(《茉耷自订年谱(下)》,第75页)

5月

是月　葛昌楹与先生题跋《文信国史阁部遗印》,先生摘录《文信国公言志》《史忠公正遗书》二则,书:"九垠化为魅,亿丑俘为虏。既不能变姓名卒于吴,又不能髡钳奴于鲁。远引不如四皓翁,高蹈不如仲连父。冥鸿堕矰缴,长鲸陷网罟。鹗上下争谁何,蝼蚁等闲相尔汝。狼藉山河岁云杪,飘零海角春重暮。百年落落生涯尽,万里遥遥行役苦。我生不辰逢百罹,求仁得仁尚何语?一死鸿毛或泰山,之轻之重安所处?妇女低头守巾帼,男儿嚼齿吞刀锯。杀身慷慨犹易免,取义从容未轻许。仁人志士所

276

植立,横绝地维屹天柱。以身徇道不苟生,道在光明照千古。素王不作《春秋》废,兽蹄鸟迹交中土。闰位适当三七间,礼乐终当属真主。李陵卫律罪通天,遗臭至今使人吐。种瓜东门不可得,暴骨匈奴固其所。平生读书为何事?临难何忧复何惧!已矣夫!易箦不必如曾参,结缨犹当效子路。《文信国公言志》。第二行鹦字下落燕字。""不孝儿可法遗禀母亲大人:儿在宦途一十八年,诸苦备尝。不能有益于朝廷,徒至旷远于定省,不忠不孝,何颜立于天地之间!今以死殉诚,不足赎罪。望母亲委之天数,勿复过悲。儿在九泉亦无所恨。得副将德威完儿后事,望母亲孙抚之。四月十九日,不肖儿可法泣书。《史忠正公遗书》。甲申四月茀宧书于淞滨,时年七十有二。"钤印:茀宧(朱)。该轴所收文天祥龟钮玉印、史可法覆斗钮铜印,即为葛昌楹传朴堂所藏丁丑劫余幸存之物,葛氏题跋:"文山玉印龟钮无疑,史印铜质覆斗钮,诸葛永年制,传朴堂劫余幸存长物。明思宗殉国后第五甲申三月十八日拓此以贻同好,当湖葛昌楹书征识。"(资料来源:https://auction.artron.net/paimai—art5180150500)

春夏间 经济告竭,无以为继,将藏币付售,经姚元干多方觅古玩商人捐客。(《茀宧自订年谱(下)》,第75页)

10月

16日 经姚元干多方寻觅古玩商人和捐客,藏币始得主脱售,价120万,佣金2万,所售藏币中有洪宪金币。(《茀宧自订年谱(下)》,第75页)

29日 吴震春作古,自订年谱云:"老友又去其一。"(《茀宧自订年谱(下)》,第75页)

秋 腹泻,不久痊愈。(《茀宧自订年谱(下)》,第75页)

12 月

15 日　《申报》载渝官员在美存款达美金三亿元之巨。(《苶叜自订年谱(下)》,第 75 页)

是年　陈夫人遗款尚余三百元,尽数托人在杭州散发,赒款此结束。(《苶叜自订年谱(下)》,第 75 页)

是年　项叔翔入夏久病。项吉士心脏病时作,病时需步行往返银行。斐然又病腹膜炎。自订年谱云:"两儿(翔、吉)生活困难,体况不佳,殊以为虑。"(《苶叜自订年谱(下)》,第 75 页)

是年　闻谐联一副,为:"汪精卫近卫引狼自卫。李士群陈群与虎为群。"自订年谱云:"甚谑。"(《苶叜自订年谱(下)》,第 75 页)

是年　闻伪经济局四处敲诈。自订年谱云:"生财大道无穷无尽,民生日苦矣。"(《苶叜自订年谱(下)》,第 75 页)

是年　米价日昂,闻农村以捐税繁苛,不胜其扰,相约不下种。(《苶叜自订年谱(下)》,第 75 页)

是年　闻张云搏①遗诗有"死无它恨怜兄早,生不逢辰惜弟迟"句。(《苶叜自订年谱(下)》,第 75 页)

是年　闻有一恒源公司,为囤米机关,以五千万为营运基金,周佛海妻弟杨惺华为主要股东之一,盛老三、邵式军、钱大魁等十人允为报效。自订年谱云:"不堪之至。"(《苶叜自订年谱(下)》,第 75 页)

是年　住上海三元坊,未任事。(《苶叜自订年谱(下)》,第 75 页)

---

①　张一鹏,字云搏,律师,东吴大学法学教授。

是年　自订年谱载,上海"米价平均 11388 元"。(《茅奓自订年谱(下)》,第 76 页)

1945 年(民国三十四年)　　73 岁

2 月

1 日　闻陈叔通接严姓自重庆来信,结果被特高科传讯。(《茅奓自订年谱(下)》,第 76 页)

4 月

是月中旬　外孙女钱树榕只身离上海,事先无任何消息,事后闻往苏北参加抗大。(《茅奓自订年谱(下)》,第 76 页)

30 日　希特勒自尽,自订年谱云:"固一世之枭雄,而今安在哉。"(《茅奓自订年谱(下)》,第 77 页)

5 月

3 日　晨,在天井内失足跌翻,右肩臂痛,幸无伤。(《茅奓自订年谱(下)》,第 76 页)

7 日　量血压为 170,闻陈叔通言,其夫人血压达 200。(《茅奓自订年谱(下)》,第 76 页)

11 日　写家谱墓图,大体完成。(《茅奓自订年谱(下)》,第 76 页)

22 日　英国邱吉尔内阁辞职,工党继任。自订年谱云:"亦

时代前进之兆也。"(《茶叟自订年谱(下)》,第 76 页)

是月 收到高维魏浙东来函,得知孙信 4 月间病故,遗言举原事务主任沈养厚继任安定校长。(《茶叟自订年谱(下)》,第 76 页)

是月 欧战告终后,自订年谱云:"沪市谣盛,人心惶惶。"(《茶叟自订年谱(下)》,第 77 页)

6 月

14 日 端午,内弟陈诜病故,身后萧条,临时为之筹措丧费。(《茶叟自订年谱(下)》,第 76 页)

21 日 诸氏家谱录成。(《茶叟自订年谱(下)》,第 76 页)

7 月

5 日 写第一次遗言完毕。(《茶叟自订年谱(下)》,第 76 页)

20 日 张相病故。自订年谱云:"老友又弱一个。"(《茶叟自订年谱(下)》,第 76 页)

8 月

10 日 午夜,忽闻日本求降。(《茶叟自订年谱(下)》,第 77 页)

9 月

20 日 闻杭市长仍为周象贤,工务局长竟为贪污分子沈景初。黄绍竑回省夹道欢迎,十分热闹,自订年谱云:"浙之罪人,

有何可说?"(《茅奓自订年谱(下)》,第77页)

28 日　伪中储券以二百元作一元调换法币,人民损失不小。自订年谱云:"有为文反对者均遭吓禁,言论自由若此,可叹。"(《茅奓自订年谱(下)》,第77页)

10 月

10 日　"双十节"。自订年谱云:"双十节爆竹之声,盛极一时,但觉有愧耳。"(《茅奓自订年谱(下)》,第77页)

12 月

是月　杭州市奉令成立临时参议会,核定参议员四十名,由市政府遴报省政府圈定,先生名列其中。(周象贤:《十个月来之杭州市政》,1946年,第6、7页)

是年　上海空袭频繁,中实新村等处均布流弹飞入。(《茅奓自订年谱(下)》,第76页)

是年　住上海三元坊。(《茅奓自订年谱(下)》,第76页)

是年　自订年谱载,上海"米价平均伪中储券为廿八万余元,法币为七千余元"。(《茅奓自订年谱(下)》,第77页)

1946 年(民国三十五年)　　74 岁

1 月

1 日　有人来谈,杭州选聘参议员40人,名被列入,但先生

以非素志,坚辞不就。(《茉玐自订年谱(下)》,第77页)

9日　项吉士女斐然夭折。自订年谱云:"吉儿心疾时发,行事繁复,一月九日复遭斐然夭折,致体弱日甚。新华改组,志莘邀其调任总稽核,对之期望甚殷,吉儿初不愿,强而后可。"(《茉玐自订年谱(下)》,第78页)

18日　杭州临时参议会召开成立大会,先生提请辞职。(《杭州市临时参议会大会会刊》,1946年,第51页)

19日　项浩偕小孩三人来上海。(《茉玐自订年谱(下)》,第78页)

29日　去江湾参观农场花园,于院中失足跌倒,幸跌于草地,无伤。(《茉玐自订年谱(下)》,第77页)

2月

12日　先考渭沧公百龄冥纪设祭,未举行仪式。(《茉玐自订年谱(下)》,第77页)

14日　女婿钱天鹤来上海,十日后全家返回南京。(《茉玐自订年谱(下)》,第78页)

18日　下午,杭州市临时参议会第一次大会预备会议召开,秘书长徐福三报告:先生提请辞职,已奉省政府核准,遗缺由候补第一名凌水心递补。(《杭州市临时参议会大会会刊》,1946年,第122页)

22日　项叔翔受莫须有诬陷,避居项吉士家,至3月7日返家。(《茉玐自订年谱(下)》,第78页)

是日　项浩女儿钱宁一与何仁亲在新华酒家订婚。(《茉玐自订年谱(下)》,第78页)

3 月

14 日 修改草拟的遗书。(《茅奁自订年谱(下)》,第 77 页)

23 日 戴笠由青飞京,途中失事,全部十余人均死,自订年谱云:"多行不义必自毙也。"(《茅奁自订年谱(下)》,第 78 页)

28 日 开始吃包饭。(《茅奁自订年谱(下)》,第 77 页)

是月底 陈叔通来告,王一之夫人李昭实在海外病故。(《茅奁自订年谱(下)》,第 78 页)

是月 杭丁家山旧案复起,自订年谱云:"为祟者仍是沈景初,范围较前更广。"(《茅奁自订年谱(下)》,第 78 页)

是月 自订年谱载:"闻经济部长翁文灏被参政员尹述贤质问,接收物资究有若干,对于部中官员大事舞弊,是否知情,有何办法避免失业,词严义正,大快人心。同时有另一参政员诘问交通部长俞飞鹏贪污成风,出售黑市机票,逾原价数倍,何故置之不问,亦甚快。"(《茅奁自订年谱(下)》,第 78 页)

4 月

2 日 为安定中学筹捐及租屋事,在朱光焘家中开安定校董会。(《茅奁自订年谱(下)》,第 77 页)

4、5 日 领衔与安定中学寓上海校友钱均夫等在《申报》上刊登启事:"杭州安定中学校友公鉴:母校开办迄今已历四十五年,毕业同学有三千余,在校同学有千余。抗战以来,流离迁徙。兹为明了各级毕业校友姓名、地址、职业起见,请见报后于二星期内函告母校(杭州葵巷旧址),并辗转通知为要。寓上海校友:项兰生、钱均夫、寿拜庚、朱谋先、蔡谅友、曹吉如、蒋赓声、朱益能、葛运成、黄筱彤、吴君肇、沈棉庭、缪凯伯、潘用和、裘少白、刘震、徐礼耕、朱维谷、朱道弘等同启。"(《杭州安定中学校友公鉴》,《申报》1946 年 4 月 4 日,第 5 版)

22 日 项仲雍得次女,为其取名铮六。(《茅奫自订年谱(下)》,第 78 页)

5 月

12 日 亲家朱友渔去世。(《茅奫自订年谱(下)》,第 78 页)

20 日 胡藻青偕其第七女来为先生检查身体,先生心肺均无恙,血压 180 度。(《茅奫自订年谱(下)》,第 77—78 页)

6 月

3 日 大汉奸陈公博正法,自订年谱云:"人心大快。"(《茅奫自订年谱(下)》,第 78 页)

是月 "怡儿毕业于纽约大学商学院。"自订年谱云:"原定年终可归,以候船久不得,须明春返国。"(《茅奫自订年谱(下)》,第 78 页)

是月 宁二来上海,治疗眼病。(《茅奫自订年谱(下)》,第 78 页)

是月 为端生先生六旬大庆书寿字,款识:丁亥五月姻世愚弟项藻馨写,祝时年七十又五。钤印:项藻馨(白文)。(资料来源:https://auction.artron.net/paimai—art5029650332)

7 月

是月 见项吉士跛足前来,询何为何没有告知,得知是受电

车轧伤,溃烂数月之久,带病挣扎。(《茅奓自订年谱(下)》,第78页)

是月 临三从南京来上海一次。(《茅奓自订年谱(下)》,第78页)

8 月

6 日 项养和在宁波同乡会为期一周的画展结束,自订年谱云:"颇热闹,订购者纷纷。"(《茅奓自订年谱(下)》,第78页)

8 日 吃包饭止,共四月有余。(《茅奓自订年谱(下)》,第77页)

9 月

1 日 安定学生陆永年自广西归,偕其子来访。(《茅奓自订年谱(下)》,第78页)

6 日 闻陈师麓被汽车压亡,可骇。(《茅奓自订年谱(下)》,第78页)

12 日 扬州本家渐于(志逮)来访,因同寿,录及耕娱婶遗诗为赠。(《茅奓自订年谱(下)》,第78页)

10 月

20 日 浙江兴业银行成立四十周年纪念,发同人奖金,闻年资存款按应得数550倍发还。(《茅奓自订年谱(下)》,第78页)

11 月

27 日 闻项致庄被妻子所误在南京伏法。凌壮华亦同此情形。自订年谱云:"项之祖业裁缝,颇诚笃,状元弄郑家极信任之。致庄毕业于扬凌子巷高小,改进陆军小学,一路顺利,1944年东下派赴浙东查工兵事,为周佛海劝留任浙事,其妻极怂恿之,结果如此,可慨也。"(《茶寮自订年谱(下)》,第78—79页)

12 月

2 日 得高维魏函,知安定捐已收 1270 万元。(《茶寮自订年谱(下)》,第 79 页)

8 日 项吉士四十生日,自订年谱云:"又先后因公去苏州、南京,不无劳顿。"(《茶寮自订年谱(下)》,第 78 页)

是月 宁二再来上海,进行体格检查。(《茶寮自订年谱(下)》,第 78 页)

是年 住上海三元坊。(《茶寮自订年谱(下)》,第 77 页)

是年 自订年谱载,上海"米价平均 45758 元"。(《茶寮自订年谱(下)》,第 79 页)

1947 年(民国三十六年)　　75 岁

1 月

7 日 陈叔通幼子循善从欧洲返回上海,据云出国已 13 年。(《茶寮自订年谱(下)》,第 80 页)

2 月

是月初 项浩来上海。(《茅奁自订年谱(下)》,第 80 页)

7 日 自订年谱云:"《铁报》载王云五挪用公款,投资盈余甚多,分润不匀,致大起争执。又言伪市府亦有类似情事,以盈余二百万送何德奎不受,二百万送某科长,五百万送首脑,竟有人代收纳,既无印章亦未签字。贪污之世,为之一叹。"(《茅奁自订年谱(下)》,第 80—81 页)

12 日 长外孙女钱宁一与何仁亲结婚于康乐酒家,仪式尚简,延请颜骏人为证婚人。(《茅奁自订年谱(下)》,第 80 页)

17 日 政府颁经济紧急措施,禁金钞流通。自订年谱云:"人心惶惶,在所不顾,无非借端搜括而已。"(《茅奁自订年谱(下)》,第 81 页)

20 日 开始录《下学盦算术》。(《茅奁自订年谱(下)》,第 79 页)

3 月

2 日 偕浩、养两女同游江湾叶家花园。(《茅奁自订年谱(下)》,第 79 页)

10 日 求是罪辩文案中的史久光来访,年已 63 岁,云有子女多人。(《茅奁自订年谱(下)》,第 80 页)

19 日 《下学盦算术》抄竣,为时一个月。(《茅奁自订年谱(下)》,第 79 页)

是日 蒋军占延安。自订年谱云:"内战益不可收拾。"(《茅奁自订年谱(下)》,第 81 页)

4 月

24 日　闻王云五将任行政院副院长。自订年谱云："以如此龌龊之人辅政,国事尚可为耶?"(《茉奁自订年谱(下)》,第 81页)

是月　国民政府表面改组,加入青年、社会两党。自订年谱云："演戏一般,可笑之至。"(《茉奁自订年谱(下)》,第 81 页)

6 月

3 日　陈叔通、张元济来函,商请联名上书上海市市长吴国桢等,营救被捕学生。函云："兹有事关大局,拟与当轴公信。两函由敬第具稿、元济缮正,谨呈台阅。极欲借重大名。倘蒙许可,即祈于第三叶签署盖章,交还来使,依次呈送。再昨已函商唐蔚芝兄,请其领衔。复信许可。并将信稿略加修上,属勿登报。合并陈明。"(《张元济全集》第 2 卷,第 571 页)

是日　与陈叔通、张元济等九位著名学者,联名发表由张元济拟稿的致行政院张群,上海市市长吴国桢、警备司令宣铁吾的公开信,斥责其镇压学生爱国运动的罪行,提出释放被捕学生等要求。自订年谱云："六月三日学潮扩大,反内战运动蜂[风]起云涌,张菊生元济集七十以上老人致公函张岳军、吴国桢,列名者:唐文治、张菊生、张乾若、李拔可、叶揆初、钱崇威(原定夏楝三,后改钱)、胡藻青、陈仲恕、陈叔通及吾共十人。"函云:"吴市长、宣司令同鉴:文治等蛰居本市,不问外事。顾学潮汹涌,愈演愈惨,谁非父母,谁无子弟,心有所不忍,实有不能已于言者。夫学潮有远因,有近因。远因至为复杂,姑置不论。近因则不过学校以内问题,亦有因生活高涨,痛齿切肤,而推源于内战。此要为尽人所同情。政府不知自责,而调兵派警,如临大敌。更有非兵非警,参谋其间,忽而殴打,忽而逮捕,甚至有公开将逮捕之学生送往中共地区之'谈话',此诚为文治等所未解。学生亦人民也。人民犯罪,有法庭在,不出于此而于法外任意处置,是政府先已违法,何以临民?况中共区域已入战争状态,不知派何人以何种交通工具送往?外间纷纷传说,以前失踪之人,实已置之死地。'送往中共区域'不过一种掩饰之词。文治等固未敢轻信,然'办法'离奇变幻,纲纪荡然,则万口皆同。伏望高瞻远瞩,临之以静,持之以正,先将被捕学生速行释放,由各学校自行开导。呼吁无悖于理者,亦予虚衷采纳,则教育前途幸甚。地方幸甚。"(《茶弇自订年谱(下)》,第79页;张树年、张人凤编:《张元济书札(中)》,商务印书馆1997年版,第577页)

4日 上海市政府来帖订五日(后改六日)招待茶点,张元济主张大家不去,亦不复函,乃相约置之不理。(《茶弇自订年谱(下)》,第79页)

5日 《大公报》上海版,报道先生等十老上书市长为学生请愿,云:"旨在呼吁释放被捕学生。按诸老中张唐均在八十以上,余八老亦皆年逾七十。平时潜心学术,绝少预闻政事。"(《十老上书市长呼吁释放被捕学生》,《大公报(上海版)》1947年6月5日,第4版)

12日 偕钱均夫同去净业社参谒贡噶活佛,先皈依,后灌顶。(《茶弇自订年谱(下)》,第80页)

22日 马叙伦、黄延芳、盛丕华、包达三、张纲伯五人联名来帖招饮,知单上以十老为首,殿以宁武、俞寰澄、谭平山、黄任之、沈衡山、马寅初、王芸生、郑振铎等共18人。先生以多年不出交

际,且闻十人中大都不去,故亦未去。后闻此次聚会为交通大学事。(《茅奕自订年谱(下)》,第79—80页)

7月

是月 淳一因从事地下工作,被沪江大学停学,学校致函家属要求转学。项吉士劝其去燕京大学,投考燕京、清华化学系均落选,经项吉士托严教授设法录入燕大新开办的化工系。(《茅奕自订年谱(下)》,第80页)

9月

3日 先妣百旬冥纪,无款祭奠,仅作家祭。淳一乘船北上,赴燕京大学求学。自订年谱云:"适淳孙远离,私心惨痛。"(《茅奕自订年谱(下)》,第80页)

13日 雍、翔两子前来,似吉士病不轻,但不肯明言,先生颇疑之。(《茅奕自订年谱(下)》,第80页)

16日 亲往吉士家探视。自订年谱载:"吾亲往视之,尚未愈,烟酒亦谢绝,闻医药费用已达六百万,体益愈,与亲家韩延甫相对凄然,无可言,后闻休憩约四旬后渐愈,略慰。"(《茅奕自订年谱(下)》,第80页)

11月

12日 解放军攻克石家庄,自订年谱云:"国民党大势已去。"(《茅奕自订年谱(下)》,第81页)

19日 保甲分来粮证、选举票。自订年谱云:"此种丑事,谁愿顾问,置之案头,充日后参考而已。"(《茅奕自订年谱(下)》,第

80 页)

12 月

是月　经济濒绝。1944 年售币所得告罄,先生罗掘已空计无所出,幸得雍、翔、吉三子各送五百万元来,生活得勉强支持。自订年谱云:"三儿并允按月接济,彼等均赖薪津度日,平时亦度日如年,吾虽不愿,此外竟无良策,亦无如之何,只得且度目前再说。"(《茉奁自订年谱(下)》,第 80 页)

是月　项浩再度来上海。(《茉奁自订年谱(下)》,第 80 页)

是年　闻汉奸丁默村已伏法,为之一快。(《茉奁自订年谱(下)》,第 81 页)

是年　居上海三元坊。(《茉奁自订年谱(下)》,第 79 页)

1948 年(民国三十七年)　　76 岁

1 月

是月　项浩来上海。(《茉奁自订年谱(下)》,第 81 页)

3 月

27 日　又写遗件。(《茉奁自订年谱(下)》,第 81 页)

是日　韩亲家来言,准备 29 日迁回杭州,先生"为之黯然"。(《茉奁自订年谱(下)》,第 82 页)

29 日　内弟陈诜夫人病逝于中山医院,不名一文,需集款料

291

理后事,先生与子合赙 1000 万元。(《茾奁自订年谱(下)》,第 82页)

是月 国民党设立特刑庭,自订年谱云:"从此多事。"(《茾奁自订年谱(下)》,第 82 页)

4 月

是月 项浩再度来上海。(《茾奁自订年谱(下)》,第 81 页)

5 月

20 日 蒋介石就职总统。自订年谱云:"四月十九日蒋竞选总统,五月二十日就职,副总统李宗仁、程潜、孙科竞选,三次投票,最后至四月廿九日选出李宗仁,丑态百出。"(《茾奁自订年谱(下)》,第 82 页)

6 月

4 日 寄子余祖同因伤寒去世。(《茾奁自订年谱(下)》,第 82 页)

12 日 公用事业费狂涨,市面恐慌日甚一日,投机市场,亦乘机作祟。(《茾奁自订年谱(下)》,第 82 页)

24 日 立法院议征财产税。自订年谱云:"放弃豪富,征及细微,扰乱之策也。"(《茾奁自订年谱(下)》,第 82 页)

7 月

是月 重游泮水。胡亚光为先生画像,"程仰坡、孙慥才、李拔可、袁思古等以诗词,商笙伯、黄葆戊、唐云、申石伽等以画为

贺”。(《茉宴自订年谱(下)》,第 81 页)

8 月

19 日　晚,无线电报告发行金圆券,以三百万元对一折合。自订年谱云:“并无整理办法,无非多一种筹码而已。”(《茉宴自订年谱(下)》,第 82 页)

23 日　换券,自订年谱云:“此之谓翁王①上台之搜括手段也。”(《茉宴自订年谱(下)》,第 82 页)

9 月

19 日　见项叔翔憔悴不堪,其经济情形甚为不佳,一病一去北平读书,所费不赀。(《茉宴自订年谱(下)》,第 81 页)

10 月

12 日　下午四时在上海林森西路 338 号中央银行俱乐部,为罗云第三子罗祖泉、宋晴嵚长女宋丽芳证婚。(《罗云为三男祖泉宋睛嵚为长女丽芳结婚启事》,《申报》1948 年 10 月 8 日,第 2 版)

29 日　为叶良本编内兄叶品三哀启。(《茉宴自订年谱(下)》,第 81 页)

11 月

29 日　外孙临三与凌群珍在南京成婚。(《茉宴自订年谱

① 翁王即翁文灏、王云五,时二人分任行政院院长、财政部部长。

（下）》,第 82 页)

30 日　中国银行需南迁,宋汉章、卞白眉派车来迎叶景葵、陈叔通及先生往中国银行商量,商谈甚久。自订年谱载:"吾辈力劝勿行,汉章亦为所动,继闻仍去港一行,抵港后来一信,吾仍去函劝返。"(《茅莜自订年谱(下)》,第 81 页)

12 月

3 日　江亚轮炸沉于白龙港,乘客死伤二千余人,自订年谱云:"是谁之过欤?"(《茅莜自订年谱(下)》,第 82 页)

23 日　兑金挤死七人,伤四十五人,大半为警察以枪辆击伤头部,自订年谱云:"民何辜耶?"(《茅莜自订年谱(下)》,第 82 页)

是月　项浩全家来上海避难。(《茅莜自订年谱(下)》,第 81 页)

是月　金价公然调整,已遵令兑换者无法收回,自订年谱云:"豪门财产又增不少矣。"(《茅莜自订年谱(下)》,第 82 页)

是年　住上海新闸路三元坊三四号。(《国立浙江大学同学会第二次会员通讯录》,1948 年,第 3 页)

1949年　77岁

1月

1日　见报载中共电台去年12月25日广播战犯名单为蒋介石夫妇、李宗仁、张群、陈诚等42人,并谓名单尚未完全。(《茉玄自订年谱(下)》,第84页)

4日　上海市各处有军人强销毛巾等物件骚扰。(《茉玄自订年谱(下)》,第84页)

8日　女儿项浩夫妇到上海。(《茉玄自订年谱(下)》,第83页)

是日　闻南京谣盛,迁移亦多,政治不定,豪门奸商、贪官污吏,乘机捣乱民生。自订年谱云:“可恨。”(《茉玄自订年谱(下)》,第84页)

是日　闻法院传讯孔令侃,抗传不到,避往马尼拉。俞鸿均亦有被政院彻查存兑金银处置失当之说。(《茉玄自订年谱(下)》,第84页)

11日　扬子公司为监委弹劾事登告自辩论,自订年谱云:“全无价值。”(《茉玄自订年谱(下)》,第84页)

13日　徽州族人树五(上门大有支昭佑派三十五世裔)来信,附寄始祖绍公及均安门门祖牧公像二页,两像为清初之物,甚旧,先生将其装裱后,附入家谱。(《茉玄自订年谱(下)》,第83页)

23日后　宋汉章自港归上海,两次来访,相谈甚久,先生力

劝留上海，其亦以为然。(《茶安自订年谱(下)》，第 84 页)

25 日　李宗仁以代总统名义令饬行政院取消戒严令、裁戡建队、启封书报、停止特务活动。自订年谱云："释放政治犯中，竟包括汉奸吴世宝姘妇佘爱珍及李士群之妾叶某等。"(《茶安自订年谱(下)》，第 84 页)

31 日　金保康以胃出血病故杭州。自订年谱云："吾与之为总角交，今年七十，未届诞辰，竟遽逝世，身后一切不知何以为计，妻华氏，颇贤，子一，在中行任职，尚难自立。"(《茶安自订年谱(下)》，第 84 页)

是月　胡藻青来访，言其次子已于除夕结婚，不收礼、不请客、不发帖，极简单。自订年谱云："可为表率，甚难得也。"(《茶安自订年谱(下)》，第 83—84 页)

2 月

23 日　因经济原因，项浩劝先生改组家庭，勉维现状。虽有道理，但先生忧虑养和尚未字人，二、四两房自顾竭蹶，且四房多病，大房小孩太幼，均属为难，踌躇至再，不得安眠。(《茶安自订年谱(下)》，第 83 页)

是月　闻外孙女钱树榕与丁毅结婚。(《茶安自订年谱(下)》，第 83 页)

3 月

1 日　闻杭州童谣"新兵上战场，老兵走单帮，宪兵不管账，伤兵敲竹杠，警察吃巴掌"云。(《茶安自订年谱(下)》，第 85 页)

15 日　陈汉第病故，年七十六，自订年谱云，陈叔通"又未在

沪,幸其子直生在侧"。(《茅茇自订年谱(下)》,第 84 页)

22 日 闻政府行政院离开南京,交通部积存方志数千种,均遭散落,皆为守者盗卖论斤作薪,不半日告罄。自订年谱云:"乱世文物遭殃,可慨孰甚。"(《茅茇自订年谱(下)》,第 85 页)

25 日 孙科到穗书面谈话。自订年谱云:"丑不可言。"闻孙科辞职前曾向中央银行动用机密费一亿一千万元,为监察院查明确有其事,秘密揭穿。(《茅茇自订年谱(下)》,第 85 页)

是日 闻宋子文前在行政院任内,抗战结束时,国库账内查明有价值二十亿万元以上之金银外汇,后此等资产荡然无存,现由监察院电询宋,令亲来答复云。(《茅茇自订年谱(下)》,第 85 页)

是月 吴朴堂为先生刻椭圆形朱文印"重游泮水",边款云:"己丑三月,朴堂制于春住楼。"(韩天衡等主编:《吴朴堂》,上海书画出版社 2018 年版,第 158 页)

4 月

1 日 中央银行举办保护存款,分金、银、美金价三种。自订年谱云:"去年八一九政府以三百万元对一作金元,银币作金二元,金四元作美钞一元,二百元作黄金一两,人民私藏不缴者有罪。曾几何时,狐狸狐猾。最近央行以上年所收银元发交各银行,每元作价七万元,国信丧失已尽。"(《茅茇自订年谱(下)》,第 85 页)

2 日 南京学生进行请愿,与军官总队冲突,伤百余人中五人垂危。自订年谱云:"难堪之至。"(《茅茇自订年谱(下)》,第 85 页)

9 日 项怡如与张芷君结婚。自订年谱云:"婚事尽属怡儿独力自筹,知吾空无所有,不使吾有为难之处,吾虽无丝毫筹措之麻烦,徒滋内愧而已。婚后五日新人相偕去杭游,二十日回申。"(《茅奓自订年谱(下)》,第 83 页)

19 日 闻蒋经国四十岁,其父题三匾为赠:(1)寓理帅气,(2)立教立极,(3)法天自强。自订年谱云:"第一匾且制跋语,高深不可解,《孟子·养气》章朱注所不可及,殊令人捧腹不已。"(《茅奓自订年谱(下)》,第 85 页)

23 日 外孙钱匡武与同学二人由南京步行来上海。自订年谱云:"身边不名一文,历尽艰辛,受尽惊吓。"(《茅奓自订年谱(下)》,第 83 页)

28 日 叶景葵病逝。自订年谱云:"叶自三月中旬,由感冒而肺炎肾炎,今竟未见解放盛况,溘然长逝。五月暂葬静安公墓,至十一月二十日移虹桥公墓合穴。"(《茅奓自订年谱(下)》,第 84 页)

是月底 自订年谱载,宋汉章"为武装人士逼走,时其妻病笃,挥泪而别"。(《茅奓自订年谱(下)》,第 84 页)

5 月

4 日 匡武抵达上海。自订年谱云:"居然到申,甚为骇异,张菊生闻之盛称新儿童不止,并索阅其沿途所记。"(《茅奓自订年谱(下)》,第 83 页)

8 日 叶景葵病逝后,为其草事略,录送顾廷龙备用。(《茅奓自订年谱(下)》,第 84 页)

10 日 闻香港《大公报》登载宋汉章被迫南去事,竟称"脱险归来"。(《茅奓自订年谱(下)》,第 84 页)

是日 是日起,上海炮声不断。(《茅奓自订年谱(下)》,第

85 页)

14 日 闻黄任之,黄炎培子被捕(新中国成立后揭晓被害)。
(《茉斐自订年谱(下)》,第 85 页)

25 日 黎明,苏州河以南地区解放。先生感慨:"人民苦闷
已久,一旦解放,其欣幸自不待言,所望新猷早布,物价平衡,举
凡一切祸国殃民之举,一律革除,弊除利兴,俾垂毙老人,得以归
正首丘,则幸甚矣。"(《茉斐自订年谱(下)》,第 85 页)

是日 闻中央银行五局负责人均未走,预备后人接收。自
订年谱云:"此却为好气象,殊非意料所及。"(《茉斐自订年谱
(下)》,第 85 页)

6 月

10 日 上海市政府包围证券大楼,搜查捣乱金融犯,拘捕抄
获甚多,移法院究办。自订年谱云:"嗜利商人,得此教训,宜知
所止,此次政府能快刀斩乱麻,亦大快事。"(《茉斐自订年谱
(下)》,第 85 页)

28 日 项浩五十诞辰,先生书寿联一副,联曰:"日之方中,
锡尔纯嘏。聿修厥德,自天降康。"题曰:"安穆于归钱氏已三十
年矣,今岁五旬览揆,有儿女八人,长女已适何氏,得子亦牙牙学
语,余均刻苦励学,斐然成章,郁郁葱葱,洵可忻幸,爰集葩经,以
志庆勉。"(《茉斐自订年谱(下)》,第 83 页)

7 月

3 日 得一治牙及口出血单方,其方法为以豆腐渣含口中候
热即换,更换数次即止。(《茉斐自订年谱(下)》,第 84 页)

23 日　闻孙女嫩葭、铖文向革大报名核准,学费可免。(《茶叟自订年谱(下)》,第83页)

8 月

6 日　丁辅之去世,年七十一岁。自订年谱云:"今年老友作古者不少,不胜感触。"(《茶叟自订年谱(下)》,第84页)

9 月

10 日　项浩等返回南京。(《茶叟自订年谱(下)》,第83页)

10 月

19 日　捐赠友声图书馆《杭州府志》《上海掌故丛书》等共12种104册。(《茶叟自订年谱(下)》,第84页)

是月　孙女嫩葭、铖文派杭州再转嘉兴属长兴下乡。自订年谱云:"年幼女子,从未出门,时以为念。"(《茶叟自订年谱(下)》,第83页)

是年　项吉士自1月25日起长期病卧床第。仅四月间到行半天,仍不支而返。自订年谱云:"其心病日臻严重,由银行改延心脏专科邱医为之诊治,殊为棘手,据云其病有二种,而用药适得其反,故与一般不同,经济窘迫,变卖则已无可售之物,深以为忧。"(《茶叟自订年谱(下)》,第83页)

是年　淳一于北平解放后辍学,参加工作,先任中共北平市委会学委会宣传部副部长,继调市委宣传部任职,闻于1945年在上海加入中国共产党。(《茶叟自订年谱(下)》,第83页)

是年　黄新民邀请海上耆宿于新闸路慈孝邨举行千龄嘉

会,先生与会,同时参加的还有黄葆戉、高振霄、汤东文、曹典初、程学鎏、钱崇威、姚瀛、商笙伯、徐尧卿、钱熊祥等,共 14 人,计 1031 岁。诸老兴致极高,当场摄影留念。(蔡锡瑶:《青山长在,书名永存——记近代书法家黄葆戉》,政协上海市静安区委员会编:《静安文史》第 12 辑,1999 年,第 195 页)

是年　住上海三元坊。(《茀垄自订年谱(下)》,第 82 页)

1950 年　　78 岁

1 月

3 日　陈叔通携眷北行,先生与之黯然握别。(《茀垄自订年谱(下)》,第 86 页)

是月　项浩来上海看望先生。(《茀垄自订年谱(下)》,第 86 页)

2 月

6 日　美蒋机肆虐上海,大轰炸,死伤千余人,水电均断。(《茀垄自订年谱(下)》,第 87 页)

9 日　上海水电恢复。(《茀垄自订年谱(下)》,第 87 页)

17 日　自订年谱云:"长孙淳一与硤石陈泓在北京结婚,仪式简单,所费亦省。"(《茀垄自订年谱(下)》,第 86 页)

3 月

是月　项浩自南京来信,劝先生移居南京,并谓女婿也早有此意,但先生经济穷困,女儿女婿一家也负担繁重,不愿再增其负担。自订年谱云:"彼等食指已繁,何能再增负担,此情惟心领而已。"(《茉奁自订年谱(下)》,第 86 页)

5 月

9 日　晚,倾跌一次,幸无伤。(《茉奁自订年谱(下)》,第 86 页)

10 日　报载陈果夫已病死,自订年谱云:"太便宜了。"(《茉奁自订年谱(下)》,第 87 页)

18 日　项怡如得一子,为取名寅七,字乙威。(《茉奁自订年谱(下)》,第 86 页)

7 月

3 日　项养和四十岁生日。自订年谱云:"养和已四十矣,忽忽光阴,不胜感触。"(《茉奁自订年谱(下)》,第 86 页)

30 日　见某小报载《杭州白话报》事有误。自订年谱云:"金息侯与此报并无关系。此报创立于辛丑(1901 年)五月,发起者为陈叔通、汪叔明、林琴南、汪秋泉、孙江东及吾等数人,其时无印刷所,乃雇刻工任之,月出二期,年仅一元,不敷之款由各人捐助,并无一定标准,由吾总其成,繁琐不易为。一年后改用铅印,价昂且不能如期(徐青甫所办),最后又改集股款,创立中合印书公司。"(《茉奁自订年谱(下)》,第 86 页)

夏 粲兮初中毕业考取上海中学,因费用过巨,力不能胜,仍回中西高中攻读。(《茶窐自订年谱(下)》,第 87 页)

8 月

10 日 内弟陈闿病殁杭州,身后萧条,衣衾棺椁亦生问题,值先生自顾不暇,无以为助,深感愧疚。(《茶窐自订年谱(下)》,第 87 页)

9 月

12 日 项怡如偕眷赴京就燕大教职,闻火车秩序大改进,不胜神往于新政之猛进也。(《茶窐自订年谱(下)》,第 86 页)

24 日 与先生同里同年的老友袁毓麟去世,先生备感惆怅哀伤。(《茶窐自订年谱(下)》,第 87 页)

10 月

是月 项浩再次来上海看望先生。(《茶窐自订年谱(下)》,第 86 页)

11 月

8 日 见报载中南军政委员会公布土产征收办法颇佳。自订年谱云:"此事吾早已主张言之,今乃由军政会行之,实获我心。"(《茶窐自订年谱(下)》,第 86 页)

是年 项吉士以久病请辞未允。自订年谱云:"志莘为调任总经理室经理,以免工作过繁,推诚相待,吾亦深感,年初到行,继续针治,仍时时发病,无以为计。"(《茶窐自订年谱(下)》,第 86 页)

303

是年 孙女嬿、郁二人均在长兴,中间经请假返上海省亲一次。(《茅蓉自订年谱(下)》,第 86 页)

是年 住上海三元坊。(《茅蓉自订年谱(下)》,第 86 页)

1951 年　　79 岁

3 月

7 日 大悲居士徐伟人逝世,与先生同庚,多年交好,自订年谱云:"遽失其一,不无感触。"(《茅蓉自订年谱(下)》,第 88 页)

4 月

25 日 美制对日和约草案,报上发表,自订年谱云:"对之气为之塞。"(《茅蓉自订年谱(下)》,第 88 页)

是月 项浩来上海,居住 40 日后返。(《茅蓉自订年谱(下)》,第 87 页)

是月 嬿葭因病自长兴请假来上海就医,经 X 光检查,诊断为肺结核,当系传染。先生闻之,殊感不快。(《茅蓉自订年谱(下)》,第 88 页)

春 为恒安兄书扇面,录林屋山人的《书斋夜话》。所书内容为:"范文正公《齑赋》中间一联云:'陶家瓮里,酿成碧绿青黄;措大口中,嚼出宫商徵羽。'予初作《海膜》诗云:'生以虾为目,来从水母宫。堆盘凝冻结,停箸便消融。莹净玻璃白,斓斑玛瑙红。酒边尝此味,牙颊响秋风。'句虽粗率,'响'字盖从范公《齑赋》中来。唐人鹭鸶联云:'立当青草人先见,行傍白莲鱼未知。一足独拳寒雨里,数声相叫晚秋时。'虽掩题目皆知其为咏鹭,予疑'秋'字当作'烟'字,尤切当,盖相失于晚烟中,是以相叫。若晚秋相叫,则无意味矣。"款识:辛卯春日录林屋山人书《书斋夜话》,恒安尊兄属书。七十九叟兰生项藻馨时客沪上。钤印:项(红文),藻馨(白文)。(资料来源:https://weibo.com/u/2286673845? layerid=4674206089874502)

5 月

5 日　长孙淳一得男,名曰雄。自订年谱云:"吾得曾孙,已称四世相见,惜未同堂耳。"(《茆叟自订年谱(下)》,第 88 页)

9 日　量血压为 140 余,不作高血压论。(《茆叟自订年谱(下)》,第 87 页)

25 日　闻毛主席主从速治淮,器材已创造甚多,技术无问题,甚盼早日庆功。(《茆叟自订年谱(下)》,第 88 页)

6 月

1 日　孙智敏来托查周象贤办公墓时期,查系 1937 年 2 月 18 日(阴历正月初八)。(《茆叟自订年谱(下)》,第 88 页)

18 日　查阅外家诸氏宗谱,知"先世本为朱氏,原籍濠州,始祖彦明公仕元,子和仲公迁仪真,徙奉化,再迁余姚,以元明革命之际,隐姓避地,后人不能上追始祖所自出。欧阳永叔及苏氏谱同有高祖而上不可详矣之慨"。(《茆叟自订年谱(下)》,第 87 页)

8 月

是 月 阅项浩致项养和函,自订年谱云:"天性笃挚,友于之谊尤切,为吾设想亦甚周密,至慰。"(《茅孝自订年谱(下)》,第87—88页)

11 月

6 日 遗书正文写成。分别函告"浩女、怡儿,并作火葬之说,以资日后遵循"。(《茅孝自订年谱(下)》,第87页)

10 日 缄文返沪。(《茅孝自订年谱(下)》,第88页)

12 月

12 日 见《解放日报》载姒葭、缄文被开除事,当时姒葭病假未满,手续不合。(《茅孝自订年谱(下)》,第88页)

15 日 项仲雍五旬初度,在家与其面叙。(《茅孝自订年谱(下)》,第88页)

是 年 住上海三元坊。(《茅孝自订年谱(下)》,第87页)

1952年　　80岁

2 月

21 日 晚八点多钟,突然摔倒在书桌旁。女儿项养和从外回来,唤先生不应,近视后大惊,急忙与女佣阿毛将先生扶起。

先生对此竟茫然无所知,大约倒地已在 20 分钟以上。(《茅蟄自订年谱(下)》,第 89 页)

25 日 夜梦见汪德茹先生挽叶文轩师联云:"君殆以忧郁亡耳,既折孙枝,又惊邻火,扼腕坐愁城,有限衰龄遭拂逆。今遽抛儿媳去乎,数穷残腊,驾促终朝,伤心闻噩耗,无多戚友欠凋零。"自订年谱云:"文师为吾四岁启蒙,长吾两辈,辛卯冬殇一孙,不久遭邻火之厄,旋于残腊逝世,汪孝濂德茹挽辞如此,事隔六十二年,忽焉得之,一字不误,诚不可思议之事也。"(《茅蟄自订年谱(下)》,第 89 页)

3 月

19 日 为各儿取别号为:"鸣九"——《诗》鹤鸣于九皋,"商书"——《扬子法言》商书灏灏尔,"鸣雁"——《诗》邕邕鸣雁,"鸿之"——蔡邕《陈留太守胡公碑》进退以方见几而作如鸿之翔,"惠迪"——《书》惠迪吉,"逸少"——羲之字,"在福"——《太玄经》在福则冲,"行己"——《论语》其行己也恭,"南涧"——《诗》于以采苹南涧之,"泽芬"——《本草》即白芷,"无忌"——长孙无忌。(《茅蟄自订年谱(下)》,第 89 页)

4 月

9 日 八旬生日,概不受礼,来客均以出门却之。先生"殊感抱歉"。(《茅蟄自订年谱(下)》,第 89 页)

是日 家人叙餐,废止一切仪式,自谓"黄连树下操琴,如是而已"。记曰:"祝寿祝寿,我命活逼,儿孙满堂,四代俱见,外观载福,滋味浓极,八十老人,遭此盛会,天乎命也,抑又奚说,二四

两妇,制延聚集,益以浩羲,十人充实,有酒盈樽,且度今夕。"(《茅奁自订年谱(下)》,第89页)

10日 《毛泽东选集》第二卷已发行,无款可以购置,殊觉难堪。自订年谱云:"当第一册出版时,即以款绌,拟候与二集同购,今则日用已无着落,尚有何法可以购书耶?"(《茅奁自订年谱(下)》,第89页)

是月 项浩来上海探视。(《茅奁自订年谱(下)》,第89页)

6月

10日 见《铁报》载金圆券之遗泽。自订年谱云:"谓一元等于廿四亿元——以战前银元廿四亿元存银行,伪组织储钞二作一为十二亿元,胜利后二百作一,折存六百万,卅七年八月改金元定三百万作一,核存二金元,以两金元合银币一元,殊可叹也。"(《茅奁自订年谱(下)》,第90页)

是日 冒广生忽偕戴禹修来访。(《茅奁自订年谱(下)》,第90页)

8月

13日 淳一生次曾孙小龙,为之取名曰"仁"。(《茅奁自订年谱(下)》,第90页)

9月

12日 孙女嬿葭与王振中订婚,无仪式,摄影留念。(《茅奁自订年谱(下)》,第90页)

21日 项叔翔到上海。(《茅奁自订年谱(下)》,第89页)

10 月

17 日　中共上海市委统战部派佘百中来访,谈 1947 年反内战学潮十老上书事。自订年谱云:"查此函系 1947 年 6 月 3 日张菊翁主持,集七旬以上者十人致函行政院张岳军、上海市市长吴国桢,责备政府措置失当,即举当时情形告之。"(《茅奁自订年谱(下)》,第 89 页)

是月　项浩来上海探视。(《茅奁自订年谱(下)》,第 89 页)

12 月

1 日　受中共上海市委统战部周而复副部长嘱托,佘百中派车来邀先生和胡藻青去上海大厦赴晚宴,同座的有徐永祚及儿子项叔翔。(《茅奁自订年谱(下)》,第 89 页)

3 日　项叔翔返回北京。(《茅奁自订年谱(下)》,第 89 页)

18 日　晚饭后,忽感昏眩大汗,半个多小时后才缓解,请谢寿田来诊,谓系年老气弱所致。(《茅奁自订年谱(下)》,第 89 页)

是年　项吉士病未减轻,"三反"开始勉力支持。自订年谱云:"二月间曾出席作检讨报告逾一小时,然已疲莫能兴。数日后病剧发,神魂颠倒,数濒于危,卧床八月有余,十月下旬,方勉强起床,行中假久,留资停薪。惟自半薪以迄停薪,生活更为困苦,吾亦无以为助,心殊不快。"(《茅奁自订年谱(下)》,第 90 页)

是年　"三反五反"运动中,儿女均无问题。自订年谱云:"三反五反大运动中,我家儿女均无问题,以平日安分守法,虽皆穷而能清白,万目睽睽,所谓群众眼亮,吾心得以稍慰。"(《茅奁

自订年谱(下)》,第 90 页)

    是年   住上海三元坊。(《茉雯自订年谱(下)》,第 89 页)

1953 年   81 岁

1 月

2 日   写谱后补记。(《茉雯自订年谱(下)》,第 91 页)

2 月

1 日   手上首次生冻疮,甚感不便。自订年谱云:"八十年来手上从未生冻疮。"(《茉雯自订年谱(下)》,第 91 页)

    是月   项浩来上海探视。(《茉雯自订年谱(下)》,第 91 页)

3 月

12 日   中共上海市委统战部派佘百中用车来接先生及周善培同去聚餐并摄影留念。(《茉雯自订年谱(下)》,第 91 页)

4 月

    是月   项浩来上海探视。(《茉雯自订年谱(下)》,第 91 页)

    是月   阅项叔翔致项养和函。自订年谱云:"负担綦重,忧急可怜。"(《茉雯自订年谱(下)》,第 91 页)

5 月

24 日　孙女馘文与裴学海经区政府登记结婚。(《茅奁自订年谱(下)》,第 91 页)

6 月

8 日　上海市文史馆成立,公布首批数十人馆员名单,先生被列入其中。推荐人为陈叔通。[《茅奁自订年谱(下)》,第 91 页;《第一批申请入馆者及推荐人名单》(1953 年),上海市档案馆藏:G25—1—26—1]

7 月

13 日　收到陈毅市长颁发的上海市文史馆员聘书,月薪五十万元。(《茅奁自订年谱(下)》,第 91 页)

17 日　上海市文史馆首次茶会,因病未到。(《茅奁自订年谱(下)》,第 91 页)

9 月

5 日　前写遗书作废,重写一次。(《茅奁自订年谱(下)》,第 91 页)

6 日　继续重写遗书。(《茅奁自订年谱(下)》,第 91 页)

10 月

是月　项叔翔参加全国工商联代表大会,当选会议主席团成员,报告筹委会财务情况,并当选全国工商联常委兼业务委员

会主任。(《茅奢自订年谱(下)》,第91页)

12 月

23 日　听从陈叔通一再敦劝,自编年谱至二十岁止。(《茅奢自订年谱(下)》,第91页)

是年　先生感慨衰老,自订年谱云:"耳益聋,目光愈坏,时感头眩,吾其衰矣。"(《茅奢自订年谱(下)》,第91页)

是年　录清吏部左侍郎沈近思为迁歙桂溪项氏一世祖唐隐士讳绍公遗像的题词,文曰:"潜德不耀,璠玙自葆,歙之哲人,唐之遗老,桂水淼淼,启宇开基,积庆流光,百世之宗。"(《桂溪项氏均安门续修支谱》)

是年　录凤阳太守族孙项璋为桂溪项氏均安门九世祖宋进士郴州军事推官讳牧公遗像的题字,文曰:"明敏之姿,沈潜之学,接濂洛之薪传,同紫阳之讲幄,敷化雨于菁莪,懋清风于琴鹤,式尔云礽,杰然卓荦。"(《桂溪项氏均安门续修支谱》)

是年　仍住上海三元坊。(《茅奢自订年谱(下)》,第91页)

1954 年　　82 岁

1 月

8 日　右上牙齿脱落,计尚存十七枚,已去其半。(《茅奢自订年谱(下)》,第92页)

11 日　闻汪钦之子四人均有专技工作,其夫人亦在上海。

自订年谱云:"一家颇友善,甚为故友欣幸。"(《茅奓自订年谱(下)》,第93页)

3月

1日 食油开始配给,每人每月一斤。(《茅奓自订年谱(下)》,第93页)

8日 下楼时半途坐一独墩,所幸未跌倒,但腰部及右手略有顿挫。(《茅奓自订年谱(下)》,第92页)

21日 韩桔庭与李雪华结婚。自订年谱云:"新妇右手因病切除,甚为可惜。"(《茅奓自订年谱(下)》,第93页)

4月

7日 项叔翔自浙江视察来上海,在上海养病两月后返回北京。(《茅奓自订年谱(下)》,第93页)

12日 李青崖持受业帖来谒。自订年谱云:"见面方知即李葆中,为幼梅之孙,光绪廿九年安定学生,人颇杰出。《苏报》风潮时李极活跃,不为彼时群众承诺。时吾母正在绵愄之际,无暇顾及,遂致辍读。革命后曾来吾家一次,以后未知其踪迹,现为文史馆副馆长,一见如故,语亦切实。"(《茅奓自订年谱(下)》,第93页)

17日 生日,晚饭后外孙婿何仁亲为全家拍照多张。自订年谱云:"是日计算,自吾一系已得五十余人之多。"(《茅奓自订年谱(下)》,第92页)

是月 项浩来上海。(《茅奓自订年谱(下)》,第93页)

5月

12 日　与项浩及项叔翔谈身后事。(《茉奁自订年谱(下)》,第 92 页)

16 日　在房内忽头昏腿轻跌坐于地,幸无大伤。自订年谱云:"本年头昏时作,体益衰退。"(《茉奁自订年谱(下)》,第 92 页)

24 日　改遗嘱为遗言,开始重行草拟。(《茉奁自订年谱(下)》,第 92 页)

6月

9 日　亲书身后谢帖。(《茉奁自订年谱(下)》,第 92 页)

12 日　再次亲书身后谢帖,两次写就谢帖二十张。(《茉奁自订年谱(下)》,第 92 页)

7月

15 日　忆及韩愈《南山诗》:"或如临食案,肴核纷饤饾",拟将集录的各种记载分类装订,以《竹影居饤饾录》为名。(《茉奁自订年谱(下)》,第 92—93 页)

17 日　遗言大致就绪。又拟琐言。(《茉奁自订年谱(下)》,第 92 页)

19 日　拟就琐言十则。(《茉奁自订年谱(下)》,第 92 页)

23 日　先考祭日。自订年谱云:"先考殁忌,忽忽已四十六年矣,原配叶夫人殁于丙申年六月廿三日,距今亦五十八年矣,回想当年如大梦一场,不知从何说起。"(《茉奁自订年谱(下)》,

第 93 页)

31 日　琐言写毕。(《茅奓自订年谱(下)》,第 92 页)

是月　项浩离开上海。(《茅奓自订年谱(下)》,第 93 页)

8 月

10 日　因便秘服蜂蜜而腹泻,请谢寿田诊治,许久不能恢复,元气益伤。(《茅奓自订年谱(下)》,第 93 页)

是月　里弄发购粮证。(《茅奓自订年谱(下)》,第 93 页)

9 月

是月　开始凭证购粮。(《茅奓自订年谱(下)》,第 93 页)

是月　上海文史馆调整馆员薪资,先生为第四类馆员,每月可领薪资 80 万元。文史馆对先生生活情况描述为:"生活较好。曾参加反对蒋介石活动,是十老人团之一。"(《1954 年上海市文史研究馆馆员薪资表》,1954 年,上海市档案馆藏:G25—1—4—54)

11 月

3 日　收上海市文史馆通知,自 9 月起与胡藻青各加薪 30万。自订年谱云:"时正感拮据,无以为继,足见政府调查周密,照顾周到,感惭交集。"(《茅奓自订年谱(下)》,第 93 页)

12 月

1 日　上海开始食糖配给,每人每月六两。(《茅奓自订年谱(下)》,第 93 页)

是年　仍住上海三元坊。(《茅奁自订年谱(下)》,第 92 页)

1955 年　　83 岁

1 月

9 日　安定学生吴在濬以胃出血作古。自订年谱云:"此人向来诚笃,对吾十分关切,今年仅六十余,无子仅二女,可惜之至。"(《茅奁自订年谱(下)》,第 95 页)

10 日　得讣告获知数十年老友张逸才忽已作古,想前去凭吊,因步履维艰未能成行。自订年谱云:"数十年老友,一旦永别,回首当年,益深感喟。"(《茅奁自订年谱(下)》,第 95 页)

15 日　陈叔通来访。(《茅奁自订年谱(下)》,第 95 页)

是月　忆及清末大清银行江西分行总办黎劻平、经理卢明之两人在行均有贪污。自订年谱云:"黎为道员,经查参革职追赃,卢亦押追经手事件,鼎革后,均不了了之。"(《茅奁自订年谱(下)》,第 95 页)

2 月

10 日　午后检画时突然跌倒,五分钟后站起,所幸无问题。(《茅奁自订年谱(下)》,第 94 页)

21 日　见报纸发表 3 月 1 日起更换新人民币办法。自订年谱云:"办法甚详密,不似旧政权之一片糊涂、惟利是图。"(《茅奁自订年谱(下)》,第 95 页)

27 日　外孙女钱树榕来沪演出《万水千山》。自订年谱云："已十年不见。"(《茅奓自订年谱(下)》,第95页)

4 月

是月　项浩来上海省视,6月间返回南京。(《茅奓自订年谱(下)》,第94页)

5 月

16 日　废上年遗言稿,重写一稿。(《茅奓自订年谱(下)》,第94页)

17 日　修改琐言。(《茅奓自订年谱(下)》,第94页)

6 月

4 日　项叔翔视察浙江后,到上海。(《茅奓自订年谱(下)》,第94—95页)

5 日　再次修改琐言。(《茅奓自订年谱(下)》,第94页)

6 日　将琐言交子女浩、雍、翔、吉、养阅览,并商定取消火葬前议,改葬杭州南山公墓。(《茅奓自订年谱(下)》,第94页)

7 日　项叔翔从上海返北京。(《茅奓自订年谱(下)》,第95页)

是月　项浩返回南京。(《茅奓自订年谱(下)》,第94页)

是月　换户籍簿。(《茅奓自订年谱(下)》,第95页)

7 月

16 日　钱宁夫妇自美回国,抵达上海。(《茅奓自订年谱

（下）》,第95页)

19日　忆及祖庙巷旧邻居姚菊坡先生。自订年谱云:"姚菊坡先生(原字菊仙)丙然,丙戌翰林,与陈蓉舅同于丙戌入词馆。菊坡之三弟丙勋字钦甫,与吾同读于徐少梅先生之门,时吾年十四岁,菊坡家甚寒,恃应试书院及授徒为活,父竹安亦奇窘,菊坡授徒时,恒抚弱弟应书院课卷,每试辄数卷,摇笔即成,楷法工整,绝不草率,童卷辄魁列前茅,应试者咸佩叹不置。菊坡胸前有黑毛如旋形,吾曾见之。光绪间菊坡遇词馆大考,得升级应学政,任内有违法事被弹劾褫职,则妻子之累也。诖误终不得开复,光复后疾终沪寓,张静江乃其婿也。"(《茱奁自订年谱(下)》,第95页)

22日　钱宁夫妇离开上海,赴南京探望母亲项浩。(《茱奁自订年谱(下)》,第95页)

9月

是月　与项吉士双方经济无法维持,决定合住。自订年谱云:"初拟吉儿迁并吾处,以三元坊棉庭之产需要自用,历年累之已重,正深惭歉,遂改变方法,定十月间吾迁中实新村,复因四媳足疾又发,一切未能按照计划部署,迟迁至11月13日方得迁居。"(《茱奁自订年谱(下)》,第94页)

10月

14日　钱学森来访。(《茱奁自订年谱(下)》,第95页)

是月　按户口定粮。(《茱奁自订年谱(下)》,第95页)

11 月

11 日 德国总理格罗提渥来华,首都人民欢迎大会上交还《永乐大典》三本,又 1900 年德抢去义和团团旗十面等。自订年谱云:"此事有关数十年耻辱,不可不记。"(《茅奁自订年谱(下)》,第 96 页)

13 日 从三元坊迁入中实新村,与项吉士同住。(《茅奁自订年谱(下)》,第 94 页)

25 日 项吉士劝试觅解闷消遣之计,往沧州书场听书,先生谓此"为破题儿第一遭",可惜耳聋不易听进。(《茅奁自订年谱(下)》,第 94 页)

12 月

19 日 项叔翔从杭州来。自订年谱云:"十一月廿三日翔儿同叔通去杭、绍、甬各处视察,经沪来一转,十二月十九日翔儿自杭来。"(《茅奁自订年谱(下)》,第 95 页)

20 日 项怡如得一女,为取名毓慧,"怡儿自取盼盼为小名"。(《茅奁自订年谱(下)》,第 95 页)

是日 陈叔通来,与谈房屋,赞成捐献,允为协助。陈叔通当日北行。(《茅奁自订年谱(下)》,第 94 页)

28 日 项叔翔返京。(《茅奁自订年谱(下)》,第 95 页)

是月 猪肉配给制实施,凭肉票购肉。(《茅奁自订年谱(下)》,第 95 页)

是年 仍任上海文史馆馆员。(《茅奁自订年谱(下)》,第 94 页)

是年　头昏仍时作,耳目腰腿益觉衰老。经济愈困,幸赖老友胡藻青惠借借以维持。(《苶叟自订年谱(下)》,第94页)

是年　钟毓龙"入泮"60周年纪念,先生将六年前所制"重游泮水"印章相赠。边款有"项兰生先生赠,钟毓龙识,韩登安补款"字样。(钟肇桓:《南山新语》,中国美术学院出版社2016年版,第34—35页)

1956年　　84岁

1月

19日　阅报见外交部发表中美大使级会谈,说明我国立场。先生"爱国之情,不可遏制"。(《苶叟自订年谱(下)》,第97页)

是月　猪肉恢复自由购买。(《苶叟自订年谱(下)》,第97页)

2月

27日　患感冒服青霉素而愈。(《苶叟自订年谱(下)》,第96页)

3月

9日　晨起,足软倾跌床前一次。兼以感冒未清,请谢寿田来诊。(《苶叟自订年谱(下)》,第96页)

13日　与项吉士长谈。项吉士劝先生少作身后想,思虑过

度伤身，以颐养为主。《茅安自订年谱（下）》，第96页）

21日 孅葭调洛阳，自长春给假返上海。（《茅安自订年谱（下）》，第97页）

22日 得杭州复信，捐屋事未被接受。（《茅安自订年谱（下）》，第96页）

27日 谢寿田来诊视6次，至是日痊愈。（《茅安自订年谱（下）》，第96页）

4月

27日 钱均夫北迁。自订年谱云："多年知己，一旦远别，殊为黯然。"（《茅安自订年谱（下）》，第97页）

是月 修正遗言。（《茅安自订年谱（下）》，第96页）

是月 杭州丁家山征用土地，高祖坟须迁移，托蒋絅裳一再联系，代办手续。（《茅安自订年谱（下）》，第97页）

是月 项浩来上海省视。（《茅安自订年谱（下）》，第96页）

5月

10日 高祖坟迁往南山公墓。自订年谱云："5月2日启墓，已葬百廿余年，棺仍未腐，漆水亦新，十日移南山公墓安葬，絅裳热心奔走，视如己事，殊可感也。"（《茅安自订年谱（下）》，第97页）

7月

22日 朱趾祥去世，先生大为感触。（《茅安自订年谱（下）》，第97页）

23 日　晨,送何仁亲去医院。(《茅奓自订年谱(下)》,第 97 页)

是月　再度修正遗言。(《茅奓自订年谱(下)》,第 96 页)

是月　项浩返回南京。(《茅奓自订年谱(下)》,第 96 页)

8 月

28 日　长孙媳陈泓从北京来上海,首次见面,谈话有条理,先生甚快慰。陈泓回忆:"1956 年我到上海《解放日报社》访问,趁机回公婆家看看。当我来到沪西愚园路中实新村项宅时,婆母韩树蘋从二楼下来开门,随即向一楼的邻居高声道:'少奶奶来了。'在新社会里听到这等称呼,我顿时觉得脸上泛起了红晕。但是由于公婆热情相待,使我很快消除了羞涩和窘态。婆母把我领到了三楼,见到了祖父。听淳一说过祖父的身世、业绩和为人,所以我对他十分尊敬。……祖父是个有身份的人,但他在那天和他的孙儿媳谈话时,态度和蔼可亲,更使我对他增加了爱戴之情。谈话间,我问起了项氏的家世。祖父说道:'据家谱所载,项氏落户安徽歙县始自唐代,延续三十四五世,还可以上溯到春秋以前,你可以去看看那本家谱。'"(《茅奓自订年谱(下)》,第 97 页;陈泓:《陈泓自述:冷暖人生七十年》,2002 年,第 240 页)

是月　项浩因其长婿何仁亲病殁,偕临四、理群来上海。(《茅奓自订年谱(下)》,第 96 页)

9 月

2 日　临四新妇傅玉华来上海就学,首次见面。(《茅奓自订年谱(下)》,第 97 页)

3 日 陈泓北旋。(《茅奁自订年谱(下)》,第 97 页)

20 日 阅日本出版的《南画大成》,第二册内有吴昌硕 207 一幅,此画原为先生所藏。自订年谱云:"第二册内有吴昌硕 207 一幅,为吾所藏物,原由郑遗孙赠我者,一九三七年八一三后杭城沦陷时为日人自长生路寓内劫去之物,不胜忿恨。"(《茅奁自订年谱(下)》,第 96 页)

24 日 与女儿项养和谈遗言,家人均无成见。自订年谱云:"惟忌闻此,言之有理,姑纳其意。"(《茅奁自订年谱(下)》,第 96 页)

是日 沪东有龙卷风死伤甚多,自订年谱云:"亦奇闻也。"(《茅奁自订年谱(下)》,第 97 页)

是月 又向胡藻青借款,胡藻清一再叮嘱勿还。自订年谱云:"其情可感,不知何时能偿还之也。"(《茅奁自订年谱(下)》,第 96 页)

是月 钱树榕来上海治眼疾。(《茅奁自订年谱(下)》,第 97 页)

10 月

1 日 发表本季开始,房客免征房捐。自订年谱云:"此德政也。"(《茅奁自订年谱(下)》,第 97 页)

14 日 钱宁一来,云钱宁在北京中国科学院为宁一觅得工作,关系由上海转去北京。(《茅奁自订年谱(下)》,第 97 页)

29 日 张元济九旬寿,闻祝者甚多。自订年谱云:"初病时自云能过九十,竟成事实。"(《茅奁自订年谱(下)》,第 97 页)

是月 嬿葭发现子宫癌转移入肺,割去子宫,至镭锭医院用深度 X 光照射,终年进出医院不已。自订年谱云:"岂仅吉儿一

人为之担忧不已也。”(《茾宴自订年谱(下)》,第 97 页)

11 月

5 日 钱宁一因行李先运,住先生家四天。(《茾宴自订年谱(下)》,第 97 页)

9 日 钱宁一北行,自订年谱云:“不无感触。”(《茾宴自订年谱(下)》,第 97 页)

22 日 洗脚时小椅倾覆,所幸小椅甚低,未受影响。(《茾宴自订年谱(下)》,第 96 页)

是月 项叔翔因公忙,销假。自订年谱云:“时以为虑。”(《茾宴自订年谱(下)》,第 97 页)

12 月

16 日 项吉士五十生日,家叙吃面。(《茾宴自订年谱(下)》,第 97 页)

25 日 徐寄庼逝世,自订年谱云:“老友接踵而去。”(《茾宴自订年谱(下)》,第 97 页)

是月 猪肉仍按配给制凭券购买。(《茾宴自订年谱(下)》,第 97 页)

是年 体况不佳,耳目益不行,下半年尤为不好。(《茾宴自订年谱(下)》,第 96 页)

是年 因项吉士、孅葭病,先生忧虑。自订年谱云:“本年吉儿病比上年多发,感触太多,及孅葭之病有以致之,亦间接增吾愁绪也。”(《茾宴自订年谱(下)》,第 97 页)

是年 钱宁、钱树榕各以款接济其姊宁一,并允按月补助。

自订年谱云:"手足之情颇诚笃,实称难得,可嘉之至。"(《茉麦自订年谱(下)》,第 97 页)

是年 仍住上海中实新村,任上海市文史馆馆员。(《茉麦自订年谱(下)》,第 96 页)

1957 年　　85 岁

1 月

4 日 售旧书若干于古籍书店,得 250 余元,可勉强过旧年,《鲍氏泉谱》未成交。(《茉麦自订年谱(下)》,第 98 页)

18 日 房内移花盆时小跌一次,略伤手指,其他无碍。自订年谱云:"吾今年已八十五矣,幼多疾患,不图长寿至今,竟达耄耋,窃所未料,回首先人养育之艰苦困难,益增伤感。"(《茉麦自订年谱(下)》,第 98 页)

2 月

14 日 李青崖来谈良久,年已七十一,并询及旧同学陆永年、朱光焘、高维魏等。(《茉麦自订年谱(下)》,第 99 页)

18 日 淳孙又得一女,淳自为取名灵羽。(《茉麦自订年谱(下)》,第 99 页)

24 日 又续售书 17 种于古籍书店,连《鲍氏泉谱》在内,共得 230 元。自订年谱云:"可勉强支持数月矣。遗书无多,且均不能得价者,此后以为继,殊为懔懔。"(《茉麦自订年谱(下)》,第

98 页）

3 月

21 日　为淳一书"寿"字。

浙江省杭州第七中学校史馆藏复制品

　　是月　嫩葭又咯血,闻有新发展,仍由医院继续照射 X 光。
(《茅奖自订年谱(下)》,第 99 页)

4 月

是月 项浩来上海省视。(《茅奓自订年谱(下)》,第 98 页)

6 月

6 日 二儿媳因母亲病去杭州省亲,路过上海,由杭州来上海一晤,后返回北京。(《茅奓自订年谱(下)》,第 98 页)

是日 淳一因公来上海,多年来未见,得一晤,状甚瘦,并住一晚。(《茅奓自订年谱(下)》,第 99 页)

10 日 晨,见报载胡藻青于 9 日去世。自订年谱云:"六十年老友不得握手言别痛矣哉,惟闻无疾而终,亦足羡贺,此后时时思念不已。其长子可铮(字铁士)在沪,次子可型在京工作。"(《茅奓自订年谱(下)》,第 98 页)

18 日 安定旧学生德清人沈桢来访,年已七十一,其生活赖子女支持。(《茅奓自订年谱(下)》,第 99 页)

是月下旬 项浩返回南京。(《茅奓自订年谱(下)》,第 98 页)

7 月

5 日 晚,因头昏跌于床前,被大家扶起。(《茅奓自订年谱(下)》,第 98 页)

6 日 下午,有热度,请谢寿田诊治。(《茅奓自订年谱(下)》,第 98 页)

7 日 能挣扎坐起,但不能持久。(《茅奓自订年谱(下)》,第 98 页)

13 日　是日起下笔已甚不易。(《茅奓自订年谱(下)》,第99页)

16 日　日记继续至今日止。(《茅奓自订年谱(下)》,第99页)

是月中旬　项浩又来上海探病。(《茅奓自订年谱(下)》,第98页)

23 日　略起坐时,手写一条,自谓目光已失,并补嘱身后事。字条共37字,唯字迹已极模糊难辨,此为最后绝笔。(《茅奓自订年谱(下)》,第99页)

31 日　热度退尽。(《茅奓自订年谱(下)》,第99页)

是月　病中闻四儿媳足疾大发,甚感不安。(《茅奓自订年谱(下)》,第98—99页)

是月　病中舁娱偕端四来上海。(《茅奓自订年谱(下)》,第99页)

8 月

23 日　是日起不能起床。中间医药未断,主体为中医谢寿田,辅以西医汤书年。(《茅奓自订年谱(下)》,第99页)

9 月

25 日　下午一时四十分与世长辞。(《茅奓自订年谱(下)》,第99页)

是年　自订年谱云:"小便泄漏益甚,头昏目眩,衰相日见。"(《茅奓自订年谱(下)》,第98页)

是年　项叔翔、项吉士、嫩葭病,先生忧虑不已。自订年谱云:"翔儿又病,中西医药均鲜效,令人怀念不已。""吉儿病屡发不已,益以孙女嬱蕻癌疾为虑,吾殊无以解之,焦灼不快之至。"(《茶壐自订年谱(下)》,第98、99页)

是年 仍住上海中实新村,任上海市文史馆馆员。(《茶壐自订年谱(下)》,第98页)

附　录

俄国西伯利亚造铁路道里经费时日论

嗟乎，时势至今日亦难论矣。盖尝论中国今日之患，非事势盘根错节之为患也，非法令不素具之为患也，非财力不足之为患也，所患者在彼强国而已，创铁路，精制造，筹军饷，练兵卒，似有虎视眈眈之势。查俄罗斯疆宇恢廓，甲于列邦，其地界三洲，所谓西伯利亚者，即俄之藩属也。考之舆图，西伯利亚在亚细亚北境，纬线自赤道北四十五度起，至七十八度止，经线自中华京师偏东七十四度起，至偏西五十六度止。东界太平洋，西至欧罗巴，南接蒙古满洲，北枕北冰洋。今俄国乃于西伯利亚建筑铁路，接至欧洲，经过之处有巨河三：一曰也尼赛河，其分支曰库立萨江，曰下屯固斯克河，曰上屯固斯克河，曰吐鲁开江，曰句台斯喀江，曰淖夫斯老夫斯克江；一曰俄比河，其分支曰俄比江，曰法克江，曰开齿江，曰康答江，曰堨夫答江；一曰斐里坞伊河，其分支曰奥登河，曰麻爱阿河，曰俺母噶河。尚有斐里乌伊斯克、米察爱老佛、吐里基思克、堪台斯克,以及奥白道耳斯克、拜来归夫,皆须经过之地名也。其道里之长,约而计之,有四千八百一十四里(批文:此里字系英里),至需费则约需三千二百万磅,其兴工建造也,则需两载有余。虽然俄国之包藏祸心,匪伊朝夕矣。夫自古不能无戎狄之患,在周为狎狁,在秦汉为匈奴,在东晋为羯、为羌、为氐、为鲜卑,在唐为突厥,在宋为契丹,在明为也先。然狎狁也、匈奴也、羯也、羌也、氐也、鲜卑也、突厥也,皆不出西口一带。契丹也、也先也,皆不出北口一带。今已尽隶版图,拱卫神京,宜可以统一寰区,专制海内。而为我敌者,复有此数十百国,岂汪洋巨海,固天所以界华洋钦。亦自古以来,外靖必有内忧,将欲使在上者居安思危,而忧勤惕厉于无穷也,呜呼可忧者孰有如今日哉?

夫以形而论,固我主而彼客也。然彼能知我,而我不能知彼,则彼主而我客矣。以势而言,固我逸而彼劳也。然彼易于来,而我艰于往,则彼逸而我劳矣。主客之形既判,劳逸之势又殊,加以船坚炮利,凤娴战阵,此其孰得孰失,必有能辨之者。且当国家隆兴之际,凡内外蒙古之散布于北庭,新疆回部之蟠回于西域,朝鲜、琉球、安南、暹罗、缅甸之朝贡以时,青海、西藏之悉归典属,莫不航海梯山,奉琛献赆。迄于今暹罗、缅甸则英据之,安南则法据之,琉球则日据之……

然吾尝默观天下之时势,而知中国之所防,不在于诸国而独在于俄。夫诸国虽有轮舟电报之利,然涉重洋,历险阻,调兵转轮,往返百日,以争胜于数万里之外,其势更难。独俄则跨有三洲,西足以制欧罗巴洲,而东南足以制亚细亚,地形便利,莫有及者。然则西伯利亚之造铁路,吾恐十年以后,中日两国之陆路商务,将尽为俄人所夺。尤可危者,一旦事生不测,适有边衅之事,俄人调兵运饷，呼应尤灵，不出两旬，可将十万援兵，调赴边界。由欧洲至中国，向之多费转折者，今而后仅半阅月即可戾止矣。俄境毗连亚细亚，素与中国接壤，我朝定鼎之初，专简使臣与之修好，勒石为限，永定疆界。其后俄乘无备，潜将界石屡次迁移，据我疆地，几至千里，于是重简使臣，前往查勘，旷野沙漠之地，荒凉寂寞之乡，居人绝少，无有知其事者。朝廷以失地为轻，以睦邻为重，置之不问，更以其间数百里地尽与之，俄遂与我实逼处此。昔日珲春造铁路以达黑龙江，今日西伯利亚造铁路以通中日，居今日之时，处今之势，不尤可为之寒心哉。

窃谓中国之大弊，全在迂拘不化，锢蔽日深，清议所趋，足以维持国是，而大局遂成痼疾，而不可救药矣。中外自通商数十年来，轮船电报机器军械，莫不次第施行，秩序井然，毫无遗憾。中国既有此御外之具，当亟思治内之方。所谓治内者，必以严防奸宄，振兴商务，为第一要义。如欲振兴商务，则铁路之举，诚有不可或缓者。伏愿中国毅然决然，创建铁路，由津而直接南边诸省。此外遥接奉天、黑龙江，以及俄国接壤……由是推而至两粤滇黔川陕湘鄂三江闽皖，开从古未有之奇观，集普天无穷之利益。庶几国富兵强，声声相应，十八省不啻户庭，通国筋摇脉动，而国势为之一振。士大夫鄙夷洋务者，亦可渐有转机，此则挽国是之效也。至于控驭边疆，拊循属国，尤莫急于铁路。……推原其故，皆缘不早设铁路以资控驭，遂使边疆日蹙，莫保藩封。使早有铁路直达谅山，则东京何致为法据；早有铁路以临阿瓦，则缅甸未必为英并；有铁路以达伊犁，则可杜俄人之窥伺；有铁路以通卫藏，则可拒英国之垂涎；有铁路以联络辽藩，则东三省何致割隶他人。

圣天子百灵效顺。如果天心克断，大工斯兴，将可以速行军,可以捷转运,可以通百货,可以便商旅,可以开生计,可以旺厘金,可以减兵额,可以裁冗费,可以易赈济,可以供京仓,利国便民,所谓一举而两得者也。不揣愚蒙,敬陈管见数端如左。

曷言乎速行军也? 从来兵贵神速,战贵及锋。倘征调需时,则边疆糜烂,兼程奔赴,则疲敝堪虞。有铁路则朝发夕至,锐气常新,小丑跳梁,更易扑灭,有疾雷不及之威,无鞭长不及之虑。吾故曰:可以速行军。

曷言乎捷转运也? 兵粮器械,转运维艰,一日不济,立形哗溃,军前待用,取办咄嗟,斯军马可资以腾饱。有铁路则粮饷常足,器械常新,枪炮药弹无虞匮乏,以战则可深入穷追,以守则足深沟高垒,咸有所恃而不恐。吾故曰:可以捷转运。

曷言乎通百货也? 蜀锦越犀,易地则贵;农粟女布,途远则奇。有铁路则通功易事,百货流通,丰年不忧谷贱伤农,歉岁不致米珠薪桂,凡百工技巧,皆得借工艺以自食其力矣。吾故曰:可以通百货。

曷言乎便商旅也? 凡长途跋涉,费时伤财,而疾病之侵,风雨之阻,饥寒之交迫,盗贼之窥伺,皆不预焉,一有急事,插翼难飞。如有铁路,则天下无旬日之程,齐鲁至滇黔,数日可达,而又按期不爽,资斧无多。吾故曰:可以便商旅。

曷言乎开生计也? 中国生齿日繁,谋生路窄。粤人则出洋为佣,齐晋则出塞开垦,诚取其便耳。若有铁路,则无业贫民,皆可四出觅食,而不必限于一隅。设遇荒年,则少壮者散往四方,老弱者待运以赈。西北荒寒之地,既可开垦升科;东南人烟稠密之区,亦不忧人满矣。吾故曰:可以开生计。

曷言乎旺厘金也? 百货流通,则攘往熙来,无非商贾行旅。昔之货不能出境者,今则可鬻诸他方,则各卡各关,厘金自旺。

吾故曰：可以旺厘金。

曷言乎减兵额也？中国度支之匮，全在养兵太多。如有铁路，则运用如神，处处可腾挪兵力，一兵可抵数兵之用，一隅可聚天下之兵，不必此疆我界，各设防兵，转增浩费。吾故曰：可以减兵额。

曷言乎裁冗费也？中国每年公文奏折，塘报铺递，开销驿站钱粮，其数甚巨。而凡上宪按临，客官过境，解货解饷，接差护差，在在需钱，名为地方赔垫，而实则摊派民间。有铁路则邮程迅速，夫马可裁；幨帷不驻，供张可裁；解饷无须护送，解犯无虑逃亡，则签差可裁，每岁减省驿站钱粮，不下数百万计。吾故曰：可以裁冗费。

曷言乎易赈济也？采买米谷，路近则易为力，路远则难为功。昔人云：千里馈粮，民有饥色。又云：备荒需粮，别无奇策。惟有相道路之远近，就便转输，以通米粮之有无而已。谚云：救荒如救焚。救焚者必取水速而且多，方能灭火，救荒之道亦然，以此有余，补彼不足。有铁路则多而不费，速而不劳，移粟移民，不逾旬日，飞刍挽粟，价值常平，何致空抱金银，以饿死而无从购米也哉。吾故曰：可以易赈济。

曷言乎供京仓也？海运河运，聚讼不休，雇夫雇舟，劳费倍蓰。有铁路则南漕百万，陆续运津，天庚常充，京仓不缺。漕仓官吏，旗丁卫卒，一律可裁。水脚与输车运费，足以相抵。而委员薪水，吏役口粮，所省不知凡几。吾故曰：可以供京仓。

以上数条，此中国之至计，而执政者所宜留意者也。噫嘻，今西伯利亚铁路告成，中国数十年后有为我边衅者，其俄罗斯乎。然而审度乎当今之世，此时所宜亟治者，尤莫如哥老会。夫寇乱削平以后，熊虎之士，解甲归田，辄有髀肉复生之欢。其无恒业而桀骜自喜者,动致联络党羽,潜通声气,日甚一日,遂有图谋不轨,以致身首异处者。虽犯事之人,无不立正典刑,而为首者究不可得,其余党之鼠匿各处者,依旧蔓延不绝,根株未尽,终有萌蘖之日。与其事既发而始图剿灭,孰若事未发而先筹安插,安插之法奈何,则亦曰:量为录用而已矣。

近来朝廷整顿边防,于东三省添设练军,力图自强。窃谓俄既锐意东方,则中国正宜于中俄相连边界,添设防军,以资控扼,地段绵长,例设额兵,不敷分守,似不妨添练数枝[支]劲旅。枭雄之士,一闻招募,自必应召而来,录其精壮,既可备爪牙之用,而其老弱之遗弃田间者,失其党援,不复能为非作歹。目前至计,孰有过于此者乎。昔左文襄公督两江时,招沿海渔夫为团兵,文襄之意岂真以此辈足御强敌哉,不过以此等渔夫素习沿海风涛沙线,纵不能得其捍患之力,而既已录用于我,即可免为敌人所用,使得熟我水道,突我藩篱也,其深谋远虑,诚有过于当局。夫草野小民,风尘下士,见闻狭隘,智识卑小,凭私臆断,妄言末学,岂足以上渎明听。幸而其说不中,固社稷苍生之福。不幸而其说中,则俄以元气未泄,精神方壮之国,土地如彼其大也,人民如彼其众也,甲兵如彼其强也,调兵转输,如彼其易且速也。凡事于其未然而谋之,则易为力,及其已然而图之,则难为功。矧以俄之经营筹画,已有端倪之可见乎。夫中国欲建铁路不难,而难在有坚忍不拔之志。毋始勤而终怠,毋小就而速成,虽无一时可喜之功,而有制胜万全之道。

为国家计久长,而尤为后日所要图者,莫重于自造铁路。孟子曰:国家闲暇,及是时,明其政刑。又有敌国外患,同于法家拂士。今者诸国互市,聚于中土,适有此和好无事之间,殆天与我以自强之时也。而执政诸公,穷巷诸生,向枯简,守空言,不知趋

335

舍之宜，时世之变，胶执成见，牢不可破。但知目前，无长驾远驭之图，千里对面之识，以自蹈于苏子所谓名为治平无事，而其实有不测之忧之说，此岂非有患而无以知之哉。古人有言曰：有粟而不能食，无益于饥；观贤而不能用，无益于削；歌者不期于利声，而贵于中节；论者不期于丽辞，而务在事实。今夫在下者不必其无深切著明，可以见诸施行之议论；在上者不必其无虚衷从善，慨然以天下为己任之心志。而或格于位，或阻于势，摇手伸足，动辄得咎，其有势与位，足以有为而为之，可以收后效者。又复相习于偷安苟且，推诿于祖宗成法，以充位容默相高，以任事竭忠相戒，是非不敢论，得失不敢议，囊括守禄，以相幸及身之无事。虽明知其弊，而卒无有建改弦之策，倡更张之议，毅然起而任其事，以措天下于磐石之安，奠国家于苞桑之固者。此岂非知之而无有以制之哉，而谓非中国之大患乎哉，而谓非俄国之至计乎哉。嗟乎，当局者之忧，其未有艾欤，其未有艾欤。

（项兰生：《俄国西伯利亚造铁路道里经费时日论》，《格致书院课艺》(3)，第 69—78 页）

中国各大宪选派办理洋务人员应以何者为称职论

嗟乎今日之天下，一春秋之天下也。盖尝论中国今日之患，非事势盘根错节之为患也，非法令不素具之为患也，非财力不足之为患也。外而强邻悍敌，不动声色，不著形迹，方眈眈焉窥我之堂奥，熟我之机谋。内而哥老会匪，勾结党羽，暗通声气，纷纷然乱我之防维，淆我之治具，而我无有以知之，知之而无有以制之，是之谓大患。（会匪一节在洋务之外。——韬注）

我国家德威畅达,文轨大同,北自兴安岭,南至崖州,东自库页岛,西至噶什喀而,纵横万余里,居地球十有五分之一,幅员之广,亘古未有。京师居天下之中,其南曰直隶,是为畿辅。其东曰盛京,盛京之北曰吉林,又北曰黑龙江,是为东三省。畿辅之南其省三,曰山东、曰山西、曰河南。山东之南为两江,其省三,曰江苏、曰安徽、曰江西。两江之东南为闽浙,其省二,曰福建、曰浙江。自台湾改设行省,又增其一。河南之西南为湖广,其省二,曰湖北、曰湖南。山西之西为陕甘,其省二,曰陕西、曰甘肃。自新疆改设行省,又增其一。陕西之南其省一,曰四川。江西湖南之南为两广,其省二,曰广东、曰广西。四川之南为云贵,其省二,曰云南、曰贵州。(泛举二十余省未免词费,且内地数省有于洋务无涉者。——韬注)土地之大,人民之众,海隅苍生,神州赤子,莫不践土食毛,休养生息于其间。虽然,天地之间,既有良民,即不能无莠民,此固盈虚消长之理。在造物者亦若有莫之致而致者,惟雄才大略之伟人,出乎其间。独于晦蒙否塞之交,收拨乱反正之效。人事尽而天运亦处于无权,乱形已著,然后整军经武,伸大义以遏寇锋。(此但专指办理会匪而言。——韬注)虽不难立奏肤功,而地方已被其蹂躏,元气已被其损伤,乱端甫露,而即赫然震怒,严行搜捕。谕以祸福之理,晓以顺逆之机,虽有轩然大波,亦得冰消瓦解,地方可免蹂躏,元气可免损伤。此则策之上者也。(是题外之义,非题中所应有,所问非所对。——韬注)若于此而犹以煦煦为仁,孑孑为义,借口上天好生之德,致贻纵恶养奸之害。此真以小不忍而乱大谋者。稍识机变者,断不为也。譬之于农,膏腴万顷,培之灌之,瞻彼良苗,已有怀新之象,而忽有螟螣滋生于其间,则必命彼亚旅,率我妇子,同为翦灭之举。庶几失之东隅,不难收之桑榆。秋稼登场,仍慰籯车之祝。若以惰农处此，则且束手咨嗟，冥心任运，以为天厄我也，非耕种之不力也。至使多稼如云，尽饱螟螣之腹，登场难望，颗粒无收，有不为良农所笑乎？噫可忧者，又孰如今日哉。

夫自来有国家者，不能无纷争之患，强敌凭陵，防秋设戍，烽烟屡警，鼛鼓时间，转粟频年，从军募士，万一防守稍疏，则彼将长驱深入，荡摇我边陲，残害我赤子。（此与近今洋务迥殊，谓之陈言。——韬注）如蜀汉之于吴魏，六代之于北朝，唐之于回纥，宋之于辽金，是也。匹夫夜呼，乱者四应，斩木为竿，搴裳为旗，幸而天子圣明，将士用命，则草泽奸雄，不难应手扑灭，否则有不堪设想者。（此下又入会匪矣，题中并无会匪字，而何得多所纠缠。——韬注）如秦之陈涉，汉之赤眉铜马，唐之黄巢，宋之杨幺，明之李自成、张献忠，此其彰明较著者也。然黄巢、李自成、张献忠，当其为作乱时，不过一草泽奸民耳。其平日横行乡里，要结匪人，朋比为奸，潜谋不轨，岂其有象之可见？诚当日摘奸发伏之神君，如赵广汉其人者，密捕而置之法，不过一举手之劳耳。而顾任其蔓延为害，致酿古今未有之变。虎兕出于柙，龟玉毁于椟中，是谁之过与？吾故曰可忧者，孰有如今日也。（以上皆言会匪，突入泰西诸国，未免无根。——韬注）盖尝博采旁咨，而知诸国不能无异志。年来遍绘地图，滇黔川陕，靡所不周，其意何居？然而目前尚无事者，非力或有所不足，而势实有所不能矣，奚以知其然也。会匪之滋闹教堂，彼固并不专与西人为仇，实欲挑中西之衅。幸而当事者处治有方，措施不怠，彼西人欲逞其谋而不得，欲恃其强而不能，无隙可乘，无闲之可抵，其相安于无事，此其故不待智者而知矣。吾故曰：目前尚无事也。然际此泯泯棼棼之会，中国正宜振刷精神，择人而治，力图自强之术。

（泯泯棼棼，择人而治，两语意不可解。——韬注）苟唯诺成风，因人成事，迟回审顾，苟且塞责，或举措失宜，或是非倒置，小人来而君子去，卤莽灭裂，大事不成，此用人不当之弊，有以致之也。

考上古之时，刑清政简，事尚未繁，已须得人而理，不得所用非人。今舆图日广，政务日烦，中外数万里，几联五洲万国为一家，而风气各异，性情各别，交涉之事，日出而不穷，细微之端，往往彼此龃龉，酿成大患。稍或不慎，非自卑以失体统，即自大以致讥评。此中得失之机，大有千里毫厘之辨。（此数语尚为著题。——韬注）当今之世，地球尽开，已成大小相维之局。我不交涉于人，人必交涉于我。虽欲闭关自守，而其势有所不能。于是商务遥通，舟车四达，重洋数万里，真若履险如夷。西人又专事行商，牵舟服贾之徒，踪迹及远，以寄旅为家，置性命货财于不恤。泰西廷议俱重视其事，为之设官保护，惟恐措置之弗周。一遇商人受亏，小则赔偿，大则以兵戎相见，以强胁弱，以大制小，尚力而不尚德。虽修和订约，载在盟书，而小忠小信之所为，万不能久长相恃。此亦风俗世界之一大变也。

我中国自弛海禁，启关通贾以来，门户大开，往来无阻。同治初年，特设总理衙门，综理外国交涉事务。又恐地分华夏，情好不通，遂专派使臣，前赴外国，保护本国商民，宣达朝廷德意。由是星轺使斾，络绎于途，无所隔阂。星使之下为参赞随员翻译，总理衙门之中，以王大臣主之，司员辅之。综计办理洋务者，不下数千人，且恐人才不足，设同文方言等馆，以资教养，选聪明子弟出洋，前赴各国学习。不知者以为斟酌损益，固已尽善尽美，而有心时务者，方窃窃然忧之。一似整顿变易，有不可终日者，其必非无故而然也。然则奈何？曰：设网而引其纲，则千目皆张;振裘而挈其领,则万毛自整。事岂有难易哉?所务先耳。车无三寸之辖,则不可驰;门无五寸之楗,则不可闭。材岂论巨细哉?所居要耳。办理洋务者,亦称乎其职而已。

然则为今日办理洋务计,欲称其职,果何在哉?曰:以言夫办理洋务,莫急于变通和约条例;以言夫所以办理洋务,莫急于习西律。就改弦易辙而言,莫急于设专官;就深谋远虑而言,莫急于练兵力。而要其终,端在乎得人。

曷言乎变通和约条例也?中国自与泰西各国通好以来,西人之来华地者日益众,华人之往西国者亦日益多。以故西国皆派钦差以驻于华京,中国亦派钦差以驻于各国。钦差之外,又有领事等官,以办华洋交涉之事,凡所以保护本国之人民也。夫所谓保护者,非专以煦姁噢咻、宽纵姑息为也,必也严其约束,喻之情理。有本国人而欺侮外人,则曲本国人而直外人;有本国人而受外人之欺侮,则绌外人以伸本国之人。凡若此者皆非钦差所能躬亲其事,大都皆领事官之职也。顾领事官必须有办理之权,而后可以尽其职之所当尽。而和约条例,亦必使两得其平,彼此可以一律,而后成公平之道。为今之计,中西和约条例,目前宜量为变通者,约有数端。即如领事一官,租界中各国皆有领事,而领事之中,有办理之大权者,惟有英美两国,其余各国,则钱债之案,三百千以外,即不敢擅自专断。若人命等重案,送往西贡西洋,或有重案,送往澳门。若此则一案之讯理,必须远赴千万里外。设或原告为中国人,谁则肯从往质审者乎?夫中国之人,亦有各省籍贯之不同,傥以西人而控中国人,华官之在上海者,亦无办理之权,而必送往原籍地方官办理。则滇黔诸省,地隔万里,试问原告西人,其肯随之前往,以听判断耶?西人之不能从华人以听原籍地方官判断,犹华人之不能随西人至外洋听断也。

此一事极为不便,所宜亟为变通。

夫先时创立和约,中国诸大臣未悉外洋情形,未知外洋律法,故不免有所隔膜扞格之处。至于今日,则中国简使臣出驻各国,已历年所。又有游历人员,采风问俗,著书立说。以上贡于朝廷诸大臣,潜通默会,博访周咨,闻见既多,情形洞烛。当此之时,正宜与各国驻京钦差,斟酌尽善,或由中国钦差之驻扎各国者,与其外部大臣,悉心商订,应增者增之,应损者损之,当因者因之,当革者革之,务期事归实在,无一偏之见,有各得之功。若是行之,而犹谓办理未善,不能施行者,吾不信也。故曰:莫急于变通和约条例。

曷言乎习西律也?中外通商数十年,和好愈久,交涉愈繁,雀角鼠牙,即不免因之而起。西例两造涉讼,必延律师为之申辩情由,辩至澈底澄清,官始据理准情以断。亦谓讦讼者,未必皆明条例,使官而遽然裁判,两造或不肯降心相从,故必令其理屈词穷,然后爰书可定也。我中国素无此例,凡有为人涉讼者,目之为讼棍,官必严禁之,重惩之,使之戢影潜踪,不敢舞弄刀笔而后已。顾一旦欲与西人互控,则亦必延西律师,代为申诉,否则西人方援引例意,清辩滔滔,而我但默尔无言,不能置喙,官虽明察,其能援笔而定谳词乎?在身充律师者,幼在塾中学习,既长经国家考录,给与文凭,始准列坐公堂,为人剖辩,其人必屏除私曲至正至公。既由华人所礼延,则必保护华人,断不能令西人长其气焰。故迩来因贸易而致讦告者,罔不以重金延致,代诉缘由。特是律师身价甚高,无力者万难币聘,偶遇纷争之事,能无左右为难乎?窃谓我中国不乏颖秀之才,现在通西文西语者既多,宜令往西国律例学堂,用心研究,学之既久,尽可从西人考试,充作律师。异日者,航海回华,即可主持讼事。(今中国人往

341

泰西学律考授律师者,未尝无人。如英、如法、如美,皆有之。但一至中国即属无用,徒有虚名而已。赵孟之所贵,赵孟能贱之也。——韬注)经人延致,其费较轻,而律意精通,案情熟悉,以之辩驳,不致受亏。所谓一举而两得者,不在是乎?然或谓当今之通西文西语者,大半皆年少轻浮,恃虚憍无实效,叩以西国军政而茫然也,问以西国舆地而昧知也,而欲使之学习例文,安见其能胜任愉快乎?且上官判事,每每曲徇西人,人或不遵,则曰西例固如是也;否则曰此为怀柔远人之道,凡我黎庶,不必与之较短絜长也。今更有华人以作律师,势必凡事皆奉西律为依归,可置我大清律例于不用。是真如谬所谓长他人之志气,灭自己之威风也。奚而不可,不知此不必虑也?日本自明治维新而后,事事效法西人,曾在帝国大学中设立文科,使诸生研求律例,一经考录,即可充作律师,榜其门曰代言事务人。(西人重视日本过于中国,日本亦专媚西人而藐我中国。——韬注)人或倩其与西人互讦,亦能援照东西两国律例,断断然争辩是非。以故日人之控西人者,不必延西律师声诉。但倩代言事务人到堂评论,即不致受其欺凌。

中国诚法其法而行之,务选世族大家,聪颖子弟,年逾舞象,文理已通者,送之出洋,分往各律例院中肄习。考录之后,遣回中土,仍令兼习大清律例,免为西例所束缚,一味偏祖西人。有人延请到堂,则酌定酬仪,不得如西律之昂贵。庶几凡遇中西讦控,不必出巨金延聘西律师,且言语更可相通,无须如西律师之必用舌人转达。当今急务,其在斯乎。或又谓子弟性情易于放纵,平日在家诵习,见闻囿于一方,一旦幪被出洋(出洋何必幪被,可易束装二字。——韬注),耳目一新,大抵皆闻所未闻,见所未见者,不免神驰意纵,无心伏案埋头。窃恐西律未精,而已深染西人习气,徒令中国各行省内,添出无数不中不西之人,于洋务乎何益?吁!此皆迂儒之论,而不足与言经世之务者也。此事若行,宜由总署添立新章,凡遇出洋星使启行时,慎选读律学生与翻译学生同往,分附各处大书院内,笃志研求。每逢休沐之期,则传入节辕,课其所学之深浅。如是则既有所约束铃制,可免放浪之虞。否则留住署中,延律师为之教授。如遇其师经人延聘,则挈学生而往,听其声辩是非,如习医然。既已读书,又令临证,有不学术日进,声望交驰者哉?故曰:莫急于习西律。

　　曷言乎设专官也?西国设官之制,亦同于中土,惟礼部无专官,外部之外,则有藩部,其所管之事,截然不同。藩部犹中国之理藩院,外部犹中国近日所设之总理衙门也。西国之有内部,其权甚尊,统理国中之民情、财务、户口、版舆,虽若中国之户部,而其职实在诸部上。西国往往以内部长为相臣,总揽朝纲,兼摄庶政,百执事争奔走焉。西国之为六部大臣者,类皆久于其职,不能互相更调,不若中国可以一人而遍历各部也。西国以一部之人,必熟悉一部之事,然后能当其任,而克胜其职无忝也。此犹有古风焉。(《校邠庐抗议》曾有是论。——韬注)在昔虞廷之上,水火工虞二十二人,各有所司,各不相袭。盖以人之聪明智虑,各有所专注,既赢于此,必绌于彼,既有所长,必有所短,岂能事事精求,而悉晓哉?故西人之于官其所能者,皆其少之所习,壮之所谙者也,措施之而有余,历试之而亦无不足。部长所属各员,皆由其所选用之,各当其材,既无掣肘之虞,又少丛脞惰隳之患。非若中国悉以新进士派分六部,问其平素之所业,则时文八股而已,他非所知。即曰在部学习,而在年少气盛者,尚可优游渐渍,以冀其通。或有老迈颓唐者,其精神意气,悉消磨于且夫尝谓之中,欲求其精明融贯,尽悉利弊,盖亦难矣。况六部之权,虽在堂官，而实阴持之于吏胥，上下其手，颠倒是非，混淆黑白，以默操其短长，皆此辈也。偶与驳诘，则曰有例在，惟例在则然，而人不得更张，亦无从置喙矣。西国养官之费甚巨，而驭官之法綦严，所尚者曰廉，所憎者曰贪。苟有犯者，其罚惟倍。平日有厚俸重禄，足以赡其身家，操守一隳，必为众民所弗齿，斯故凛凛焉不敢轻于尝试。中国之法，实臻于至善尽美，惜确然奉法，坚持而不变者，实罕其人。至于西国郡邑之官，皆出自民间选举，或三年为期，或一二年为一任。上下之交，既无隔阂，与民情志，息息相通。所征赋税出入之数，岁一核稽，官无私焉。官之所为，悉顺舆情；苟拂乎民，清议随其后矣。西国之制，于所设之官，大小相继，内外一体，无大小悬殊、内外偏重之弊。内官绝无所谓仪敬，外官绝无所谓陋规。自廉俸之外，不敢妄取民间一钱，妄索下僚一币。不知而犯之，或被察出，即以贿论。其严也如此，非徒以具文视之也。（以下多为他人所已言，岂作者识见与之暗合耶。可称子云相如同工异曲矣。——韬注）中国为内官者多清淡，为外官者多充裕，故谋欲得优缺者，每轻内而重外。西国则无是也。中国外官之缺，有所谓冲繁疲难者，有所谓迎送馈赠者。若西国则无是也。即或素所相识者，过境亦一见斯已耳，绝无所谓繁文缛节也，绝无所谓苞苴簠簋也。其简也如此，必如此方于地方公务，无所废弛。若曰为酬应上官计，安望其能尽心于民事哉？西国之服官筮仕也，如欲为何部之官，即终其身在此部中。如入兵部，则由弁总偏裨而驯至提督；如入水师，则由舵工水手而洊升统驾。至于各部，无不皆然。少时肄业学校，即观其材质之所近，志趣之所向，令其从事于此。学业有成，屡列前茅，然后拔取入部，循序渐进，以至于为贵官。其愿出外为领事公使者，则必由翻译始。欲至何地，必先习其地之语言文字，必也审其山川之形势、民风之向背、习俗之纯漓、政事之当否。其于外国之情形，已先如烛照犀燃而龟卜焉，及莅官其地，安有如隔十重帘幕也哉？官当其材，事核其实，此西国之所以日强也。

惟我中国则不然，有虚文而无实效。少之所习，非壮之所用。所谓经国之猷、治民之谱，非所尚也。国家抡才大典，文则以时文八股，武则以弓矢刀石，非是莫由进身，一切率援成例，束缚驰骤，安所得真材？此英雄所以灰心，豪杰所以扼腕也。夫上之所重，下则趋之。上所重者在时文八股，下虽明知其无用，而不得不俯就有司绳尺。虽亦以算学考试，徒务乎名而已矣，非所重也。三场实策，亦属纸上空谈。苟当轴者求其变通，必一扫而空之。庶乎有实济，有实用，而国事日兴矣。故曰：莫急于设专官。

曷言乎练兵力也？泰西诸国既长治兵，又长治民。于何见之？即见之于平日之所行。其在军营也，各有职司，或枪队、或炮队、或陆兵、或水师，一遇征调，令朝颁而军夕发，毋敢稍为濡滞。其临阵也，勇往直前，毋敢退缩，摧坚折锐，恐后争先。胜固急于进，败亦不敢退，一惟主帅之命是遵。命之进不敢不进，命之退不敢不退。虽尸骸积如丘陵，膏血涂于原野，亦无所畏焉。此用之于战阵，勇敢之风，固有可取焉。其平日之在军营也，枪队与枪相习，炮队与炮相习，非特于枪炮日加演练，稔知其性，熟谙其所发之远近，用药多寡若干，用弹大小轻重若干，其至也应得远近若干，屡试屡验，无时或爽，然后临阵用之，不误毫厘，咸有所恃而不恐焉。入其营中，观其所持之枪，所置之炮，磨琢精莹，光可耀目。枪上尖刀，有如新发于硎，非若听其剥蚀于星霜风雨之中，委之不顾，或任其锈敝，毫不加以刮磨，徒縻军饷，尸

345

位素餐而已。营中所派巡兵，日夜持枪挺立于营门之外，虽亦按期易班、更调，而当其任事之际，虽经历风饕雪虐雨撼霜摧，毋稍畏避，未闻其一刻稍离，有所溺职也。其驻防戍守之兵，必有专所，聚于一处。其所谓营屋者，类皆楼阁峥嵘，庐舍广敞，远胜于民居，并有树木水泉，疏通天气，以资其优游自适，从无所谓雨淋日炙，处之以潮湿卑下之地，足以撄病致疾者也。营中兼可携妻孥子女，无所谓军中有妇人，兵气恐不扬也。月中所食俸糈，足以赡其身家，按期必发，无所谓克扣苛待，以四十日为一月，或竟有欠饷至经年半岁而不发者也。稍上为弁兵者，更日给之以酒肉。养之既优，待之既厚，恩意浃，法令严，安有不谨凛奉上，踊跃从公，竭其心力，以图报效于国家也哉？军士在营，小则随时演习，大则按期操演。即其出外游玩，限以时刻，皆有簿籍可稽。一有警信，号角一鸣，全营之众，顷刻齐集。有一不至者，立行黜退，无有闻令不来，临调不前，以误厥事者。所有营汛之兵，事归实济，额无虚设。驻扎何地，不敢擅离。非若徒有其名，并无其人，仅留荒地之汛屋，倾欹于风雨之中而已。所谓必行盘诘稽察者，虚文而已。今之所谓兵者，食不足以饱其身，饷不足以养其家，材无足用，技少一长。平日既不能教之以忠义，懋之以廉耻，无所约束，徒事嬉戏，与民毫不相习。一有事变，养贼自重，以良民为鱼肉，亦安能望其卫民？兵而如是，岂足用哉？

西国于府郡邑乡，供设巡丁，实有补乎兵之不及者也。巡丁按段稽查，沿街逻察，昼夜罔懈，每日所见之人，熙熙攘攘，憧憧往来，一皆熟悉于其胸中。若者为游手好闲，若者为狗偷鼠窃，一或犯事，捕之也易。其勤于职守，虽时在昏暮，境至僻静，亦不敢稍偷惰于须臾。以故其所巡之处，从未闻有梁上君子，得以肆其长技也，实由于防之密而伺之严耳。中国非无捕快，平日间其技亦甚高,然徒闻缉捕于事已发之后,未闻能密防于事未发之先。县官所有衙役,本以为民也,然从未闻能以民事为己事者,徒足以病民,不足以卫民。巡丁之设,不独使闾阎安枕,盗贼潜藏,所有裨益于居民者,不可胜数。平衢路,建桥梁,洁水泉,明灯火,或有急难且可守望相助。巡丁之于民,平日固甚相习也。

今诚能仿之以治兵,则兵志强;仿之以治民,则民志固。夫兵寓于士农工商之中,则通国皆民,即通国皆兵。兵不敢欺民,民亦不至畏兵,意气相浃洽,形势相联络。无事之日,演练器械,熟谙行阵,步伐齐止,韬钤晓习;则有事之时,自能同仇敌忾,以忠信为甲胄,以礼仪为干橹,虽有敌国外患,自无所惧矣。天下之事莫患乎不能实事求是,无论其为营兵、为巡丁,如能各行其所事,各尽其所守,斯无不归于实用矣。中国何不亦仿泰西而行之哉?近日东瀛曾行之矣,易其名曰警察所,一切规模,悉遵西国。西国因其仿效焉,反深喜之,每事辄袒日本,而于日本固有益无损也。然则中国此时,亦何不急行之哉?故曰:莫急于练兵力。(以上皆抄袭他人之言以为己有,议论甚属明通,但与题尚未贴切。——韬注)

曷言乎得人也?国家驭远之方,莫难于洋务。办理洋务者,必须综观全局,细察外情,以宅中和外之心,作力争上游之计,斯为得手。今日内外大臣,持切近之计者,以备边整旅为急;持久安之计者,以敦信修睦为急;存发愤自强之心,为长驾争雄之计者,以精制造、备战器、创铁路、兴矿务,与考察各洲地势情形为急。而于中外交涉之事,何者可许,何者不可许,何者必争,何者不必争?顾及日后,而不徒目前,察及隐微,而不徒显著。所谓以宅中外之心,作力争上游之计者,果孰能胜其任哉?窃谓办洋务者,非熟公法,谙西律,而又肝胆素壮,心气素定者,必不足以当此。今日欧洲形势，有如战国，其所谓万国公法者，几如纵约，利则遵之，否则背之，阳则奉之，阴实违之。各国外务大臣，苦不能恃公法以策安全，又不能不依公法以策安全，又不能不依公法以防众口。苟非心融默识，必不能神明变化于坛坫之间，而用以折卫御侮也。西国尚如此，而谓我中国能免事无依据，动辄得咎者乎？为今之计，惟有内外各大臣，悉心咨访，识拔熟谙公法条例之人，以备当斯责任。但风气初开，全材难得，是又望各大臣设法以作养之，振兴之，务使习西学者，不徒沾沾于语言文字、制器造物之细，须于中西政事、民风，何处合，何处分，分者何以使之合，一一考究，则将来办理交涉之件，自能针针见血，而不为外人欺侮矣。又如通商口岸州县，有华洋交涉之案，一切听断凡关涉洋人者，虽不能强我以就彼，而又不得不取彼之律法，以抉彼之情伪，使之俯首贴服于我。今之膺是选者，或拘守乎此，或迁就乎彼，往往两失其平。是皆由于吏治之重，全在催科，听讼之经，皆依律例，鲜有明乎公法条例者也。可知当今之世，人才固难，熟谙洋务之人材尤难。是在贤有司，平日悉心培植，设馆储材，得其人而折节礼之，推诚待之，厚以破格之恩，隆以望外之典，而士犹不鼓舞振兴，闻风兴起者，从古未有也。

今以我中国天时地利物产，无不甲于地球，顾不能伸于诸国之上者，则非天时地利物产之不如也，人实不如耳。然彼人非必有重瞳之奇，我人非必有三尺之弱，人奚不如？且中华扶舆灵秀，磅礴郁积，巢燧羲轩数神圣，前民利用所创始，诸国晚出，何尝不窃我绪余，人又奚不如？则非天赋人以不如也，所用者不如耳。天赋人以不如，可耻也，可耻而无可为也。所用不如，可耻也，可耻而有可为也。夫所谓不如，实不如也，忌嫉之无益，文饰之不能，勉强之无庸。道在实知其不如之所在，彼何以强，我何以弱,必求所以如之,仍亦存乎用人而已矣。且创法难,守法尤难。吾所言若变通和约条例,若习西例,若设专官,若练兵力,法良意美,苟得其人而行之,施之以渐,持之以恒,数年后洋务必奋然日兴。苟不能得其人,则所谓变通和约条例也,习西律也,设专官也,练兵力也,仅空有其名耳。又其甚则害或随之,尚何实效之可收哉?故曰:莫重于得人。

呜呼!为今日办理洋务计,亟当更变整顿,将从前旧习,一扫而空。以天下之大,人民之众,栽培之切,岂必无可用之才?惟在用人者实事求是,不徇乎情,不动于利,不慑于威,举措严,赏罪当,洋务之兴,易于反手。则利国在是,利民亦在是,亦何难与泰西诸国,并驾而齐驱也哉!

三品衔江海关税务司裴原评:

统筹全局扼其要领,此办理洋务人员所以称职之本也。显抉诸弊而畅言补救之方,颇中情理,亦复动听。盖惟心中了了,目中了了,故能毫不费力而举重若轻,至笔气之条达,造语之轻圆,犹其余事。

格致书院山长天南遯叟王加评:

洋洋洒洒数千言,本本原原,咸能核要,是真能留心于时务者。惟中多习见语,岂英雄所见略同耶?此篇议论虽佳,核之题义,尚多溢分。

(项兰生:《中国各大宪选派办理洋务人员应以何者为称职论》,《格致书院课艺》(3),第249—266页。)

德奥义合纵俄法连衡论

　　盖尝从事史学，旷观古今，其国家兴亡成败之机，久安则危，久乱则治。其中发端起伏，必早有朕兆之萌，消息盈亏，循环往复，有莫之然而然，莫之致而致者。然天下之大局大势，必数十年而一变，非智识高卓者，莫能识其端倪，而其盛衰倚伏之机，升降污隆之运，自可于先时推测。故子张之问三代，因革损益，百世可知。此非以谶纬术数之学，流入异端，而据至理以为衡。近阅夫今，远综夫古，即可知其大势。故孔子垂暮删书，终之以秦誓，显谓风会由秦而改，与三王五帝迥不相同。所谓至诚之道，可以前知，将兴将亡，善不善皆有预兆也。大抵国家之运，随人心为转移，而世运之隆，莫如唐虞，君明臣良，上下一德。后世朝纲不振，奸邪用事，祸足丧邦。窃国揽权，汉有操、莽而国祚移，唐有卢、杨而社稷震，宋有秦、贾而人心失。主德不张，权臣怙恶，此亦无可如何之势也。太阿倒持，则强藩误国，梁有侯景而君戢其势，唐有朱温而国罹其灾。积薪厝火，畏战求和，半壁江山，他族逼处。符秦起而晋遂偏安，金人寇而宋因南渡，一筹未胜，全局皆危。其余如陈涉之起于蓬茅，献、闯之起于强寇，其乱生于一旦，其祸伏于平时，苟非老成胜算，防之于先，未有不猝发决裂者也。

　　方今中外同盟，星轺络绎，五洲万国，合作一家，舟车往来，已遍地球之上，繁华纷扰，嗜好不同。于是各处通商数万里，冒暑冲寒，虽穷荒极远之区，皆欲行险侥幸。泰西诸国，亦惟知专务财用，保护商人，其制造格致，精益求精，心思灵敏，遂致东吞西并，弱者更弱，强者益强，创千古未有之奇局，辟千古未有之奇境。故就天下大势而论，为春秋时一大战国。德比之于燕，奥比之于楚，义比之于晋，法比之于齐，俄比之于秦，五方并峙，约纵连横，其堂堂上国，居正朔而大一统者，其惟我中华乎？纵观大局，虽坛坫会盟，各守万国公法，而祸机之伏，固结愈深，咸萌乘机窃发之心。然而目前尚无事者，非力或有所不足，而势实有所不能也。奚以知其然也？盖俄、英、法诸国，地丑德齐，外睦内猜，互相钳制，而莫敢先发也。俄与英、法讲和未久，咸丰三年，俄伐土耳其，欲灭之，英、法及萨丁邪救之，至六年三月始议和。凡连四年，大小数十战，阵亡及黑海遭飓风、冬冻夏疫死者，俄数十万人，英、法十万人，为近今泰西一大事。米尝大困于英。米本英属部，英与法构兵久，敛饷苛急，米人不能堪，众推华盛顿为帅拒英，英不支，乃议和。嘉庆十七年，英人又入米都，英、法亦世构兵。嘉庆二十年，法主拿破仑死之后始和。其余他国亦无岁无战争。要其终，讲和多而兼并少，故诸国多数千百年旧国。间尝考海外诸国，惟米新造外，若俄禄利哥之开国也，当唐懿宗时；英威廉之开国也，当宋英宗时；法路易之开国也，当宋理宗时。诸小国亦多久长。至日本自周惠王时至今不易姓，与诸国无涉，不特兼并难，即臣属亦不易。何则？诸国意中各有一彼国独强、我国将弱之心，故一国有急难，无论远近辄助之。英尝助俄伐土耳其、埃及，后悔之。《英志》云：坐令土弱俄强，至今为梗。其意可见。盖不仅辅车唇齿之说，识见远出乎秦时六国之上。土耳其欲并希腊，俄、英、法救之；俄欲并土耳其，西班牙欲并摩洛哥，皆英、法救之，讫归于和。彼于小国犹尔，况敢觊觎一大国哉？津门戊午之事，发端于英，辄牵率三国而来者，无他，不敢专其利也，惧三国之议其后也。庚申之事，得当即已者，亦惧俄、米之议其后也。可取而忽舍,可进而忽退,夫安有兴师动众,闲关跋涉八万里之远,无端而去,无端而复来哉?不待智者而知其不然矣。吾故曰:目前尚无事矣。

然就今日而论,各大国讲信修睦,礼尚往来,然皆非出以真诚,不过虚与委蛇,不肯轻为戎首。而深谋远虑,虎视鹰瞵,俟有可乘之时,必不肯袖手旁观,自甘覆灭。英、法富强素著,列国征逐,独执牛耳,然满而必溢,忌者甚多,即令保泰持盈,常恐不能久固。德、法本为世仇,近来尝胆卧薪,各自振作,干戈之祸,指日可期。……我之所宜注意者,当先在于俄。况俄境毗连亚细亚,素与我中国接壤。我朝定鼎之初,专简使臣,与之修好,勒石为限,永定疆界。其后俄乘我无备,潜将界石屡次迁移,据我疆地,几至千里矣。于是重简使臣,前往查勘,旷野沙漠之地,荒凉寂寞之乡,居人绝少,无有知其事者。而朝廷以失地为轻,以睦邻为重,置之不问,更以其间数百里地尽与之,俄遂与我实逼处此。比来俄之踪迹已及珲春一带,与吉林相毗连,而所恃以为鸿沟之隔者,只黑龙江一省耳。然江水浅溢之处,无事则可对立而遥语,有事则一苇可杭,而捧土可塞,其足恃以为天堑之险哉?省中亦无有崇山峻岭,深谷绝壁,一夫荷戈,万人莫当之阻隘,一望皆黄沙满目,或数百里无居民,其足恃以为汤池金城之固哉?况去岁西伯利亚建筑铁路,自彼待斯堡直至于珲春,计程仅旬有余日,不尤可为之寒心哉?近年来,朝廷于东三省特简办理防务大臣,不知者以为斟酌损益,固已尽善尽美,而有心时务者,犹窃窃然忧之。一似当今之时,处今之世,欧洲大局几于固给莫解,大有一国动,诸国皆动,互相牵涉之势,其整顿变易,有不可终日者,其必非无故而然矣。然则奈何?曰:设网而引其纲,则千目皆张;振裘而挈其领,则万毛自整。事岂有难易哉?所务先耳。

车无三寸之辖,则不可驰;门无五寸之楗,则不可闭。材岂论巨细哉?所居要耳。为治者亦审乎今日之所至要者而已矣。然则其要果何在哉?曰:以言夫守,莫要于东三省,而旅顺、大沽、烟台各海口次之;以言夫所以守,莫要于足民,足民莫要于开垦、兴稻田、劝蚕桑;以深谋远虑而言,莫要于保朝鲜;以强兵富国而言,莫要于创铁路;以自强自固而言,莫要于练民团;以峻防弭变而言,莫要于联与国;就北边之所同而言,莫要于练兵;就东三省功微效速而言,莫要于屯田;而论其终,莫要于任贤。(批语:欲弭纵衡之□,宜谋捍御之方,提纲挈领,顺其势而设施,不得疑为迂阔,不切□务也,文气浩瀚,有韩潮苏海之观。)

曷言乎东三省之为重也?《孟子》曰:天时不如地利,地利不如人和。吴起曰:在德不在险。人多韪其言。三代上尚德,故薄地利而不讲;三代下尚力,往往有因地利以为胜败者,是地利又不可不讲矣。考东三省,固无险阻要隘之区可以据为地利,然欲防俄,则东三省国家之门户也。今有富人于此,藏赀巨万,珠玉宝器,充积满堂,固大盗所觊觎而窥伺者也。我乃高峻墙垣,严备守卫,使知无懈可击、无隙可乘,而觊觎、窥伺之心,不觉其自息,此策之上者也。其或我所以备之者,不足以戢其邪心,盗乃狡焉思逞,而守备者犹能奋力抵拒,使之不得越雷池一步,此策之中者也。其或守备者未必足以拒盗,而犹可以虚张声势,此策之下者也。若曰门户去我远,无足虑,我守我堂奥足矣。大盗至,长驱直入,于是虽有贲、育之勇,亦难保其无失。然后叹前此之过计,而继之以悔,则失策孰甚焉?从可知东三省之为门户,其说固无疑议矣。然以东三省而论,则黑龙江又其门户矣。试问果有高墙垣,严守卫,有以息敌人觊觎窥伺之心乎?曰:无有也。又试问守卫者果能奋力抵拒,使敌人不敢越雷池一步乎?

曰：不能也。又试问摙甲执兵之辈，果能虚张声势乎？曰：不能也。然则虽有北洋水师与旅顺、大沽各海口之守备，又何异于舍门户而守堂奥者哉？吾惧其有后悔也。吾故曰：莫要于东三省。

曷言乎足民也？《书》曰：民惟邦本。又曰：政在养民。《记》曰：民以君为心，君以民为体。《春秋传》曰：民者，君之本也。夫古之君臣，其视民若斯之重者，其故何哉？盖人主之于民也，譬犹木之有根，水之有源，灯之有膏也。根深则枝茂，源远则流广，膏满则光明。而人主之于民也亦然，民足则国强。是故古人于居人鲜少、土地荒凉之处，必徙民以实之。彼岂不知安土重迁，为生民所不愿哉？第以久要之图，不得不如此耳。向使勒石分界之际，即营经其间，使无旷土，则俄亦安敢潜移界石，而千里之地，又何至拱手而授之他人也哉？今北地地广人稀，在上者不思未雨绸缪，有以使之人烟稠密，户口繁多，徒坐视其衰败凋敝，不以前车为鉴、往事为戒，此有心者所为深忧而长叹息者也。吾故曰：莫要于足民。

曷言乎开垦、兴稻田、劝蚕桑也？《记》曰：无旷土，无游民。以明土地不可使有余利，人民不可使有逸豫也。今中国患财力之不足，岂非以山泽之利未尽垦，而游惰之民未尽归农哉？自来讲富强之术者，必富列于先，而强次之。诚以国既富，斯能强，国既不富，强于何有？居今日而言富，舍开垦其何由乎？国家休养生息二百余年，生齿数倍乾、嘉时，而生谷之土不加辟，于是乎有受其饥之人，弱者沟壑，强者林莽矣；小焉探囊胠箧，大焉斩木揭竿矣。或谓英吉利纵横千数百里国耳，惟能涉重洋，不远万里，垦田拓土，生息愈繁，国用愈足，中国无是故贫。其言趣矣。虽然，近将弃之，遑论乎远？夫一亩之稻，可以活一人。直省田凡七百四十余万顷，种稻之田半焉，其余岂尽不宜稻哉？职方氏宜稻之州七，今仅存荆、扬，亦后世百度废弛之确证也。西北地脉深厚，胜于东南涂泥之土，而所种止粱麦，所用止高壤，其低平宜稻之地，雨至水汇，一片汪洋，不宜粱麦。夫宜稻而种粱麦，已折十人之食为一人之食，且并不能种粱麦乎？然则地之弃也多矣，吾民之夭阂也亦多矣。求富之道，莫若推广稻田。（批语：南北土壤，古今异宜，故北方食麦，无殊南人之甘饭稻，相安已久，不必遽易其俗。特西北之农，不能尽夫地力，故弃壤多耳。此论太泥。）林文忠辑西北水利说，备采宋、元、明以来何承矩等数十家言，大指言西北可种稻，即东南可减漕，当自直隶东境多水之区始。又尝考明洪武三年，徙苏、松、嘉、湖、杭民无业者田临濠，凡四千余户，给牛种车粮资遣之，三年不征税，续徙者亦如是。当是时，徙民最多，今可如其法斟酌而行之。更宜以西人耕具济之，或用马，或用火轮机，一人可耕百亩。或又谓我中国向来地窄民稠，一用此器，佣趁者无所得食，未免利少而害多。以今日论之，颇非地窄民稠之旧，则此器不可常用而可暂用也。劝之董之，务有以变之，俾北边无旷土而后已。顾治田先治水，人每诿之于重大而不易行，宜以东洋铁柱开井之法行之，则足以灌溉矣。数年前，总署曾向东洋定购，未知何故封藏不用，殊可惜也。（批语：西北之地，类是浮沙，广漠旋开旋壅，此器亦不适用。）而尤有至简至易之事，行之可以收后效者，蚕桑是也。西北诸省千百里弥望平楚，欲收利权，莫不宜桑，一切弃之，其可惜有倍甚于田者。夫天下事本难于创始，蚕蚕者尤甚。十年树木，利在日后，而费在目前。劝种之法，宜官为倡导。民间有能仿行者，呈明给照，永不许他人争夺，并永不加赋，使安其业。十年之后，桑阴满邦畿矣。此不仅近京不甚寒之省当如此，即他处不甚寒之省亦可仿而行之。《七月》之诗曰：爰求柔桑，则豳可蚕。《将仲子》之诗曰：无折我树桑，则郑可蚕。《氓》之诗曰：桑之未落，其叶沃若，则卫可蚕。《十亩》之诗曰：桑者闲闲兮，则晋可蚕。《皇矣》之诗曰：其檿其柘。《桑柔》之诗曰：菀彼柔桑，则周可蚕。兖州厥贡漆丝，厥篚织文，桑土既蚕，青州厥篚檿丝，徐州厥篚元纤缟，扬州厥篚织贝，则齐、鲁、扬、徐可蚕。荆州厥篚元纁玑组，豫州厥贡漆枲絺纻，厥篚纤纩，则楚、豫可蚕。孟子树墙下以桑，则齐、梁可蚕。蚕丛都蜀，教民蚕桑，则蜀可蚕。夫北边苟有蚕桑之利，稻田之制，数年之后，稍有成效，四方人民必不召而自来。地益加阔，人益加众，夙昔僻冷荒芜之地，一变而为商贾云集、冠盖荟萃之区，中国之富固可立致，而中国之强又可翘足而待也。吾故曰：足民莫要于开垦、兴稻田、劝蚕桑。

曷言乎保朝鲜也？……惟高丽逼近东瀛，又与俄罗斯接壤，强邻窃伺，易肇事端，而朝鲜之预为筹备，尤不可须臾之或缓耳。其全境分八道，咸镜、平安为北二道，忠清、全罗、庆尚为南三道，京畿、黄海、江原为中三道。风气劲刚，北胜于南，选将练兵，素循古法。近日泰西治兵，以德国为最善。其民兵三百八十万，设为班替之法，在营训练三年，在籍听调三年。朝鲜宜变通行之，截分南、北、中三段，各领以将佐，而以专阃大员统之。江华、通津等岸，虽设有炮台，平时不加演习，一遇寇警，始筹备御，则炮台之可恃者十无二三。昔英将戈登曾筹陆战之法，云购制枪炮，只求泰西通行平等者，辅以短刀长矛，已足济用。但当训练得法，统帅得人，俟敌登岸，多路出截，无可以制胜。此诚深知我之情势以立言者也。朝鲜如行民兵之法，尤当加之于意。然陆战固足以杀敌，而尤未足以穷敌。苟于口门广置水雷，谋密而敌不知，机灵而我可用，但使敌远驶于外，而不敢近泊，以老其师。此苏秦谋六国，以战胜于不兵为上策也。统筹朝鲜海岸，西如平安、黄海、京畿、全罗、忠清五道,本我海军巡阅之所。旌义为外海要地,时以兵轮泊之。北卫黄海,南顾东海,东距釜山口四百里,以扼日本海之卫。沿疆四十余岛,相机策应尤易。惟东岸咸镜、江原、庆尚绵延二十里,扼要驻防,朝鲜宜出以全力。设海疆有事,万一难支,如壬午六月之役,我可出师东渡,屯彼汉城,分路接应。北至咸镜之元山六百里,南至庆尚之蔚山七百里,东至江原之江陵三百里,三涉四百里北境之庆兴、镜城、明川,近遣图们北岸之吉军抽队南渡以援之。北青、咸兴诸口岸遣奉省练军由渭原达奉天台,东北走连德山至北青,东南出剑山至咸兴。两山雄镇南北,巇迻冈重,最宜设伏。或如安法之役,朝廷庇护刘军,给军火,济军饷,使之一心将事,而又虑其兵力单弱,以我之劲旅犄角之。总之,保朝以防俄为先,防俄以东岸为急,东岸以北境为要。其法备海宜陆战,堵口宜水雷,守土宜民兵,决之两言。《兵法》云:用我所长,攻彼所短而已。况朝鲜土宜五谷,矿产五金,近北边民素习射猎,苟能富教兼施,新猷不焕,则朝鲜可得自全之术,朝廷庶无东顾之忧也。吾故曰:莫要于保朝鲜。

曷言乎创铁路也?中国东南滨海,西及两藏,西北抵葱岭而亘天山,北跨黑龙江,固亚洲一极大国。自与泰西各国通商以来,事事仿行西法,精益求精,轮船电线,日增月盛。至于今日,轮舶飞驶于海外,电线交布于国中。独于火车一事,众议不同,迟疑莫决。虽台湾已行,大沽已行,开平、唐山、山海关已行,然皆系小试,不足尽火车之利。方今风气大开,士大夫留心洋务者,类能指陈其利弊,然其中尚有前人所未发、当世所未知者,事关大局,利赖无穷。试举其纲:一曰吏治可清,二曰国是可定,三曰属邦可保,四曰利权可收。再请借箸筹之。从来天下之治乱,系于吏治之得失。各省距京愈远,则吏治之坏愈难已。君门万里,呼吁不闻,而大乱作矣。有铁路则消息所传,俄顷万里。苟贪官污吏,病国害民,诅怨之词,不难采登新报。物议胜于白简,舆论速于置邮,虽不必据为定评,援之为罪案,而贪墨之吏,究有所顾忌,而不敢明目张胆,放手害民,则闾阎不致困于虐政矣。此则清吏治之效也。中国之大弊,全在迂拘不化,锢蔽日深。清议所趋,足以维持国是,而大局遂成痼疾而不可救药矣。有铁路,则十八省不啻户庭,士大夫如梦初觉,多一明白洋务之人,即少一异议阻挠之人,风气转移,则清议必幡然一变,斯中国转弱为强之机,思过半矣。此则挽国是之效也。至于控驭边疆,拊循属国,尤莫急于铁路。……使早有铁路直达谅山,则东京何致为法据?早有铁路以临阿瓦,则缅甸未必为英并。有铁路以达伊犁,则可杜俄人之窥伺;有铁路以通卫藏,则可以拒英国之垂涎;有铁路以联络辽沈,则东三省何致割隶他人?事前不早图,维事后虽喋血争之而不得,痛定思痛,不得不为亡羊补牢之谋,此则控藩部之说也。若夫洋货值百抽五,载入约章,固难丝毫加增,而于铁路之运价,则固公司操其权,彼不执约章以相强也。诚能令公司加重洋货之运价,以保护中国之货,倘洋商不服,则永不揽载洋货以拒之,彼亦无如我何也。如此,则洋货必因加价而滞销,华货即因运轻而售速,似于条约外收回所失利权,默寓无形之操纵,此则收利权之说也。(批语:此层所见尚小,未能得其要领,恐不足以钳制之。税则本各国有自主之权,载在公法,如议约时力与之争,未尝不可挽回。入口税重,其利自减,其来自带火车加价,细已甚矣。)至若速行军而捷转运,通百货而便商旅,文报可免夫稽迟,盗贼可绝夫觊觎,信局可收夫贴费,矿产可助夫运价,固人人所共知,不待明言而自喻。果能推广行之,则通国筋摇脉动,而国势自为之一振矣。吾故曰:莫重于创铁路。

曷言乎练民团也?三代以上,寓兵于农,无事则躬耕,有事则敌忾,诚良法也。降及后世,此制不讲久矣,惟民团则差近之。而论者谓民团无济于事。军兴以来,未闻有民团为国家出力者,而实非通论也。民团设自民间,不供调遣,既不调遣,何能杀贼而立功?不过自相保护,有备无患而已。虽然,以此而谓民团之无益于国也,是又不然。湖州之赵忠节,绍兴之包义士,自备军饷,训练民团,卒能捍卫一方,非其功欤?广东之民团,当英人入境时,一败之于三元里,再败之于三山村,且焚其双桅船一艘,非其功欤?又如澧州之五福团,岳州之平江团,安徽之庐州团,四川之中江团,江苏之溧阳金坛团等类,皆实事求是,不务虚名,胜于召募者多矣。考德国兵制,民除残疾外,悉充伍籍。法国章程,部民能效力者,即籍为兵。普国君臣卧薪尝胆,国人莫不知兵,遂以败法。英、俄诸国,近皆效之。盖泰西各国,寓兵于士农工商之中,有警则人皆可将,士尽知兵,猝尔征调,可集数十万,不糜兵费,实足兵额,至惬至当,正未可因其夷而夷之也。我国家设立武科,州县取士,为数最多,而自身列庠序之后,往往无所事事,为农则可耻,为商则无资,名虽为武,而实无用武之地。若一体举行民团,先择武生中之可为什长者百人,设局训练,教以刀矛枪炮等法,学成则各教其所辖之十人,十人学成,又各教营中之人。昔吴起对魏武侯曰:用兵之道,教戒为先。一人学战,教成十人;十人学战,教成百人;百人学战,教成千人;千人学战,教成万人;万人学战,教成三军。以近待远,以逸待劳,以饱待饥,以主待客,正此谓也。虽然,团既设自民间,权宜操之长上,使不归地方官管辖,恐其桀而不驯,宜按名造册,缴之官府。官府按时简阅,果有深知武略者,酌保官职,以示鼓励。其有不知阵法者,又必延师教之,兼教以御敌立身诸大务,以作其忠义之气,则锄耰亦可敌忾,妇竖亦喜谈兵,国不费饷,人尽知兵,以之灭敌可也,以之御敌亦可也,以之自守可也,即以之报国亦无不可也。自强之基与自固之术,孰有愈于斯?而且古来名将,多出田间,卫青牧猪,樊哙屠狗,陶桓公燕居而运甓,祖豫州中夜而枕戈,练兵之地,安即不可为选将之地哉?而或有粉饰承平之说者曰:我国家政事修明,纪纲整饬,潢池既无盗弄之变,远邦安有窥伺之心?若处处练团兵,日日修守备,不独远人相视而窃笑,即民情亦侵扰而不安。无戎而城,不几流于士蔿之所为乎?不知居安不可以忘危,久备乃可以无患。若各直省举行民团,或且视为具文,而沿海各处之民团,不得不为之讲求。盖洋人所畏者,不在中国之官,而在中国之民,则何弗因其所畏,而为未雨绸缪之耶?

曷言乎联与国也?秦之所以兼并者,远交而近攻;蜀之所以抗魏者,联吴而释怨。多助者强,寡助者弱,其大较也。圣朝抚有函夏,韦韝毳幕之邦,叩关□至亘古莫京,犹复简命重臣,轺车相属于道,重之以盟誓,申之以条约,一视同仁,言归于好,抚驭之道至矣。然而各国之情伪不同,强弱互异,有可为我用者,有不能为我用者。试得而约言之:俄人狡诈强悍,欧洲之地蚕食殆尽,其边疆直接中国东、西、北三面,几至二万里,其近边如浩罕诸国,哈萨克、布鲁特诸部落,皆胁之以兵威,实欲尽撤我藩篱。若东三省近边之地,不独库页岛归于俄,即黑龙江所属之穹庐,亦多为所割据,而且经营回疆,侵占伊犁,久视我为弱肉,而不能为我用者也。日人短小精悍,性情坚僻;其主亦好大而喜功,入台湾、议朝鲜、废琉球、依附西人,妄生觊觎,骎骎乎有得步进步之势;此亦不能为我用者也。然日之不敢逞志于我者,恐俄之乘其虚也;俄之不敢逞志于我者,恐德之蹑其后也。德人以兼并坐大为利，其前败丹、败奥、败法，犹且增兵协饷如临大敌者，惟欲一挫俄人，然后与民休息耳。其与我通商之处为数无多，而情意尚属密洽，是德可为我用者也。美国昔年曾与日主争及琉球，晓之以顺逆之理，耸之以强弱之势，大意直我而曲日。旋有瓜分琉球之议，日主含糊其词，遂为力斥其非，是美亦为我用矣。法人自数十年前拿破仑兼并各国，有囊括四海之势，厥后一就擒于英，十余年前其侄复就擒于德，俄人常欲联之，法人因畏德不敢结俄，而其心未尝不嫉俄也。虽前以安南之故见隙于我，而欲牵制俄人，不得不与之羁縻。英人向以水师之强、器械之精，称雄长于亚西亚，德与法皆不及。其于俄人，则鄙其武备之不精，复忌其疆宇之日扩，前既不许泊兵船于黑海，后复不听攘土地于天山，是固俄人之所畏者也。日人之于英，尤敬而信之，数年以来，变制度，更服色，改正朔，一一惟英法是崇，是固以英为护符而不敢出其范围者也。若英人之于中国，前虽仇敌，今则友邦。其急急于通商者，不过惟利是图，非欲扰我民人，贪我土地也。而且略知信义，颇尚豪侠，自立约以来，于公法研之最熟，其曰：中国有事，各国调停。言虽不可恃，而亦非全不可信也。今日泯泯棼棼，纵横为患，首宜交德，次宜交美，以及瑞、丹、普、日、和、比、义、奥诸小国，皆宜联络输诚，结以信义，非必借以外援，而荷戈执殳，供我驱策。第使之不为人助，即不啻为我助，以彼制彼，所谓以毒攻毒也。虽然，各国宜交，而俄与英、法遂不必交乎？而非也。彼以和来，我以往战，不可也。孤立无援，与生衅同，亦不可也。是宜防患于未然，弭变于无形。可以信孚者，以信孚之，可以术驭者，以术驭之。内峻其防，外弭其隙，虽有敌国外患，自无虑矣。吾故曰：莫要于联与国。

　　曷言乎练兵也？从古国家巨弊，莫巨乎武备废弛，卒闻有警，招募而即使之战也。孔子曰：以不教民战，是谓弃之。夫不教之民，尽市民也，即韩淮阴之出奇制胜，岂驱市人而战乎？余谓操练之不可不讲也。然观今时操练，虽穷年无益于事，虽有旗帜而不谙指挥，虽有金鼓而不晓进退，虽有器械而不堪攻击，虽有部阵而不识奇正，虽有士卒而不汰老弱，虽有手足而不习技艺，虽有将帅而不精兵机。惟窃操练之名，摹仿故事而分立，而奔走，而喊噪，有同儿戏。将帅据高案而视之，亦不知何以趋跄如此，殊可叹也。夫操练练之法，选器械，严号令，三令五申，驱而用之，必能临阵杀贼，为国报效。第操之云者，非止操步阵而已也。操其技艺，使之精熟；操其耳目，使之不惊；操其心志，使之不乱；操其胆气，使外不畏敌，而内不爱身。必使弱士可为诸贲，百人可当万众，此操之最上也。夫善操之将，即善战之将。三军平素爱如父母，畏如神明，上下之情相通，兵将之法相习，故可与蹈汤火，赴深溪。然而国有此臣，善将将者，便当谅其心迹，责其后效。假令操之一人，用之又一人，兵不识将，将未必贤，临事易将，兵家之忌也。久任成功，乃昔人之所贵。顾操之法，操器械，习攻击，尚矣。而所谓操其胆气心志者，古之人尝试之。昔者句践试其民于寝处，民争入水火，死者千余，遽击金而退。此岂好生而恶死哉？鼓舞振作之效也。鼓舞之道，固难悉数，而贵勇贱怯，尤属先图。诚于勇敢绝伦之士，贵而爱之，礼而重之，恩出异常，事经破格，当者思奋，闻者景附。楚王轼怒蛙而勇士至，庄公引车避螳螂，以其似勇士而礼之。夫其似者犹且礼待，明有所遇乎？今世募兵多冗滥者，爱为揭之，冀得精锐，庶几有用。且将帅或有以兵卒强悍为忧者，此尤不识兵情之甚者也。自古名将，非拔自行阵，则皆出身微贱，不矜细行。兵卒尤多无赖健儿，故能强悍勇敢，捐躯致敌。若皆循循规矩，则其气不扬，不扬则情中怯,虽众,将焉用之? 壮士如虎,懦夫如羊,牵羊千头,不足以当一虎之虓,何必费国家亿万金钱哉? 明季边事之败,正由书生不知兵,挠军情而失事机,虽有劲卒猛将而不能用,一切以法绳之,未见敌人,其气先沮。此壮士所以灰心,而精锐所以销折也。近时武人大都习为文貌,弃干戈而讲应酬,以驯顺温柔取悦上官。文人学士尤喜之,以为有《雅歌》《投壶》之风。嗟乎! 行阵之不及,技艺之不讲,一闻炮声,惊惶无措,虽有壶矢百万,其能以投敌人哉? 驯弱如此,无宁粗猛。粗猛之甚,不过强梁,强梁即勇敢之资,驭之犹可得力,一经驯弱,则鞭之不动矣。且将卒者,国家之爪牙,苟无威,岂设兵之意? 昔李广以私憾杀霸陵尉谢罪,汉武报书曰:报忿除害,捐残去杀,朕之所图于将军者也。若乃免冠徒跣,稽颡谢罪,岂朕之指哉? 武帝此言,可谓知兵略哉矣。科条繁细,武人粗疏,最易触犯。虽以郭汾阳、岳忠武之贤,犹且不免,况乎下此者哉? 是故驭众之道,不外乎简严。简者不为苛细,责大端而已;严者非为刻为酷,信赏罚而已。今将帅不求所以训练之方,而惟悍不守法是虑,非不识兵情之甚哉? 刃不素持,必至血指;舟不素操,必至倾溺。战阵不素习而可以操胜算者,伊古以来,未之前闻。今欲一振兵力,宜择材能夙著、兵机素精者畀以大任,使之整顿调度,拔真才而黜浮冒,汰老弱而选精壮,持戟之士悉成劲旅,有以慑服戎心而后已。夫黩武穷兵,非圣人之道,原不必尤而效之,但使吾有隐然之忧,战可以必胜也,不战亦可屈人也,而中国始有以自固。吾故曰:莫要于练兵。

曷言乎屯田也?《法》曰:军无粮食则亡。信乎三军之事,莫急于食矣。士必有含哺鼓腹之乐,而后有折冲御侮之勇,而不然者,不战而自溃矣。夫人情一日不再食则饥,不以时而食则亦

363

饥。况以数十万之众，所费既奢，千里馈粮，又非旦夕可至，嗷嗷待哺，安能俟西江之水而苏涸泽之鱼乎？是故久守则须屯田，进击则谨粮道，深入则必因粮于敌，此古今之定理也。屯田之置，始于汉开西域，道远饷难，乃置屯田吏士。夫汉以前，非可无屯也。三代之法，寓兵于农，故不必屯。自兵农分，而兵出力以卫民，民出粟以养兵，转输千里，络绎不已，所运既远，劳费过半。如秦之起负海之粟以饷北河，率三十钟而致一钟，军得食者能几何？民贫士馁，公私俱困，敌乘其外，变起于内，如此而国安者，未之有也。欲无远输之害，不得不议屯。以万人论，分三为守，分一为屯，给种给牛，人数十亩，计除众费，一人之获，可食数人。无事之时，分半为屯，所获益多，则一年耕而得三年之食。古人于临敌之境，有设险开堑，置堡立城，遏敌之卫，以蔽耕者矣。烽烟告警之际，伺敌观变，且耕且守，使敌不能扰我耕获者矣。是故可以息百姓负担之苦，可以免三军枵腹之忧，计莫善于屯田。昔武侯伐魏，每遇粮运之难，不克伸志，乃令诸军屯田于渭。夫深入敌境，耕人之土，犹不虑敌之侵扰，况属我之境，又何所畏而不行屯田也哉？汉赵充国击先零，上《屯田奏》曰：臣所将吏牛马食，月用粮谷十九万九千六百三十斛，茭藁二十五万二百八十六石，难久不解，徭役不息。又恐他夷卒有不虞之变，相因而起，为明主忧。且羌虏易以计破，难以力碎也。故臣愚以为击之不便，计度临羌东至浩亹，羌虏故田及公田，民所未垦者，可二千顷，愿罢骑兵，分屯要害，人二十亩，充入金城，益畜积，省大费。帝从之而羌平。晋羊祜之镇襄阳也，与士卒垦田八百余顷，其始出也，军无百日之粮，及其季也，乃有十年之积。唐郭子仪之镇河中也，患军中乏粮，乃自耕百亩，将校以是为差。于是士卒皆不劝而耕，野无旷土，军有余粮。宋将如岳武穆、吴玠等皆兼屯田

364

大使。由是观之，无代不屯，无屯不富。赵充国所谓内有无费之利，外有守御之备，岂不信哉！今八旗生齿日繁，世复一世，尤难亿计。孳生无穷，兵额有定，其何以支？恐养之适以窘之也。周之丰镐，亦画井田，汉之丰沛，无过赐复。不闻龙兴旧区，世世子孙仰食县官之理。应请仿照乾、嘉间伊犁锡伯营之法，推广驻防膂力及格者为兵，不及者为农，分地兴屯，成熟之后，永为世业，勿惑于止能荷戈、不能荷锄欺罔之说。其愿别置田产者听。其余驻防之兵，可以分半为守，分半为屯，相度地势，给种给牛，人数十亩，别以一人统其众。遇简阅操练之期，则执械入伍，仍不荒其攻击战斗之技。是有事则兵力依然不薄，无事则增此数十万人之食，其利益岂可胜言哉！吾故曰：莫要于屯田。

曷言乎任贤也？四臣在齐，而邻封不敢侵，慕容垂在燕，而秦王坚不敢谋。是故一贤可退千里之敌，一士强于十万之师。谁谓任贤而非当今之要务也？天生贤才，自足供一代之用，不患世无人，而患不知人；不患不知人，而患知之而不能用，用之而不尽善。夫知之而不能用，用之而不尽善，与无人等。知人者，先询其言，次任以事。若以为能言者未必能行而遂弃之，则不能言者亦未必能行，道在听其言而观其行耳。夫磊落奇伟之英，得试其才，其作用自别凡流。大试则大效，小试则小效，非碌碌无足见长者也。第碔砆乱玉，令人易眩。倘轻信其浮夸之词而遽试之，此房琯之所以误唐，而刘秩之所以误琯。故大任未投，先授之事，其号令果明肃也，其治事驭众果严整得法也，其三军之心果爱且畏也，若是者贤矣。万一谤言入耳，未可遂以为非。盖认真立事之人，必不便于人之私，而为人所憎，必默而听之，徐而索之，其真与伪自昭也。真则不妨屏弃浮言，而自行酌量，伪则显罪言者以谢过，则贤士益励，宵人结舌。夫匹夫事出非常，欲拔

365

攫之，不可以常情窥，不可以常例拘。凡其情之所欲，事之所为，苟无伤于道理者，吾且受之若谷，应之若响。彼既不掣其肘，其作为必有可见者矣。甄别贤豪，法无逾此，而谦恭下士之礼，尤不可少。军以士为轻重，士以礼为去留，得其人而折节礼之，推诚待之，厚以破格之恩，隆以望外之典，而士有不鼓舞激劝为乐致死者，从古未有也。今以我中国天时、地利、物产无不甲于地球，顾不能伸于诸国之上者，则非天时、地利、物产之不如也，人实不如耳。然彼人非重瞳之奇，我人非三尺之弱，人奚不如？则非天赋人以不如也，所用不如耳。天赋人以不如，可耻也，可耻而无可为也；所用不如，可耻也，可耻而有可为也。夫所谓不如，实不如也。忌嫉之无益，文饰之不能，勉强之无庸，道在实知其不如之所在，彼何以强，我何以弱，必求所以如之，仍亦存乎用人而已矣。且创法难，守法尤难。吾所言若足民，若开垦，若兴稻田，若劝蚕桑，若保朝鲜，若创铁路，若练民团，若联与国，若练兵，若屯田，法良矣，意美矣。苟得其人而用之，行之以渐，持之以恒，虽曰纵横为患，数年之后，亦且尽弭于无形。苟不能得其人，则所谓足民也，开垦也，兴稻田也，劝蚕桑也，保朝鲜也，创铁路也，练民团也，联与国也，练兵也，屯田也，皆仅有其名耳。又其甚则害或随之，尚何实效之可收哉？吾故曰：莫要于任贤。

呜呼！为今日天下之大局论，此数者足以尽之矣。要之，欧洲多事，则中国之福也，而我国家可一切先为之备矣。古人有言曰：有备无患，备于不虞。虽有纵横，备之在我，于睦邻修好，固无伤也。故曰：俄尤为我腹心之患也。

北洋大臣李爵阁督原评：

旷览中外之情势，上下古今，谭锋迅发。永嘉经制之术，永

366

康策论之雄，异乎七雄策士挟纵横长短之书，以骇流俗。

格致书院山长天南遯叟王评：

熟于天下形势，而特为中国借箸一筹，以破欧洲五大国合纵连衡之计。侃侃而言，俱臻切实，诚近日未易才也。

（项兰生：《德奥义合纵法俄连衡论》，《格致书院课艺》(3)，第399—423页）

子曰弟子入则孝三章

学自有本，勉为成德之君子而已。夫孝弟贤亲重威诸事，皆务本之学也。子与子夏历示之。成德之君子，舍此其何道之从，且学也者，学为成德之君子而已。自宇宙日趋于文明，而文愈胜，质愈漓，此运会之固然。圣贤虽隐忧之，而要无如之，何也？然而，主持文教者，原自有转移风会之权，值文教渐敝之秋，而仍不使人探其本，则士气日以薄，士习日以非，而吾道之忧方大矣。今夫学也者，大之在伦常日用之间，微之在性命身心之地。自少壮耄耋，以迄于家国天下间，莫不借学以明之。人而不学，无怪其不察于人伦，不明于庶物，而动辄得咎也。先王崇大学之教，君子肩正学之传，于是养正有学，明伦有学，敬肆又有学，秩然灿然，文教特隆。故其时间阎子弟，传为弦诵之风。即介胄武夫，耻无诗书之气，化天下之嚣陵，而其登于和亲康乐者，胥是道也。然则学顾不重哉，才藻盛而后庠序无真儒，其始未崇实诣责督弗苟于父兄，其后徒袭虚名品诣致惭于曩哲，而一时怠慢诈谖托于机权，一念虚浮轻肆流为佻达。迨至良朋疏，而比匪自易愆尤积，而洗濯为难制之，不豫败德伊何底也。惟以聚其德者，杜其

367

弊而敬以持之，诚以存之，智以辨之，勇以行之，防检在无形，毕生宜守此忧勤之志，行修完而后远近称佳士。盖早岁佩实衔华家塾有子弟，即他日型方训俗国学有师儒，而折矩周规充之，即从容中道养中制外扩之，为诚意正心而且知人，则哲者禀受无穷，见善则迁者，悔尤自寡为之不厌，进德何可量也。诚以据于德者，策其功而无瑕无逸无诈无虞无偏无党无怠无荒，勤修于靡已，中材可以臻神化之区。若是者，岂得谓之不学哉？学焉而徒有其文，即谓之不学焉可也。我夫子膺斯文之统与及门子夏之徒，赞修删订表章六经而又惧读其书者，仅从事于文也。故首为弟子端其本，终为君子励其修。子夏知其意，申其说，曰贤贤易色，友言必信者，即谨信亲爱，重威忠信之说也。曰竭力致身者，即出入孝弟之说也。曰虽曰未学，吾必谓之学者，即行有余力，则以学文，择友改过之说也，非轻学也，非谓学遂可废也。夫诚如是为学也，又何至文学道学，各分门户哉。故曰：学自有本，勉为成德之君子而已。

以务本作主，意亦犹人，而独能高处立，阔处行，格老气苍，机圆法密。

［项兰生：《子曰弟子入则孝三章》，《紫阳书院课艺第九集》，光绪二十一年(1895)］

368

时事新闻
项兰生、朱飞笔述

万国时事纪略

1897 年

译美国《学问报》

希腊恃其兵力，欲与土耳基一决胜负，卒至败北遗羞。实因君若臣之疏于备豫，以致土耳基以积弱之邦，竟克长驱获胜，敌斩楼兰，为西人所不及料。从此土耳基于欧洲各国中，可树一帜，而各国亦不敢轻启衅隙于东方矣。

印度租界中英兵与西北山民互斗，英兵增数往攻，彼仍抵死相拒，致英人大受其累云。

开疆拓土，各国皆有此心。现英人于埃及欲得其苏丹之地；德人则已经得有中国口岸；俄人则可驶船于旅顺；美人则欲得哈蛙哀岛；吕宋群岛作乱，西班牙征服之；而古巴至今未靖，班廷亦无如之何。噫！鲸吞蚕食，有有遂有不遂者。

美人出口之货，日多一日，因其价较他国为轻，故得利市三倍，最显者即英国伦敦之美商，为英筑隧道通电车，英又至美定购开矿机器，足见贸迁之盛，美当首屈一指。又于宥冈地方寻得金矿，其西鄙又岁书大有，获谷甚多，此尤为美之快事。

英京伦敦太姆斯江底，新筑隧道，以通铁路，较旧筑者更为宽大。美国包斯登地方，人多于蚁，街道拥挤，该国乃设法于街底筑隧道通铁路，俾上层街道阔绰。又纽约筑隧道通铁路一事，近已无人阻止,阅岁可望开工,但须费金钱三亿。又美国自纽约至勃罗克伦之隧道铁路,亦已丈量开工,复在上造吊桥一座,长一千六百,阔一百十八英尺,有十八寸围圆之铁链四条系之。又在那哀格勒江上新造极大穹形之钢桥,将从前通行铁路旧桥,全行拆去,此外又造四大吊桥,可通至纽约,为天下至大之桥。此桥近处又有一至大之桥,可过哈隆之第三马路,重二千五百吨。另有一桥可过生忒落伦斯江,在芒枢尔地方,现已订定合同,有人揽造,拟将桥上方管改换新式。又德国孟斯登地方,有山谷名乌勃,造一极美穹形之桥,今已落成,其湾处五百二十四,阔处一千六百英尺。《阿房宫赋》云:"不霁何虹。"斯桥庶足当之。

电器之学,精益求精。现英伦敦箫笛篚地方,新开一厂,所造电器,能以城中之垃圾,代柴烧之。又前人以汽机运舟车,今人则以电机代之,其电机占地较汽机为少,而驶行更速,英法美等国皆已用之。又纽约于五十海里之地中有铁路通电车,其机可抵七万马力。又有人通电一分时能传一千二百余言,意国有名马老尼者,不借电线,能通电至八海里,英国邮政局亦将试行此法,足见电学之蒸蒸日上矣。

铁路轮舟运货,日见其多。去岁一年中,美国所开铁路,较前十年所开者尚多。德国轮船公司,现其数吨增,有一船行驶最速,首次一日行五百六十四海里,末次每点钟行二十二海里。又一公司造极大运货船二艘,长六百尺,可载二万三千吨,另造一载客之船,较寻常更大,长七百零四英尺。美人去年水师虽无争战,而船数亦加,其第一等战船,一点钟行十七里,第一等水雷船,一点钟行二十八里,修船坞亦极多。英与日本亦增船不少,英费一亿五千金蚨,增战船十四艘、巡船二十七艘、水雷船五十二艘。日本亦增多船,以示威于太平洋,近在英美两国定购新式战船若干,快捷异常。

德人新制极硬而且极韧之甲,弹打不能伤,若别项军械,则仍依旧式,惟弹出较前尤速云。

近有二队人探北极遄回,一携得陨石一方,一携得所画北极地图。又一人乘气球,被南风吹往北方探极,至今数月未回,其人驾驭极灵,有疑其已死者,恐未必然。

气球凌空,于照相学大有裨益。西国有人以照相器缚于纸鸢上,以照下面人物之像,其设想亦甚奇矣。

美国筑有天文台,其千里镜围有四十寸,乃天下至大之千里镜,其次镜亦略仿佛,皆系人所赠者,从此美国天文之事,当更上一层矣。

中外交涉事件

译英国《太晤士报》

中国拟向法国借债,请俄国作保,此事已成画饼。现中国拟向英国借之,英人答以中国须用英国人管理饷项,总税务司赫德卸任后,仍须英人接任,且另畀一地方为质,能允此三事,方肯许以借款。路透曾发电音,问英国伦敦某银行肯借与中国否,答以尚难遽定,待国家筹画尽妥,方可允许。然借债与华,于英仍有益无损也。

现中国已准将胶州租于德人,并付以治胶全权,若胶州不合德人之用,尽可再易别地。法人见德有胶州,伊亦欲得海南。英不准中国以地赠人,谓有倍[悖]通商约章,如中国以地赠人,英人亦宜均沾其益。美人言英人此举,大有益于各国,即美亦不至向隅也。

俄国据有旅顺,不过暂借泊船,并非久占。

371

美纽约志路透电音云,中国现仍拟与李傅相重权,俾办理中外交涉事件。

俄报云,现中国已允俄国机师,相度俄国通至旅顺之铁路。

现中国向奥国拜而及姆地方格谷耳行,定购塞门土一万筒,以为铁路之用。

美国亨倍而公司,定于每月二十五号,由亨倍而发船至槟榔屿、新加坡、香港、上海、长崎等处,其船可载八千吨,每点钟行十二海里。

英国水师提督,统兵船六艘,停泊旅顺及高丽海口,以防俄人占据旅顺。

中国总署拟令湖北广东两省,多铸银圆,约三十万两之谱。

香港总督劳秉生现将卸任,该处人民,颇有依依不舍之意。

日本现拟于宁波设一轮船公司。

中德合同

译伦敦《中国新闻报》

德国公报正月五号,言及中德胶州所订之合同,其式仿永租契式,内云:中国宜准德国沾通商水利,与他国无殊,并准德国在胶州随便营构房屋局厂,听德用何法自行保护,胶州地之归德管辖者,约数十方里。若中国人无德国允诺,不准在胶州德界内有构造等事。一切小河,不准中国阻塞。如胶州不合德人之用,可于海边另觅一区。如中国日后取回其地,须偿还德国工本银若干。至于租期几何,该报并未言及。外人传言五十年,或九十九年,未知确否。

英人之言

译伦敦《中国新闻报》

英人论德人占据中国胶州,实为牵动各国太平之局,因德人既得中国利益,他国亦当同沾,英并非欲得中国之地,惟欲各国同沾中国利益,不欲德人独沾耳。又云:中国矿工铁路,多系英人经手,现俄国欲夺而有之,则英人不宜稍让。日本防俄甚密,且重商务,当与英有同志,必不让俄独擅利权也。又云:中国地当黄道,天气温和,于英人甚便,中国所需衣饰甚广,英人布匹等物,易于销售,英不愿占据中国地土,然甚愿得治理华民之权,使其盗贼稀少,粮赋减轻,且华人性多驯善,不难约束。近有德国某博士云,德得胶州,可通铁路至北边各省,运载煤斤,煤矿当可兴旺。而英人则谓胶民本喜外出,今有铁路,则胶民之出境者尤多,其留胶不出者,均不耐劳苦,不勤于操作之人,德人至胶,无多利之可谋。是德获胶州,如获石田耳。

美人论英人听俄德两国独得中国利益,而不遽发言者,欲他国先行发端,英乃从而和之也。我美固不欲得中国之地土,但须保护美商在华贸易之权,俟各国瓜分中国,我美从而拾其唾余,亦不为晚。若论目前,英甚不愿先启兵端,浪掷军费。总之,英美唇齿相依,英人不让俄德独享中国利益,则我美之商务,亦不至减色耳。

论东方时局

译伦敦《中国新闻报》

英人论东方时局,至今日而岌岌可危矣。德国胶州之役,说者谓系俄国所激成,盖鹬蚌相争,则渔翁得利也。讵知日本当此之时,多出重兵,以观究竟。俄深忌之,恐日本乘其西伯利亚铁路未成,从而要击,俄之遣将调兵,皆不灵便,故俄于德占胶州时,不加阻止,借此与德联合,以暗防日本。犹忆中日之役,俄德法三国共禁日本索取辽东,及中向俄法借债,俄法许之,德人忌俄法隐得中国之贿,殊形不悦。今乃因胶州之役,与俄释其旧怨,亦奇事也。至于德国从前接待李傅相于彼都,极形优异,继向中国索借屯煤之地,中国不允,故适遇教上被戕事,遂不禁乘机而发,毒肆干戈。其他国不与德龃龉者,因德人善于调处,务安他国之心。故奥国则谓此事无伤于奥德同盟之约。最有关碍者,其日本乎?

(《格致新报》第 1 册,1898 年 3 月 13 日)

浙省士民公禀

兹将浙省士民邵章、汪熙、袁毓麐、孙翼中、陈汉第、项藻馨、戴克敦、魏汝谐、陈敬第、赵秉良等公禀照录于下:

为俄谋华急,计议俱穷,环请联合各省督抚,奏筹民款,约同与国公战事:

窃惟东三省为我朝发祥重地,寸天尺土,不容轻以让人。去秋沦陷于俄,凡在率土臣民,一闻此信,痛不欲生者半载于兹矣。私心窃计,犹以西伯利(亚)铁路未成,列强之师云屯渤海,俄必有所顾忌,一时不敢据为己有,尚可归入和议,请各国公断,反其侵地,制其东封。不图有中俄密约十二款掣我主权,限我兵力,为阳还阴据之狡谋,暂寄东三省于外府,初七以前,逼迫签字。

此时虽经江、鄂、粤三督电奏行在,力争作废,然侧闻仅有延缓日期,更改条款二事。总之,此约不能全废,实薄海臣民所共悲而共愤者也。

夫使俄约不废,祸仅中于北方,东南各省尚可苟延旦夕,则漠然不问,不过蒙不忠不孝之名;万一各国执利益均沾之言,将国家沿海数万里疆土,尽掣我之主权,限我之兵力,久而久之,遂非我有,臣子何堪为君父设想乎?况俄向以强暴横行中国,各国相率效尤,中国民生尚有喘息之地乎?士民等食毛践土二百余年,受国家宽大之恩,值此时艰,虽肝脑涂地,无以为报,岂忍使祖宗缔造之封圻,坐视一旦沦为异域!顾亭林先生有言曰:"天下兴亡,匹夫有责。"士民等不揣微末,从无可设法之中为万一补救之计,惟有筹民款、约与国、厉公战三者而已。

查泰西通例,强国公摈,弱国公助,以保地球太平之局。如法之拿破仑作乱,英、俄、普、奥诸国联兵拒之;俄蚕食土耳其,英、法、德、奥诸国联兵拒之。欧洲公战,始于法而终于俄,两强至今卒不得逞。群小邦如荷兰、葡萄牙、希腊、比利时者,皆得巍然独存,主权犹在,实赖诸大国公战有以保之。且其国因公战而用兵累年,费用支绌者,可筹民款以济其急。或为借贷,收国家银行之利资;或为捐输,有绅商士庶之仗义。中国发匪乱时,抽百货厘以助饷,即筹民款之一证也。泰西十四五纪,英法百年之战,英人筹集民款,请瑞士代战,又筹民款、约与国公战之一证也。

今俄不得志于西欧,思骋雄于东亚,全亚正所以全欧,而其关键全在东三省。英之昧时务、贪地利者曰:图中国扬子江即可抵制俄国,不知得寸则寸,得尺则尺,俄固不止志于东三省也。近闻山海关内,英、俄因铁路龃龉,其明证矣。安见图北者不能图南哉！英之必出于战，势也。日为密迩强俄之邦，与中国共安危，不得不战以自固，第国帑空虚，势难独任。美固雄于财而思保和平之局者也，摈俄而战，义不容辞。

难者曰：三国利害切身，何迁延至今不闻与俄决裂？曰：中国不首先力抗，他国必难干预。难者曰：中国力抗，奈无可战之具何！曰：去年因民教相争而战，以一国敌八国，而众怒难当；今者为地球大局而战，合数国拒一国，于公理必胜。去年拳匪内扰，有碍战务，今由朝廷宣示约文，照会各国，专调得力官军，约三国之兵与之相抗，恐不血刃而俄已慑于虚声，潜戢异志矣。

独是战必有费，费出自民。民愤宗社之将墟，怵身家之不保，切肤至痛，而犹不输其财以济国家者，无是理也。近来秦、晋开办义赈，江浙立救济会，章程朝出，巨款暮来，其本旨原以救中国一隅之民耳。今全国之民皆将待救，谁犹靳其私财留以饷敌哉！

去夏北乱方殷，东南各省人心惶惑，大人管钥沪江，与刘、张两制军立华洋互保之约九条，沿海数万万生灵皆食大人之福，不啻生死而肉骨矣。今者俄约若成，东南垂入他人之手，岂非保全疆土有益于外人者多，实裨于中国者少乎？矧自大人莅浙以来，将历年教案一时办结，使浙省濒危而安，士民等仰戴鸿恩，沦肌浃髓。为此合词具禀，吁恳大人联合各省督抚，奏定备俄民款章程，使各省一律兴办，一面请朝廷宣约备战，一面联英、日、美，公同协助军费，缺者济之。俄国铁路未成，运兵窵远，断不足畏。各国见中国爱君父发祥之地甚于爱其身家，则阴图东南之心亦可稍敛。金瓯永固，自强有机，大人保全东南之泽益长，凡属斯民，世世子孙，敬当铸金而事生佛。

除由士民公电，禀请江、鄂、粤督宪外，谨陈愚悃，伏请采择施行。士民等不胜惶悚迫切之至。

（《中外日报》1901 年 4 月 6 日、7 日，汪林茂主编：《浙江辛亥革命史料集》第 2 卷，第 12—13 页）

项兰生致汪康年函

（1904 年 9 月 2 日）

（原函上缺）章请足下亦以敷衍为是，毋事率真尽职也。即此一言，已足见其内容。水陆寺前为丁修甫主谋送与伊藤事，仲恕已将呈稿寄京，并得公竭力运动，公电致杭矣。此事许九香办法尚好，惟略嫌迟缓，与领事议妥后，极欲吾辈与丁勿生意见，许与丁亦攀好。因言释氏学堂事将照会胡藻青与丁修甫合办此事（日本牌至今亦未除，僧人又未逐出），本是为难，照会仍未下，先由丁代僧发帖。（均是丁主。）请许九香于廿四日在海潮寺演说（此许主意，闻说劝僧筹款，未知确否？未便往询），葫芦中果是何药？吾辈未之知也。乃昨日又得一松风僧帖，不胜骇怪。帖式录左：

启者：本寺改设释氏学堂，聘请伊藤贤道教习，振兴国家，以维佛教。择于七月廿四日悬牌开堂，蒙各大绅士光降护法，不胜感佩，特此布闻。

白衣、水陆寺主持松峰等同叩

此帖系由邮局递来，中学堂及两浙公学均有，兹将帖式解判于下：

一、改设禅氏学堂。许观察判案时，言释氏学堂当由官绅合办，详拟章程，今地方官处既未立案，绅士中又未知道，忽云本寺改设释氏学堂，是明明有意抵抗者。一也。

二、聘请伊藤贤道。伊藤当丁修甫及松峰往恳时，伊藤曰：敝国是很应该保护的，将来他处寺院如再有人来，要尔辈只言都是敝国本愿寺保护的便是了。众僧欣然从之，故许九香判案时，伊藤曾言：将置我办什么事？许答之曰：学堂议有办法，教习或许奉请。是许九香之意，主权仍未失也。今该僧乃擅自聘请，试问伊藤果肯为松峰聘请耶？松峰乃日本本愿寺教徒，去年入教。要亦仍是伊藤之主权耳，是明明有意抵抗者。又一也。

三、七月廿四日悬牌开堂。许九香于廿四将临海潮寺演说，此间竟于廿四开堂悬牌，且松峰为此案罪魁，许九香曾说不但水陆寺定须发封，即白衣寺亦不准开释氏学堂，以杜流弊。对汤蛰老如此言，对高子衡又如此言，今白衣寺、水陆寺列名悬牌开堂，是明明有意抵抗者。又一也。

四、水陆、白衣寺衲松峰等。水陆寺前次明明由伊藤保送，续请为方丈，比事有伊藤信，馨曾向邹典三之世兄处勉强索来者，今亦交送许九香处矣，此亦一凭据。是水陆寺未封之时，是续请住持，非松峰住持也。今帖内两寺并列，是松峰之有意玩弄也。松峰倚伊藤为护符，伊藤以修甫为凭借，朋比为奸，是明明有意抵抗者。又一也。

昨晚接此帖，即集同人商议办法，前此递呈时，既由藻青领衔，今日即请其往拜九香，将此帖移交，请其澈［彻］底究办。许言，且俟询诸修甫究竟接洽否？该僧如果抗不遵断，当禀中丞照公办理，或即发封云云。语甚官面，然按诸实理，仍是为丁所惑者。封白衣寺之说，竟不必有其事矣，因互向诸乡老中痛陈利害。樊以不赞成不阻挠为主，潘则议论多而成功少。杨、许叫松峰来责诘，高则甚愿与僧为难，但另有别情，不能得其臂助，聚讼

378

多时,馨亦愤愤去矣。仲恕竭力调停之,仅仅公函致许九香,嘱其谕阻而已,此外竟不能为力,竟无一办法。附去陈,孙两条,可知大概。由此观之,丁之深根固蒂,竟无人能为拔丁举动者,其实彼处之历史颇多,曷不再由公运动一参折耶?如果有人肯为吾辈,当注全力调查丁氏之历史,务实事不务谣传,何如?

许豫生既以旨降同知交聂察看,此次派政法速成学生,闻聂将派伊为监督,果于国体有关否?聂亦忍人也矣。专此,即请大安。

弟制馨顿首
廿三

[《汪康年师友书札(三)》,第2237—2240页]

项兰生致汪康年函

(1905年2月6日)

穰卿先生大人阁下:

碌碌无暇,久失函候,甚以为歉。前奉手教,又以事务冗集,脑漏频发,未能率尔致复,迟滞之愆,尚祈知爱亮恕。杭州寺院事,一言难尽,谨举所见所闻之确凿者,为君告之。

水陆寺事本易了结,误于许九香之延缓,仅与伊藤一面,便许以自开释氏学堂,必请伊藤办理,致白衣寺松风自行发帖,中间虽有主使者,要亦办理不善有以致之也。白衣寺开僧学堂事后虽暂止,然水陆寺日僧所钉一匾额未除。许九香即赴上海,约四月余始归杭,伊藤于此时探悉洋务局及抚台外交手段,始兴得陇望蜀之思。

至八月间，子衡办工艺传习所，借龙兴寺，从前之如何办法，我等并未接洽，但于中秋时节，知有丁氏出而为难情形，并赴苏觅汪柳门及曲园函。子衡以工艺为中丞捐廉创办，且以该寺余地尚多，厂中出钱租用，断无不可之理，故与中丞言，必欲租此寺应用。

当租用时，子衡并不出面，系由中丞传萧仁和赴该寺知照，并言月租以三十元为率，讵萧仁和即传该寺住持，并请孙仁甫至，即言抚台拟将该寺废弃，改为工艺所，辗转传述致酿门户之见，其实仁和传命未当也。

中秋后在十七，子衡自向修甫言，并言中丞嘱每月租金三十元，给僧人供香火之用。修甫言寺为松生所建，断不敢收受租金。翌日当拟一合同，彼此互订方可。子衡言甚善，惟事系中丞嘱仁和办理，将来订合同，即由仁和与该寺订之可也。弟往龙兴寺，见碑上署名善堂绅士丁丙重建修，既言善堂绅士，当非丁氏一人之款可知，且丁氏何从而有此巨款到处建设寺院耶？逾十日，丁宅嘱孙仁甫交一合同稿纸去，内言连闰月在内，以二十四个月为限，限满迁移，不再借用，租金不收，以尽义务。至所造厂，厂屋亦须一律撤去，条议甚多。居间者，一俗人，一僧人，约计有二十人之数。俗人即修甫、和甫、陆慕周、孙蔚卿、顾少岚、孙仁甫父子等，皆丁戚也。僧人名氏弟已记忆不清矣。子衡见此稿未认可，另拟合同底，丁亦不认，往来迟延至两月余，适都中同乡有信来言及寺院事，并履平来杭中，于谨斋之言即大翻案，丁决意要将龙兴寺归还云云。

归还二字，系出于丁氏之口，该寺并未灭迹，何归还之理？事为中丞捐廉所办，厂屋开工已逾两月，如何再能中止？事为地方兴利，如果办起为难，定欲迁屋，又殊失地方之分际。履平主稿还屋,勒令该厂迁移,陈、藩、陆、杨诸公不肖列名,故履平之议始止,而丁、金之策不行,盖履平亦为人愚弄耳。

此策不行,即由伊藤出场,事在十一月夏下浣。往拜抚台三次,均未见,旋谒洋务局提调许南友,声言许大人(即九香)从前允许开释氏学堂,何以至今不办?现在我有三事相请,立候回音。一、敝国将于城隍山购地三十亩,起造本愿寺布教。二、闻外务部近日有电致抚台来,嘱拒绝敝国传教事,此说确否?三、龙兴寺已租与敝教,订立合同,僧人亦归敝教保护,高子衡无故强占我教之屋,并毁佛像,请向抚台请示如何办法,明日必置我复云云。许南友连声诺诺,不加一辞而散。

伊藤既去,南友随即上院,禀诸抚台。聂谓之曰,此事无理,尔何必来对我讲。明日见到,只言我未与你晤面可也。

翌日,伊藤索回音,南友至未晤面,伊藤颇多微辞,再限一日必须得复。南友再上院,中丞传翻译张勤生至,谓之曰,购地一事,嘱其查诸约章便可,如果可办,只须领事备文来,说外务部电报每日须数十次往还,此政府事,不便宣示者。至工艺厂是我创办,原说给龙兴寺,租金当问诸高绅便知,至毁佛之事,断无此举,且系内政,自当查察可也。此三层即嘱许、张去传述。

以上所言,诸语确凿,非得诸道听者。抚署中人,弟颇多相识,皆由此中传出也。自此次之语一出,署中即寂然无所闻,以为事已了矣。

又阅旬余,十二月初五。伊藤于浙江工艺传习所匾额之上去钉一极大匾额,题曰:“大日本真宗本愿寺总布教场”。

是日午后,闻知此事,即向抚署告知,而罗叔蕴及陈蓝丈亦相继而来,中丞立刻传许南友往谒领事,属其限日除去。

杨雪丈大愤,坚欲立刻亲自往除,此意尚在陈蓝丈至抚署以前意。陈约于初六日午后，是时诸老均庋止，惟樊已赴，吴不与也。

群议杜绝外人法，陈语语敷衍，潘凤丈首先与陈口角，致大起冲突，此亦偏袒所致。

次日，凤丈有电致伯唐先生，仆辈亦有公电致外务部。

初八日，抚署得外务部电询，中丞即请领事至署晤商半日（一时到五时始散），措辞颇未得体，领事等亦袒日人。此却不怪领事，和尚与丁本有凭据在伊藤处故也。

初九日午后，弟至署，嘱幕中转达，如果再不撤除，弟辈定于十五日午后定将总布教场一匾，及水陆寺一匾一律除去，备文送至抚署发落，彼时若酿外交，请勿后悔。

旋于傍晚得回信云，领事已允十一日除去，是日果如约，水陆寺额于十三除去。

中丞以为匾已除去，事已大了矣，欣欣然，自诩为外交之老手，而孰知竟有大谬不然者。

总布教场匾额，现在又做两方，弟所目见在金洞桥漆铺，不知将悬于何处，此时尚未探得实在。

伊藤在杭州开日文学堂多年无效，开编译局亏帐〔账〕至万余金，谋武备学堂教习，去年又失去，无聊之极，为无赖之事，现查得入其教者已得三百余人。

每入其教，须于其堂前点长六一对，主香一炷，顶礼受戒，另奉白金六十，伊藤即与以证书一纸，此件近日设法往觅，如果到手，亦有证也。黄布一方，念珠一串，经一册，并为其注名入册焉。

伊藤布教发原于壬寅三月间，在绍兴某寺，该寺僧名修清，陶心云知之者。修清入教后，继之者即为杭州理安寺住持定能，定能声名恶劣，一至龙井，人人痛骂之，非一二人之言也。现在各处之来投教者皆定能为之绍介，定能辈每入城，均投宿于头发巷莲花庵。

莲花庵近已为丁氏墙围，进庵僧均在，不知者无从觅得也。

孙仁甫父子素为丁氏走狗，自今年六月为始，凡有奉教之和尚，必经定能之手，而聚仁甫之家，伊藤不至丁家，丁亦不至伊藤处，有事均聚林司后孙仁甫家商议，此事陈蓝丈曾目见之。

龙兴寺总布教场匾额除去后，领事向中丞要索还大殿，中丞许之，随饬萧砥庄去将浙江工艺传习所除去佛像，迁移还其大殿，罗叔蕴及高子衡均已辞馆而去，不知所之。

大殿还后，近日又来要索还石经堂及其余小屋，外人得寸则寸，中丞此时对付外人手段殊欠斟酌。

年廿八，弟至署中查询，闻丁氏有件托人交抚台还屋，尚未举发，中丞知丁氏之恶，而不肯得罪丁氏，闻转交者即樊也。

伊藤近来名片上大书特书曰"其宗驻扎江浙教务主任某某"，下署寓杭垣本愿寺。此亦绝大证据，可与之争也。

总之，丁之与高积嫌已久，不应以公家事而闹一人之意见，且失兄弟阋墙之义，此则罪已昭著。

目下办法，鄙见总以内政为主，须官出告示，并于已入教之各寺院勒石永禁，声明寺院为地方公产，应由地方官绅公同保护。如有刁绅劣生借端强占，即由本地绅士公同呈请地方官惩办，至遇有地方公事，须借用公产之处，亦应由本地绅士认可，请官立案，如此则和尚知之实行的保护法，不至再归外人，惟已入他教之僧人，必须由地方官查明注册，不许再充各庙住持，虽寓杜渐防微之意，仍示和平主意，想僧人当不至铤而走险也。许九香处弟往拜，彼此相左，未将此意晤谈，今年伊将在家乡办玻璃厂,不来浙任事矣。抚幕中,弟却以此意商之,以为可行,惟乡老中不肯闻问此事,一则不能见到将来之大患,二则不肯担任此种种事务,弟之所见,以为舍此别无良法。僧亦四民之一,地方官绅本有管治之责,何得过于推诿,特不可操之过激耳。同乡京官中如见及此,如以此办法为然,可请公函切致中丞,此信或不由邮局递寄,只由弟转交亦无不可。倘中丞果以此事为将来之患,引为己任,弟亦愿效绵力出为经理,决不使稍贻后患及操切图之也。请公才酌而运动之,何如?

上海总领事小田切深恨伊藤之举动非理(已由汤蛰老托人去疏通过),特当道不过而问,小田切亦未出为干预。查日本之教毫无势力,其本国法规不准他国于该国传教,并不准擅收他国人入教。此次伊藤收中国僧人入教,已属有违法规,况来中国干预内政,于国际法上论之已大悖谬,现托人在日本查其法律,如果可逐其回国,则我辈尚须图之。

总之,此刻对于本国人可和平处务须和平,对于外国人万不可依违苟且,质诸先生,其以为然否?至为丁、高之傀儡,我辈均不愿也。

伯唐先生在外务部,能随时为交通机关否?此事若吾杭不严拒,势必至蔓延愈甚,不可收拾,他省援浙江之例,则我浙人更不能立足于世矣,乞我公图之是幸。

安定学生,去年十月毕业给凭时,自中丞以下均到堂,且为演说,甚是热闹。本年正月廿二,将由学台会同覆试,给予出身,想先生亦闻而欣然也。弟合同已于去年九月期满,今年高等学堂大更章,弟允暂为帮忙半年,而安定事仍兼摄,惟两边均不订合同耳。

高等今年停办两月,旧时之教习、学生一概不留,章程现须一律更易,拟先办初级师范及预备科两种;此外于省城试设初级小学堂十所。款项本甚充裕,惟中国旧习,好铺门面,不肯脚踏实地。其实小学、中学未齐,何处收高等之学生,况乎并教习且无从延聘邪?此意中丞却甚赞成,故现在决意停办高等科,如果办有成效,两年以后,庶有豸乎?

现在冕侪先生任监督之职,弟任副办之职,事烦任重,把握全无,惟以桑梓间事负得一分力,便做得一分事,冒险图之,斯已耳。

官办学堂较私办学堂,其难处奚啻十倍:(一)地大屋散,太不合学校管理法,废弃不可,敷衍又甚难。(二)款项充足,人人皆知之,人人皆议论及之,迨一入学堂,人人皆有应享利益之思想,至上课之钟点,尤以愈少为妙。(三)高等负腐败名久矣,外人之谈论者,一闻高等即加唾骂,故将来障碍亦正不少。以上情形,此刻必须事事更易,怨声当不可限量矣。

先生今年南旋否?都中拟干何事,便乞赐示。惟望同志中于都城渐握政权,庶吾辈夙愿,或有可纾之一日耶?学务处既属官办,一无所为,他省尚延参议等人入赞学务,吾浙并此而无之,虽然即聘参议于事,亦决其必无济也,风便尚乞时惠箴言,感盼无极。专此,敬请道安,并贺新禧。

弟制项藻馨顿首
新正初三日

[《汪康年师友书札(三)》,第 2240—2247 页]

总办事处未成立以先之历史

兴业银行开办迄今,忽忽已二十七年矣。辑编年《邮乘》,为同人读物,议论切实,兴趣浓郁,读之不胜钦佩。本届九月,发行专号,以"说老话"为标题。杨石湖先生函鄙人征求行中历史掌故,谨自丁未年(光绪三十三年)开创起,至民国四年成立总办事处,改上海为总行止,摘要列表于后,以备参考。

"创立时期":光绪丁未年(即卅三年)四月十六日始开业。

"创立人":董事章振之、蒋海筹、沈新三;查账周湘舲;权总司理胡藻青。

"正式成立":光绪丁未年九月初九日。

"行址":租赁杭州保佑坊大街楼屋两进,预定于宗阳官建筑正式行屋,另有屋图,于广告印行。

"职员名称":(一)总司理;(二)内经理;(三)外经理。(一)由股东会选举,(二)、(三)由董事会公举。

"薪水标准":董事、查账年支夫马费一百元;总司理月支二百元;内外经理各一百元;经理以下各科人员,四十元至六十元不等。

"发行钞票":丁未十一月开始发行,当时名为"银券";同时分设温州、衢州、兰溪、湖州经理处兑收银券,至戊申年(即三十四年)十二月尽行裁撤。

"添设分行":(一)汉口分行,光绪戊申年四月廿一开幕,行址为一码头歆生街;(二)上海分行,光绪戊申年七月二十开幕,行址为南京路虹庙对门;(三)北京汇兑处,民国三年十二月开幕,行址为前门外施家胡同。

"经理人员之经过":总司理胡藻青辛亥三月辞职;继任者沈新三,改组后任办事董事;内经理孙慎钦,庚戌三月辞职;外经理吴仪庭,民国三年二月病故;副经理陈廷孚,总办事处成立后退职;倪秋泉;汉口总理汤梯云,戊申年终职辞;叶搂初己酉六月就职,辛亥五月辞职;盛竹书辛亥六月就职;内经理项兰生,辛亥五月辞职;外经理丁子山,戊申八月病故后,由内经理兼任;王道平辛亥六月就职;上海总理樊时勋,总办事处成立后病故;经理吴余森,总办事处成立后病故;北京经理汪卜桑,民国三年十二月就职。

(项兰生:《总办事处未成立以先之历史》,《兴业邮乘》第13期,1933年9月9日)

续编桂溪项氏均安门日阶公派支谱记

清光绪丙戌,吾父续编均安门二十八世起日阶公派支谱。洪杨乱后,本支万字系五房仅存。世父薇垣公、织云公、吾父及从侄绳伯四房,薇垣公游幕甘肃,尚在乱前,故乡各事向未接洽,吾父正值就学之年,绳伯侄乱时犹在襁褓中。惟织云公尚能追记大略,然语焉不详,仅凭记忆,舛错恒多,遂从调查各房墓地入手。然人事倥偬,交通未便,转辗数年,苦无端绪,事遂中辍。查嘉庆十六年辛未二十九世祖蓉圃公讳启锅曾秉遗命,编成第十一辑支谱印行,由均安门祖牧公起,开列世次,但载本支不复旁及,自二十三世伯龄公以下各房,则详叙无遗。惟自辛未迄今相隔已一百三十年,其十一辑以前旧谱,庚辛之乱业经毁失,搜访多年,迄无所获。

辛亥鼎革后,歙县三十三世族侄曾谷老人衡卿讳大铨以修辑总祠通函筹款,遂以搜罗旧谱之事托之。民国二十年辛未,购得桂溪项氏族谱二十四巨册,谱载晋咸和二年丁亥,俊公以苏峻之乱,由临淮避居睦州寿昌之吴村,复迁安福乡轩翥里,再由绍公迁居桂溪。沿流溯源,统系至为明晰,若晋以前世次以年湮代远已无可考。岁壬申,省中整理土地,吾家各墓例应呈报测丈,乃继吾父之志,同时调查整理三十世祖梅侣公讳名达王山之墓,亦于乙亥查得,声请杭县派员测丈,丙子冬间复为补碑加土修葺一新。惟于鸿裕私售之地,则已无法收回。丁丑"八一三"事变,仓皇出走,仅将契据图照存置兴业银行保管箱内,即偕儿孙等由甬转申,不数日,省垣沦陷,吾寓驻军半年以上,所有谱牒、遗容、图箱、字画各件,尽遭劫失,深为不幸。己卯冬,兴业启箱,契件收回。庚辰春,决意就已得各种开始编辑,迄辛巳秋,始告竣事。惟以旧谱两度遭劫,第十一辑所编仅自均安门祖起点,远溯源流,颇难明了。因根据族谱自晋俊公至琏公计二十六世为前系,自唐绍公迁桂溪起为后系,由近而远,并以我均安门二十八世祖日阶公派为主体,凡与本系直接有关者,俱节录之世次,概仍其旧。附列自晋至唐前系表,自唐迁桂溪后系表,日阶公派各房便查表,桂溪项氏支系门派表,二十九世蓉圃公编定排行韵语。至于现存各墓,凡已经查明者,均将地形亩分都里碑文契照路线图式及有关各件,按照世次悉数编入,俾便稽考。

夫自洪杨以后,如庚子,如丁丑,迭经兵乱,二十九世最繁盛之启字系九房,至今仅留光字系。藻馨为一脉之延,今年且七十矣,一发千钧,诚皇[惶]诚恐,所望吾子孙冰渊时惕,道义是崇,毋为浇俗所误,毋以刻薄是尚,继继绳绳,枝荣叶茂,固不仅吾一

人之厚望也。民国三十年辛巳冬十月均安门三十二世后裔藻馨
记,时年六十有九。

项兰生先生窀穸奉安记

先生讳藻馨,钱塘人也,以丁酉闰月二日庚子,没于沪寓,年
八十有五,预知期日,神志湛然,餂终仪节,遗言处分周至,归蜕
杭州南山公墓,则嘱门弟子蒋君绚裳为之。周遭土石之庇具,水
陆舟车之经行,往复函商,至于再四,绚裳先意承志,择定丙二区
二行第十三十四穴。重九,灵輀达墓所。继配陈夫人,前没廿余
年,葬西湖外鸡笼山。哲嗣仲雍等函托先期启圹合穴于此,称素
志也。越三日己卯,未正,安灵入兆。会而送者,子吉士、媳韩树
蘋、女安穆养和外,知名之士钟郁云、钟璞岑、黄文叔、徐曙岑、吕
望仙、罗端生、韩登安、夫人卢学民,蔡受百、余子松、沈良哉、钟
佳士、厉瀛程、徐有生、叶良本、夫人沈佩荷等,及门陆缵何、夫人
朱行方、沈伟生、郭荔农、汪铁生、蒋绚裳、夫人李淑端等咸集。
予虽非亲故,特以文字交,与其末,厥土既辟,定之方中,倚室向
翼,为请于寝宫旋左三分,挹江东冠山之秀,庶议佥同。于是椁
周于棺,土周于椁,石周于土。黄君文叔正献,门弟子各司其事,
供以时花,奠以清酌,礼成乃退。爰陟彼冈,相其原隰,地当玉皇
山麓,八卦田西,故吴越文穆王钱氏之陵也。承龙山葱郁之余,
则其气厚,历累朝禁葬之久,则其土新,今化私为公,环文穆二瘗
者,碑碣栉比,神而有知,盖不啻万家之邑,各以因缘资力,分级
有差,丙二区独俨然临其上,向明履爽,不亢不卑,非有司谋画之
臧不至此。然亦先生之福德,哲嗣之孝思与夫蒋君奔走折冲之

389

力也。夫葬者，藏也。魄有所归，则退藏于密古之为藏者，曰不受风，不受水，不受虫蚁，异日不为道路，不为城郭，若是乎其慎也。时移事易，予更为之进一解，曰不妨农，不妨矿，不妨林木，不侵古冢，不邻宅舍，十事克谐，则先生之墓其庶几乎？惟日既夕，相与赞叹而还。清平山人徐映璞。

项君兰生事略

君项姓，讳藻馨，字兰生，浙江钱塘人，故皖籍，家贫力学，有经世志，不屑屑于举业。光绪中叶，应上海格致书院试，辄冠其曹，受知于山长王韬，识时俊杰咸欲一见其人，声誉大起。时杭州风气锢蔽，君以革新相号召，创白话报，振兴女学，及争回以英款承办浙路权，均与有力焉。辛丑，郡人胡乃麟创建安定学堂，君主其事，就敷文讲庐旧址，拓建舍宇，厘定课程，体用兼备，远近向风，成材綦众。求是书院先成立，曾任助教，后改高等学堂，兼任副理，仍专力于安定。君讲学治事，崇实黜华，勤慎自矢，诸生翕然从之，因以自成风纪，影响及于社会，毕业者散之四方，从事教育经济及一切事业，皆能遵循师训，学校亦绵延以至今日，厥功甚伟。自甲寅后，任浙江兴业银行书记长，创集权董事会制，居中控驭，奠定行基。生平出处不苟，安贫守道。甲子退隐，犹奖掖后进，爱护人才，老而弥笃。丁亥与海上耆旧驰书营救爱国青年，是其尤著者。晚年应聘上海文史馆馆员，以至考终。君生于清同治癸酉三月十五日，殁于公元一九五七年丁酉闰八月二日，年八十有五，葬杭州南山公墓，门弟子咸与执绋。以余与君交逾六十年，知最稔，属序梗概，借志永慕，余亦不禁老泪沾襟矣。同里陈叔通。

　　吾师早年已躬营生圹于西湖二龙山(即外鸡笼山),近岁始决定改葬南山公墓。丙申春,与绹裳数度函商,以后辈俱不在杭,坚嘱预为规画,奉命恻怛,莫知所措。今秋师归道山,迎柩返里,一切谨遵遗旨,黾勉从事,窀穸既安。安定同门金以夫子生平功德不可没,爰请陈丈叔通撰文纪略,勒石垂远。功竣,特录碑文付印,分贻存念。丁酉冬日,泉唐蒋绹裳。

　　附注:碑高六一公分,宽一五二公分,标题具款而外,全文四百一十有三字,都三十二行,行十三字,字方四公分,韩君登安书。

参考文献

一、档案

陈旭麓、顾廷龙、汪熙编:《盛宣怀档案资料》第 4 卷汉冶萍公司(下),上海:上海人民出版社,2016 年。

杭州妇孺救济会档案,浙江省档案馆藏 L03。

何品、李丽编注:《浙江兴业银行》,上海:上海远东出版社,2016 年。

湖北省档案馆编:《汉冶萍公司档案史料选编(上)》,北京:中国社会科学出版社,1992 年。

上海市档案馆编:《上海档案史料研究》第 9 辑,上海:上海三联书店,2010 年。

上海市档案馆编:《上海档案史料研究》第 10 辑,上海:上海三联书店,2011 年。

上海市档案馆编:《上海档案史料研究》第 11 辑,上海:上海三联书店,2011 年。

上海市档案馆编:《上海档案史料研究》第 12 辑,上海:上海三联书店,2012 年。

上海市档案馆编:《上海银行家书信集(1918—1949)》,上海：上海辞书出版社，2009年。

上海市文史研究馆档，上海市档案馆藏 G25。

浙江兴业银行档，上海市档案馆藏 Q268。

二、谱牒、文集、史料汇编等

《安定同门录》，时间不详。

《广德钱士青先生七秩寿言汇编》，1943年。

《国立浙江大学同学会第二次会员通讯录》，1948年。

《林社二十五年纪念册》，1925年。

《商办全省铁路有限公司股东会第一次记事录》，1906年。

《汪母甘太恭人哀挽录》，1917年。

《浙江省杭州市安定中学三十周年纪念汇录》，1932年。

《浙江省杭州市私立安定中学之三十年》，1932年。

《浙江私立安定中学学校十五周纪念录》，1917年。

蔡焕文：《蔡渭生自编年谱》，1947年。

陈忠倚编：《皇朝经世文三编》，光绪二十三年(1897)五月。

丁文江、赵丰田编：《梁启超年谱长编》，上海：上海人民出版社，2009年。

顾廷龙撰，李军、师元光整理：《顾廷龙日记》，北京：中华书局，2022年。

柳和城编著：《叶景葵年谱长编》，上海：上海交通大学出版社，2017年。

上海图书馆编：《格致书院课艺》，上海：上海科学技术文献出版社，2016年。

上海图书馆历史文献研究所编：《盛宣怀档案名人手札选》，上海：复旦大学出版社，1999年。

沈津编著：《顾廷龙年谱》，上海：上海古籍出版社，2004年。

孙德至编:《慎钦从兄筹办赣吉二省银行币制录要》,1914 年。

汪林茂主编:《浙江辛亥革命史料集》第 2 卷,杭州:浙江古籍出版社,2013 年。

王尔敏、吴伦霓霞编:《盛宣怀实业函电稿(下)》,香港:香港中文大学中国文化研究所,1993 年。

王世儒编:《蔡元培日记(上)》,北京:北京大学出版社,2010 年。

吴雷川著,李广超整理:《吴雷川日记》,北京:商务印书馆,2020 年。

项兰生:《桂溪项氏均安门续修支谱》,1953 年。

项兰生著,项吉士编:《苿荄自订年谱》,1960 年。

熊希龄:《熊希龄先生遗稿(3)》电稿三,上海:上海书店出版社,1998 年。

叶景葵撰,柳和城编:《叶景葵文集》,上海:上海科学技术文献出版社,2016 年。

余绍宋:《余绍宋日记》,北京:中华书局,2012 年。

俞樾编:《诂经精舍课艺第八集》第 2 卷,光绪二十三年(1897)。

袁毓麟:《文薮自撰年谱》,1935 年。

恽毓鼎:《恽毓鼎澄斋日记》第 2 册,杭州:浙江古籍出版社,2004 年。

张树年、张人凤编:《张元济书札》,北京:商务印书馆,1997 年。

张元济:《张元济全集》,北京:商务印书馆,2008 年。

章开沅等主编:《辛亥革命史资料新编》,武汉:湖北人民出版社,2006 年。

浙江大学校友会等编:《林社九十周年纪念册》,杭州:杭州大学出版社,1991 年。

中国人民银行北京分行金融研究所、《北京金融志》编委会办公室编:《北京金融史料·银行篇(二)》,1990 年。

中国银行总行编:《中国银行行史资料汇编》上编(一),北京:档案出版社,1991 年。

周秋光编:《熊希龄集》,长沙:湖南人民出版社,2008 年。

周延礽:《吴兴周梦坡先生哀思录》,1935 年。

朱有瓛主编:《中国近代学制史料》第 2 辑(上),上海:华东师范大学出版社,1987 年。

紫阳书院:《紫阳书院课艺第九集》,光绪二十一年(1895)。

三、政府公报、近代报刊

《申报》《万国公报》《字林沪报》《格致新报》《杭州白话报》《浙江教育官报》《神州日报》《时报》《新闻报》《时事新报》《民国日报(上海版)》《杭州民国日报》《杭州国民新闻》《浙江商报》《东南日报》《体育世界》《浙江潮》《安定》《政府公报》《浙江省政府公报》《兴业邮乘》《永安月刊》《天津商报画刊》《浙江省立图书馆月刊》《浙江文献展览会特刊》《浙江省文献展览会专载》《杭州市临时参议会大会会刊》

四、著作

卜明主编:《中国银行行史》,北京:中国金融出版社,1995 年。

陈泓:《陈泓自述:冷暖人生七十年》,未刊稿,2002 年。

陈玉堂编著:《中国近现代人物名号大辞典》,杭州:浙江古籍出版社,2005 年。

大清银行总清理处编:《大清银行始末记》,上海:大清银行总清理处,1915 年。

韩天衡等主编:《吴朴堂》,上海:上海书画出版社,2018 年。

蒋缃裳:《病中琐记》,未刊稿,1942 年。

李国胜:《浙江兴业银行研究》,上海:上海财经大学出版社,2009 年。

陆费逵:《陆费逵自述》,合肥:安徽文艺出版社,2013 年。

钱杭瑛:《风骨劲节:马寅初廉政故事集》,北京:中国方正出版社,2010 年。

上海文献展览会:《上海文献展览会概要》,上海:上海文献展览会,1937 年。

魏隐儒:《中国古籍印刷史》,北京:印刷工业出版社,1988 年。

《项兰生先生研究》编委会:《项兰生先生研究》,杭州:浙江省杭州第七中学,2009 年。

项士元:《浙江新闻史》,杭州:之江日报社,1930 年。

张相:《诗词曲语辞汇释》,北京:中华书局,1953 年。

钟毓龙:《说杭州》,杭州:浙江人民出版社,1983 年。

钟肇桓:《南山新语》,杭州:中国美术学院出版社,2016 年。

周象贤:《十个月来之杭市政》,杭州:杭州市政府,1946 年。

后　记

　　从承担浙江省文化工程"浙江近代名商年谱第一辑(杭嘉湖专辑)"之"项兰生年谱"至今,已近四年。经过多年努力,《项兰生年谱》终于即将付梓,甚感欣慰!

　　为了高质量完成课题,确保课题成果能准确反映谱主的一生,近四年间,我广泛收罗资料,尽可能多地占有一手资料。年谱内容主要从谱主自订年谱、谱主著述(含往来信函)、相关档案资料、时人日记和报刊等资料中采集。课题成果翔实记述了谱主的生平、事迹和思想。

　　在本书写作过程中,我得到诸多师友的帮助,若没有他们的指导和助力,本书是很难顺利完成的。丛书总负责人陶水木教授,一直关心本年谱的进展,并提供了诸多详细的指导和修改意见;浙江省杭州第七中学的郑晓明老师为我提供了《苿姕自订年谱》《桂溪项氏均安门续修支谱》等文献以及谱主的相关照片,并帮助引介了谱主的后裔项雄先生;项雄先生是谱主曾孙,先生十分热情地为我提供了谱主的有关资料线索,并帮助核实了有关信息;我指导的硕士研究生秦明磊,多次赴上海市档案馆、图书馆,帮助查阅和核实相关信息;匿名评审专家也为本书的修改提供了不少有益的意见。在此一并表示感谢！

在本书撰写和出版过程中，还得到了浙江省民国浙江史研究中心、杭州师范大学历史学系及浙江大学出版社的支持和帮助。特别感谢胡畔老师在本书编辑过程中的艰辛付出。

最后还需说明，由于本人学识有限，书中会有不少错漏之处，还请相关专家、谱主后裔及读者批评指正。

刘俊峰
2024 年 5 月于杭州师范大学仓前校区恕园